品饌東亞

食物研究中的權力滋味、醫學食補與知識傳說

郭忠豪 著

目錄 Contents

推薦序 ————————————————————
從食物研究中瞭解東亞歷史

黃進興

　　我的研究領域是思想史，經常悠遊於東西方的思想文獻典籍，讀書和寫作就是我的日常工作。在閒暇之餘，我的興趣之一是品嚐美食，每當饞腸轆轆之時，腦海中便浮現一幅美食地圖，思索著要品嚐哪家菜餚，好好犒賞自己。飲食變遷與人類歷史一樣源遠流長，從原始的採集狩獵，演進到農耕畜牧，期間又歷經遷徙、戰爭、疾病、環境、宗教與文化等影響，發展成今日複雜多元的飲食樣貌。

　　我成長在戰後臺北城西圓環一帶，當時附近尚有不少日治時期留下的酒樓（例如「蓬萊閣」）、西餐廳（例如「波麗路」）與咖啡館等，留有不少「臺灣料理」的餘韻與故事，從中可看出日本時代的臺灣飲食文化。爾後到日本訪學，品嚐道地的日本料理，特別欣賞日本料理中四季旬味的展現以及專業的「職人精神」。我也喜歡嘗試法國菜與義大利菜，欣賞飲食中呈現的風土、廚藝與品饌哲學。每個地區的菜餚就是不同社會的文化表徵，背後隱含了複雜又細緻的結構與軌跡，成為學者的研究課題。

　　本書作者郭忠豪博士來自高雄，散發著南臺灣的熱情與活力，對於水產海鮮相當熟悉。他從碩士時期就投入食物研究，開展出甚具學術意義的研究課題。值得一提的是，郭忠豪的食物研究絕非僅是紙上談兵，他曾在餐館擔任廚師助理，嫻熟食材處理與菜餚烹飪，留學紐約期間廚藝更是精進。

　　其實，「飲食歷史」的研究在西方史學業已成熱門的項目，但在臺灣成為嚴肅的學術課題卻是相當晚近的事，而忠豪積極投入與推動實功不可沒。《品饌東亞》一書是他多年研究的豐碩成果，將其發表過的學術論文改寫並集結成書，他透過四個特定的飲食議題，考察近代東亞（中國、日本與臺灣）複雜的社會變遷與文化現象。各篇論文雖有其特殊的歷史背景與文化脈絡，但綜觀其中，共通點是作者透過多元的史料，結合文獻與口述訪談，提出耳目一新且具說服力的論點，我認為本書對於理解東亞飲食文化甚具貢獻。此外，作者在書末附錄也附上六篇書評，幫助讀者瞭解英文學界的研究成果。

　　閱讀完本書四篇論文，我彷彿回到明清中國歷史現場，體會官員與士人獲賞「鰣魚」後的喜悅心境，同時也品嚐了「權力的滋味」；另一方面，我也重新回到明治時期的日本，專心地聆聽醫學研究者如何向社會大眾解釋「河豚」毒素分佈在哪些臟器，以及中毒後的解毒方式；「鱉食進補」讓我回憶起傳統臺灣辦桌菜餚「中藥燉鱉」的味道；最後，「三杯雞」的故事彰顯了戰後不同族群間對於「一道菜餚，各自表述」的現象。

　　郭忠豪在美國紐約大學（New York University）取得歷史學博士，求學期間修課範圍涵蓋東西方歷史，因此他選擇的研究議題具有一定高度，也能洞悉我們日常生活中忽略的重要現象，他在本書透過翔實資料與精彩論述考察近代東亞不同地區的飲食文化，我閱讀起來相當精采，因此也鄭重推薦此書給喜愛東亞歷史與飲食文化的讀者。

中央研究院院士兼人文副院長

▌作者序

　　我來自南臺灣高雄，這裡的飲食多半與夏天有關，「涼水亭」是街角經常出現的休憩站，喝一杯沁涼的冬瓜茶消去夏季酷暑。「切仔攤」也是高雄特色店家，熱炒與小菜配上生啤酒，再加上生猛的划拳聲，勾勒出這個工業城市的特殊味道。

　　幼時對於飲食沒有太多想法，大抵是透過爸爸的帶領，逐漸形成我的飲食版圖，印象最深刻的是「海產攤」，冰塊上舖著各式新鮮水產，擺放在店門口，入內迎來的是烹製料理的香味，各桌食客酒酣耳熱，這是我對餐館最早也是最熟悉的印象。

　　爾後我對飲食逐漸產生興趣，大學時代利用暑假到「天福樓」餐廳打工，第一次體驗廚房內忙碌的節奏，看到大廚們精湛的廚藝以及菜餚的多元性，逐漸體會孔子提到「食不厭精，膾不厭細」以及老子強調「治大國如烹小鮮」的人生哲理。之後我把所見所想延伸到學業，撰寫了明清時期江南飲食文化的碩士論文，透過地方志、食譜、文人詩文等文獻，描繪了當時的食物製作與飲食消費。

　　紐約──是我拓展飲食版圖的重要據點，從熱帶島國來到紐約大學（N.Y.U.）攻讀博士，光是「曼哈頓」就聚集了世界各地美食，例如：下城的華埠（Chinatown）與小義大利（Little Italy）最適合探尋傳統美食，聯合廣場（Union Square）一帶的熟食店

（Deli）有我喜歡的美式餐飲，中城帝國大廈旁的韓國城（Korean Town）最適合冬天去，道地的人參雞湯總是吃得身體暖烘烘，當然，還有中央公園（Central Park）兩側昂貴的法國餐館與歐陸飲食，以及哈林區著名的「非裔菜餚」。此外，紐約也有波蘭菜、迦勒比海菜餚、美式中餐與東南亞飲食，處在這樣多元繽紛的飲食環境，怎能不對食物研究產生興趣呢？

　　我自己居住的地方是皇后區的阿斯托利亞（Astoria），這個希臘裔社區讓我嚐到有別於臺灣的新鮮海產，走進附近的史坦威街（Steinway street），這裡是中東與北非人的社區，不僅有香濃的烤肉與甜點，還有煙霧裊裊的水煙館。至於法拉盛（Flushing）則是我經常造訪之處，不論中國大江南北的飲食，或者臺灣的清粥小菜與排骨飯，皆可在這裏品嚐。身處大蘋果多元的飲食環境，再研讀食物研究的經典之作，確實給我許多靈感，開啓日後諸多研究議題，也才有本書的問世。

　　本書的研究過程歷經了不同階段。首先，在紐約大學攻讀博士時，我修讀美洲食物史、歐洲史、東南亞史與東亞史，這些課程與知識幫助我瞭解近代世界食物史的變遷脈絡，並從中擷取英文學界對於中國食物與日本食物的研究成果，分析其論點與研究方法，之後再彙整成具有思辯性的內容，成爲本書第一章〈導論：近代東亞食物研究〉。該章部分內容改寫自《當代歷史學新趨勢》專書〈品饌新味道：英文學界關於「中國食物」的研究與討論〉一文。

　　本書的四篇專文，有三篇是水產議題，其研究興趣可追溯到我的碩士時期。在那個史料文獻尚未數位化的時代，我整天待在中研院傅斯年圖書館翻閱文獻，思考碩論主題。在爬梳史

料之際，發現江南的水產資料非常豐富，對於來自港都高雄的我來說，海鮮是我生活中再熟悉不過的日常飲食，情不禁地想像自己生活在江南的水鄉澤國，得以品嚐各式美味海鮮，例如：春天的「燒河豚」、春夏季節的「乾煎黃魚」、還有宋代文豪蘇東坡爲其立傳的「江瑤柱」（干貝）等。我還發現一種名爲「鰣魚」的陌生魚類，不斷地出現在文獻中，引起我研究的興趣，後來才知道這是明代作爲貢品的重要魚類。

爾後，我將碩士論文內的「鰣魚」撰寫成論文，以〈權力的滋味：明清時期的鰣魚、鰣貢與賞賜文化〉發表在《九州學林》第33卷，再重新改寫放入本書中，刪除了鰣貢的討論，將重心放在鰣魚的賞賜與品饌文化，成爲本書第二章〈權力的滋味：明清時期鰣魚的賞賜與品饌文化〉。有趣的是，撰寫論文時，大量閱讀了明清士人的鰣魚詩文與食譜烹製，一直很想親嚐鰣魚的滋味，2012年終於有機會與紐約大學指導教授衛周安（Joanna Waley-Cohen）在上海的「錦江飯店」品嚐鰣魚。猶記得當鰣魚端上餐桌時，我仔細端詳其中，發現鰣魚確實以新鮮方式蒸食，佐以江南著名金華火腿片，而且鰣魚也未去鱗，其烹飪方式與明清食譜的記載完全相同，其肉質更是鮮腴令人難以忘懷。

此外，我在碩士論文時花了相當篇幅撰寫明清時期的「河豚」解毒與消費文化，包括河豚生態、蘇軾的「吃河豚值得一死」、河豚毒素的知識與傳說，以及河豚的解毒之道。後來與家人到日本九州的山口縣旅遊，不僅看到簽訂《馬關條約》的「春帆樓」，同時也訝異於下關當地的「河豚料理」如此盛行。興奮之餘立刻找一家餐館來品嚐，眼見河豚生魚片、河豚鍋物與河豚鰭酒陸續端上餐桌，此時我想起「吃河豚眞值得一死」！心裡

確實害怕中毒，後來店家解釋現在多是人工飼養的虎河豚，已無中毒之虞，這時才膽敢品嚐河豚料理。對於明清時期的河豚文化我已有一定認識，但是，近代日本的河豚料理是否受到傳統中國影響？在中毒與解毒之間，如何找尋正確的品饌方式？河豚如何發展為具日本特色的料理文化？上述議題均需要進一步研究說明。

為了找尋答案，我來到東京的「日本國會圖書館」蒐集資料，此時又榮幸認識了在西澳大學（The University of Western Austrlia）擔任研究員的 Cecilia Leong-Salobir 教授，邀請我將日本河豚一文 "Enjoying a Dangerous Pleasure: The Evolution of Pufferfish Consumption in Modern Japan" 投稿至她主編的專書，經過正式審查後刊載於 Routledge Handbook of Food in Asia。本書第三章〈危險的逸樂：近代日本河豚的解毒過程與消費文化〉即改寫自該書論文。

本書另一篇論文是考察「鱉」在近代臺灣的養殖歷程與食補文化。在我成長經驗中，鱉偶而會出現在辦桌菜餚湯品中，也看過坊間店家以塑膠水桶寫上紅字「燉鱉」。偶然機會下，跟日本友人談論到鱉，很訝異「鱉」在日本竟然如此流行，市場上有各種鱉商品，包括鱉食調理包、鱉精與鱉粉、女性養顏美容以及男性強精壯陽食品。

為了進行鱉在近代東亞的研究，我先閱讀傳統中國的本草書籍，再蒐集清領、日治與戰後時期臺灣的養鱉資料，發現日治時期是近代臺灣養鱉事業的起始點，擅長實驗與研究精神的日人在臺灣各地成立養鱉場，使用不同種類餌料餵食鱉隻，觀察其成長與健康情況，最後再送回日本消費。閱讀文獻史料把

我帶回日治臺灣的歷史脈絡，觀察到水產養殖從傳統步向現代化的過程。

　　為了瞭解臺灣養鱉的情況，我來到終年日照充足的東高雄美濃以及屏東的里港、萬丹、麟洛、九如與長治等地區，訪談熱情且知識豐富的養鱉人家，他們對於我的問題有問必答，幫助我理解戰後臺灣養鱉事業的起伏興衰，包括1990年代中國「馬家軍事件」對於臺灣養鱉業的刺激，以及目前業者受到中國養鱉業興起影響，積極尋求轉型，例如開發鱉精、鱉粉與調理包等。訪談過程中我也來到許多鱉食店家，他們熱情地向我介紹鱉食進補的好處，華西街訪談的經驗令我印象特別深刻，老闆娘端出含有濃郁中藥味的鱉湯請我品嚐，同時也哀嘆今天華西街人潮銳減，日本觀光客競相吃鱉肉、喝鱉湯的榮景不再。我整理上述研究過程，以〈滋血液，養神氣：日治到戰後臺灣的養鱉知識、養殖環境與食療文化〉發表在《中國飲食文化》第15卷第1期，經過改寫後成為本書的第四章。

　　本書最後一篇文章「三杯雞」源自於「財團法人中華飲食文化基金會」與「看見臺灣基金會」的委託調查，希望釐清這道菜餚的發展脈絡。我對「三杯雞」的印象來自於小時候，爸爸帶著我們與友人相約到大社觀音山一帶的土雞城。土雞城通常位於城市邊緣，適合踏青旅遊且可飽餐一頓。店家空間寬廣且用餐場所多在池塘中的涼亭內，氣氛悠閒。來土雞城吃飯其實就是一趟小遠足，既有豐盛可口的土雞料理可以享用，吃完後又可與玩伴在偌大空間遊玩。

　　關於「三杯雞」，坊間多流傳它源自江西，但它卻出現在臺灣各地的土雞城。為了瞭解其來源，一方面蒐集地方志、食譜

與報刊雜誌，另一方面我訪談本省籍廚師與餐館業者，他們說出不同於「江西起源說」的精彩故事。記得在酷暑午後，我來到北投拜訪臺灣國寶級廚師──黃德興師傅，他娓娓道來三杯雞源自南部鄉下：早年農家節儉，把稍有病兆的雞隻宰殺來吃，再用重口味的醬油、麻油與米酒入饌；另一來源是傳統社會保守，不少產後婦女怯於嘗試酒精成分較高的「麻油雞酒」，遂降低米酒比例，改成乾式處理，因此有「乾版麻油雞」的出現，這也是「三杯雞」的來源之一。之後我又訪談「欣葉臺菜」資深廚師陳渭南、「雞家莊」資深廚師洪滄海、「青青餐廳」資深廚師施建發，以及著名雞肉餐館「雞家莊」業者李姿俐，他們的看法均與黃德興師傅類似，強調這是一道源自臺灣南部鄉下的菜餚，與中國江西沒有關連。最後我完成論文，發表在《中國飲食文化》第16卷第1期「戰後臺灣飲食變遷」專號，並改寫成本書第五章〈傳說與滋味：追尋臺灣「三杯雞」之變遷〉。

　　本書得以完成，我要感謝許多學術基金會的贊助，包括美國 Andrew W. Mellon Foundation、The D. Kim Foundation、NATPA 廖述宗紀念基金會、日本 Sumitomo Foundation 以及臺灣的「財團法人中華飲食文化基金會」與「看見臺灣基金會」等，他們提供的研究獎助讓我有充分資源撰寫論文。當然，我也要特別感謝下列師長友人，包括允晨文化出版社的廖志峰先生，給與我足夠時間修改論文，以及黃進興院士為本書撰寫推薦序，還有臺北醫學大學提供我良好的研究資源。最後，我要特別感謝「財團法人中華飲食文化基金會」的專書出版補助。

　　如果您是一位歷史與食物愛好者，邀請您與我們一起來趟食物與歷史的旅程吧！

第1章

導論：近代東亞食物研究

「飲食」是我們每日生活所需，不僅供我們維持生命，同時也讓我們享受品饌的樂趣。隨著人類歷史發展，透過遷徙與戰爭等方式，不同地區的飲食相互影響，逐漸融合並創造出新穎的飲食型態。經過時間累積，飲食更反映了不同地區的自然環境、族群的生活習慣、宗教信仰以及社會文化等差異。

不論帝王將相或者庶民百姓，以「飲食」作比喻最能讓人理解各種道理，古今中外不乏以「飲食」反映個人修養和國家治理，例如：孔子在《論語 鄉黨》提到「食不厭精，膾不厭細。食饐而餲，魚餒而肉敗，不食。色惡，不食。臭惡，不食。失飪，不食。不時，不食。割不正，不食。不得其醬，不食……」莊子在「庖丁解牛」以魏文惠王的廚師宰牛為比喻，說明人要順應自然的天理。老子的《道德經》以「治大國若烹小鮮」比喻治理國家的藝術。此外，晉惠帝曰「何不食肉糜！」或是十八世紀法國皇后瑪麗安東妮（Marie Antoinette）言「農民若無食物吃，那就吃甜點布莉歐（Brioche）！」均反映帝王不解民間疾苦。

過去學術界對於「食物」的研究多在營養攝取、健康維持與疾病醫療的範疇下進行，近來人文學界開始以「食物」作為媒介，探討人類社會有關歷史變遷、農業技術、產業發展與消費文化等議題。在此脈絡下，歐美不少大學成立食物研究中心，強化研究深度並擴大社群影響力，例如紐約大學（N.Y.U.）設有「營養與食物研究系」、多倫多大學士嘉堡分校（University of Toronto Scarborough）「歷史與文化研究系」設有「食物研究」學程、倫敦大學亞非學院（SOAS）設有「食物研究中心」以及耶魯大學「麥克米蘭中心」（Macmillan Center）設有「農業社會學程」。

除了上述研究機構外，不少歐美大學出版「食物研究」專

書以及多種研究期刊，提升學術深度與議題多元性，包括加州
大學出版社（University of California Press）「食物與文化」（food
and culture）系列叢書、阿姆斯特丹大學出版社（Amsterdam
University Press）「食物文化與歷史」（food culture and food history）
系列專書，學術期刊則有 *Global Food History* 與 *Food and Foodways*
等。

　　西方人文學界以有系統且跨領域的方式進行食物研究，累
積相當豐富的成果，其中也影響到東亞食物的研究領域。[1]有鑑於
此，本章將針對英文專書研究進行討論，一方面將其成果介紹
給臺灣讀者，另一方面彙整重要論點，作爲日後東亞食物研究
的參考。

一、中國食物研究先驅：*Food in Chinese Culture*（張光直主編）

　　作爲一個歷史悠久的國家，中國食物在英文學界首次受到關
注是 1977 年，由人類學家張光直主編的 *Food in Chinese Culture*。
這本書以「食物歷史」（food history）作爲研究方法來理解中國社
會與文化，「導論」提到中國飲食的重要概念，包括飯菜系統、
陰陽冷熱、區域性飲食以及象徵意義，各篇撰寫者均爲甚早投
入研究中國歷史的學者。

　　首先，張光直討論古代中國（仰韶文化至周朝）的食物特

1　參考郭忠豪，〈品饌新味道：英文學界關於「中國食物」的研究與討論〉，收錄於
　　蔣竹山主編，《當代歷史學新趨勢》（臺北：聯經出版社，2019），頁 463-486。

徵，包括穀物種類、動物肉類、烹飪方式、飲食器具以及飲宴儀式；余英時透過「馬王堆」分析漢代貴族的飲食以及壁畫呈現的廚房烹飪景象，有趣的是，當時來自西域的葡萄與南方的荔枝已傳入長安與洛陽；薛愛華（Edward H. Schafer）聚焦於唐代的食物種類、烹飪技術以及茶館與酒樓的消費；弗里曼（Michael Freeman）指出，來自越南的「占城稻」滿足宋代人口增加所需之米糧，並描述城市內商業飲食的活絡現象；牟復禮（Frederick W. Mote）討論元代飲食的蒙古要素，還有明代各地食材透過大運河運抵北京的現象，並解釋明代食譜、小說與飲食活動趨向多元，重視逸樂層面；史景遷（Jonathan Spence）討論清代飲食受到美洲作物傳入的影響，包括馬鈴薯、玉米與美洲辣椒，也關注袁枚與李漁等美食家（the gourmets）對於飲食文化的提倡；許烺光（Francis L. K. Hsu）與許儀南（Vera Y.N. Hsu）考察現代中國北方飲食，包括日常飲食、餐館外食與茶酒消費；伊恩‧安德森（E.N. Anderson）與瑪麗亞‧安德森（Marja L. Anderson）考察現代中國南方飲食，包括稻米等主副食、營養觀念以及南方不同省分的菜餚。[2]

　　上述著作在西方學界激起漣漪，吸引更多學者投入中國食物的研究，其中，伊恩‧安德森（E.N. Anderson）在1988年出版了一本中國食物專書 *The Food of China*，討論周朝至當代中國各個不同時期的飲食環境，成為英文學界研究中國食物的重要參考著作。[3]

2　K.C. Chang ed., *Food in Chinese* Culture. New Haven: Yale University Press, 1977.

3　E.N. Anderson. *The Food of China*. New Haven: Yale University Press, 1988. 此書有中

二、邁向多元的中國食物研究：方法與觀點

　　西元二千年以後，西方學界的中國食物研究議題更多元，有的從特定食材（例如辣椒、豆漿）與食具（筷子）進行考察，也有學者探討祭祀儀式、農業環境、城市文化、營養觀念與食物之間的關係。

　　歷史學家胡思德（Roel Sterckx）在 *Food, Sacrifice, and Sagehood in Early China* 論證「飲食」與道德修身、社會秩序以及國家治理的關係，例如「庖丁解牛」、「治大國如烹小鮮」比喻細微之處可觀大局。祭祀中常用的「鼎」（三足兩耳）不僅是烹煮食物的器具，同時也是政治權力的象徵。統治者透過「食物獻祭」（food sacrifice）的實踐，確立王權與社會秩序。同時，獻祭中的食物氣味與顏色、祭禮中的聲音與舞蹈，這些感官皆是人與神靈溝通的媒介，具有區分「世俗與神聖」、「簡約與腐敗」的道德意涵。[4]

　　伊恩·安德森（E.N. Anderson）將「環境」視角置入研究中，在 *Food and Environment in Early and Medieval China* 提到：自然地理使中國飲食環境形成一個「中央化」（centralized form）的型態，他借用華勒斯坦（Immanuel Wallerstein）的「核心」、「半邊陲」與「邊陲」觀念，說明中國透過「絲路」與中亞和伊斯蘭世界交

　　譯本，伊恩·安德森著，劉東與馬纓譯，《中國食物》（南京：江蘇人民出版社，2003）。

4　Roel Stercks. *Food, Sacrifice, and Sagehood in Early China.* Cambridge: Cambridge University Press, 2011. 此書有中譯本，胡斯德著，劉豐譯，《早期中國的食物、祭祀與聖賢》（杭州：浙江出版社，2018）。

換食物種類與技術。再者，傳統中國的水利灌溉、農業技術和土壤改良皆相當進步，造就自給自足的飲食環境。此外，傳統中國的宗教觀念和思想哲學對於環境甚為友善，自然資源不至於遭受重大破壞。[5]

「城市文化」也是進行食物研究的切入點，歷史學家 Mark Swislocki 在 *Culinary Nostalgia: Regional Food Culture and the Urban Experience in Shanghai* 質疑傳統「四大菜系」或「八大菜系」的劃分無法反映「區域性飲食」的複雜性，研究者應將特定地區的風土觀、時間與空間變化納入討論。就此，本書考察近代上海開埠後的飲食變遷，包括鄰近居民遷徙到上海、傳統青樓的飲宴文化、番菜館與西式菜餚、近代營養觀念傳入、租界與戰爭促進上海融合各地菜餚，以及1949年共產黨掌權後追求簡樸菜色。在結論中，作者論證近代上海同時存在「本幫菜」與「海派菜」兩種飲食文化：前者是鄰近移民來到上海後自然形成的菜餚，後者則代表1930年代上海的摩登、進步與新穎文化。[6]

「物質文化」也是進行中國飲食分析的取徑，歷史學家王晴佳（Edward Wang）在 *Chopsticks: A Cultural and Culinary History* 考察「筷子」在中國的變遷過程以及社會文化意涵，並論及「筷子文化圈」在東亞區域內（中國、朝鮮半島、日本與越南）的重要性。他提到漢代與西域交流頻繁，當麵食普及後，筷子逐漸取代勺子成為主要餐具。到了十四世紀，筷子已在中國中原、越南、

5　E.N. Anderson. *Food and Environment in Early and Medieval China.* Philadelphia: University of Pennsylvania Press, 2014.

6　Mark Swislocki. *Culinary Nostalgia: Regional Food Culture and the Urban Experience in Shanghai.* Stanford: Stanford University Press, 2008.

朝鮮與日本成為普遍餐具，宋代越南占城稻傳入中國後加速「飯菜」消費形式，連帶促使筷子的使用增加。除了食用之外，筷子也發展出禮物、祭祀、婚宴、感情與道德等意涵。[7]

三、飄洋過海的中國食物

明清中國以降，隨著華人移居東南亞與北美，海外也出現中國食物。就北美而言，華人（以廣東四邑的台山、開平、恩平與鶴山為主）協助淘金與興建鐵路，意外創造出中菜「雜碎」（chop suey），學者陳勇（Yong Chen）、科依（Andrew Coe）和曼德森（Anne Mendelson）不約而同地以這道菜餚考察華人移民北美的過程。總和上述書籍論點，十九世紀晚期，華人以「苦力」身份來到北美，受到「排華法案」影響，華人受到歧視，連帶中菜也被貼上負面與落後的標籤。然而，隨著華人努力工作（廚師、縫紉業與洗衣業），其形象逐漸轉向正面，再加上「美式中餐」符合二十世紀美國社會強調的「大眾、迅速、廉價」等價值觀，逐漸獲得各族群喜愛。隨著美式中餐的普及以及華人移民增加，菜餚種類也產生變化，從早期的雜碎（chop suey）、炒麵與芙蓉蛋，中期的左宗棠雞、青椒牛、揚州炒飯，以及晚近出現的正宗中式菜餚（川菜、湘菜與川揚菜）。[8]

7　Edward Q. Wang. *Chopsticks: A Cultural and Culinary History*. Cambridge: Cambridge University Press, 2015. 此書有中譯本，王晴佳著，汪精鈴譯，《筷子：飲食與文化》（北京：三聯書局，2019）。

8　Andrew Coe. *Chop Suey: A Cultural History of Chinese Food in the United States*. Oxford: Oxford University Press, 2009，此書有中譯本，安德魯・科依著，高紫文譯，《雜碎：

　　另一方面，也有學者關注中餐菜餚在東南亞與其他地區的變遷歷程，人類學家吳燕和（Y. H. David Wu）、陳志明（Chee-Beng Tan）與張展鴻（C.H. Sidney Cheung）等人在 *The Globalization of Chinese Food* 討論諸多議題，包括：東南亞的閩粵移民與原鄉建立的「海參」貿易網絡；馬來西亞東沙巴原住民的採集燕窩，並與香港商人進行貿易；夏威夷與巴布亞新幾內亞的中式餐館，為迎合當地飲食習慣調整口味；臺灣的「粵菜館」與香港的「臺菜餐廳」顯示，「距離」不僅沒有沖淡菜餚的「正宗性」，反而更加鞏固其「道地」滋味；澳門、香港、印尼與日本等地的中菜館成為飲食與族群交流的最佳場域。[9]

　　另外，foodways（食物的烹飪技術與消費方式）也是研究海外中國食物的切入點，*Changing Chinese Foodways in Asia* 和 *Chinese Food and Foodways in Southeast Asia and Beyond* 這兩本書都強調「飲食方式」可呈現中國食物在海外社群的多元性，議題包括：潮汕與珠江地區的飲食現代性、香港都會的飲茶、咖啡與客家菜、東南亞地區的華人社群在原鄉飲食的融合與創新，以及日韓地區的中菜如何因應當地飲食而改變。[10]此外，東南亞華人廚師的重

美國中餐文化史》（臺北：遠足文化出版社，2019）；Yong Chen. *Chop Suey, USA: The Story of Chinese Food in America.* New York: Columbia University Press, 2014; Anne Mendelson. *Chow Chop Suey: Food and the Chinese American Journey.* New York: Columbia University Press, 2016.

9　David Y.H. Wu and Sidney C.H. Cheung eds. *The Globalization of Chinese Food.* New York: Routledge, 2002.

10　David Y.H. Wu and Chee-beng Tan eds. *Changing Chinese Foodways in Asia.* Hong Kong: The Chinese University Press, 2001. Tan Chee-Beng ed. *Chinese Food and Foodways in Southeast Asia and Beyond.* Singapore: NUS Press, 2011. 該書已有中譯本，陳志明主

要性（例如海南人）也受到重視，歷史學家 Cecilia Leong-Salobir 的專書 *Food Culture in Colonial Asia: A Taste of Empire* 討論英國與東南亞殖民地（印度、馬來西亞與新加坡）的飲食交流，論證殖民地「女主人」（Memsahibs，英國殖民時期印度人對歐洲婦女的尊稱）與殖民地僕人（海南人佔一定比例）透過飲食烹飪技術以及清潔衛生觀念，共同建立「殖民地飲食」（colonial cuisine），例如 Country Captain，即「咖哩雞米飯」，是混合歐洲飲食觀念與東南亞殖民地食材所形成的菜餚。[11]

　　前面提到，中國食物隨著移民飄洋過海而呈現不同樣貌，反之，「美式速食」也在1970年代進入東亞並對當地飲食文化產生衝擊。人類學家華生（James L. Watson）主編的 *Golden Arches East: McDonald's in East Asia* 探討東亞社會的麥當勞，閻雲翔分析北京的麥當勞傳遞美國文化中「平等」、「效率」與「潔淨」的觀念，開創新式飲食空間與消費群（青少年、兒童與情侶）。華生提出香港的麥當勞具有速度便利、乾淨環境與新餐飲空間（孩童生日派對）等特徵，使其在香港有立足之地。吳燕和分析1980年代臺灣政治氣氛鬆綁，麥當勞訴諸潔淨、便利與新穎等特質，成功拓展消費群。朴相美解釋麥當勞在南韓遭遇「食品保護」與「食物認同」（稻米）的困境，但舒適飲食空間吸引女性與青少年前往消費。大貫惠美子透過東京的麥當勞顯示美日飲食的不同邏輯，日本和食講究以筷就食與精緻慢食，美式速食則強調以

　　編，公維軍、孫鳳娟譯，《東南亞的華人飲食與全球化》（廈門：廈門大學出版社，2017）。

11　Cecilia Leong-Salobir. *Food Culture in Colonial Asia: A Taste of Empire*. London: Routledge, 2011.

手就食與快速效率。[12]

四、日本與韓國的食物研究

　　近來西方學界對於日本飲食相當重視，而韓國飲食文化亦逐漸受到關注。歷史學家艾瑞克・瑞斯（Eric C. Rath）陸續出版三本專書討論日本飲食文化。第一本是 *Food and Fantasy in Early Modern Japan*，透過食譜與庖人紀錄，論證戰國與德川日本飲食中的「儀式料理」（ceremonial cuisine），其象徵意義遠大於實質消費。第二本是 *Japan's Cuisines: Food, Place and Identity*，考察日本飲食的發展脈絡，包括大鄉料理、本膳料理、懷石料理與會席料理，並比較「和食」（washoku）與「日本料理」（Japanese cuisine）之殊異。值得注意的是，平安時代「大鄉料理」出現「魚膾」，這種介於生與熟之間的魚肉食俗可能來自東南亞或中國，與中國飲食的「膾食」和「魚生」頗為類似，值得進一步探究。第三本是 *Oishi:The History of Sushi*，考察壽司在日本的起源（鮓與東南亞起源說）、中古時期的壽司（魚類比例增加且重視藝術展現）、近代早期的壽司（華屋與兵衛創立「江戶前壽司」）、近代日本的壽司（從街頭小吃轉向餐館）以及壽司的全球化。[13]

---

12 James L. Watson. *Golden Arches East: McDonald's in East Asia*. Stanford: Stanford University Press, 1997. 此書中譯本，詹姆斯・華生主編，《飲食全球化：跟著麥當勞進入東亞街頭》（臺北：早安財經文化，2007）。

13 Eric C. Rath. *Food and Fantasy in Early Modern Japan*. Berkeley: The University of California Press, 2010; Eric C. Rath. *Japan's Cuisines: Food, Place and Identity*. London: Reaktion Books, 2016; Eric C. Rath. *Oishi: The History of Sushi*. London: Reaktion Books, 2021.

　　從明治維新至二十世紀中期，日本帝國參與多場戰爭，歷史學者秋特卡（Katarzyna J. Cwiertka）在 *Modern Japanese Cuisine* 考察戰爭與糧食之間的關係，認為日本「國民飲食」（national cuisine）的出現與明治維新、飲食西化以及戰爭動員密切相關。戰爭意外促使日本「飲食現代化」，包括食品工廠的出現、罐頭食品生產以及營養與疾病的關係受到重視（例如腳氣病）。就此，我認為戰爭與食物的關係也可放在現代中國的脈絡中討論，針對飲食、營養與技術之間進行研究。秋特卡另一本專書 *Cuisine, Colonialism and Cold War: Food in Twentieth-Century Korea* 論證日治時期的韓國飲食受到日本帝國的影響，日本將現代飲食技術（啤酒、醬油與味精等）與餐飲現代性（百貨公司與西式飲食）帶入韓國，促使韓國飲食展現新風貌。[14] 身為殖民母國，日本不僅影響韓國的飲食產業，對於臺灣的飲食文化也有非常深遠的影響。

　　二次戰後日本百業蕭條，美國欲圍堵中國與蘇聯的共產勢力，透過「美援」幫助日本復甦，其中「麵粉」大大改變了日本的飲食型態，特別是「拉麵文化」的興起。歷史學家喬治・索爾特（George Solt）和顧若鵬（Barak Kushner）皆考察「拉麵」在戰後日本的變遷過程。綜合來說，清末廣東勞工移居日本，傳入「南京麵」，再由日人尾崎貫一（Ozaki Kenichi）於東京淺草「來來軒」開創日式拉麵，成為勞工階級補充體力的飲食。二次戰後美國將麵粉運至日本，改善日本糧食缺乏的問題，爾後經濟成

---

14 Katarzyna J. Cwiertak. *Modern Japanese Cuisine*. London: Reaktion Books, 2006. 此書有中譯本，Katarzyna J. Cwiertka 著，陳玉箴譯，《飲食、權力與國族認同：當代日本料理的形成》（臺北：韋伯文化，2009）。Katarzyna J. Cwiertak. *Cuisine, Colonialism and Cold War: Food in Twentieth-Century Korea*. London: Reaktion Books, 2012.

長、家電普及，再加上「日清」泡麵的出現助長拉麵消費。1980年代以後，日本的旅遊業與大眾媒體將拉麵消費推向高峰，店家透過日本元素的注入（食材、服飾、音樂與商家裝潢），使得拉麵成為新一代日本精神與「軟實力」的象徵。[15]

　　韓國的食物研究近來也吸引學界關注，*Critical Readings on Food in East Asia* 系列叢書有多篇論文考察韓國飲食，議題包括朝鮮宮廷飲食的精緻性與道地性、日治朝鮮化學調味品的社會史、全球化下的南韓國民飲食、韓國泡菜中的性別、健康與國族認同。[16]較新的研究成果是歷史學家 Hyunhee Park 的 *Soju: A Global History*，她以 Soju（燒酒）作為研究對象，討論歐亞地區「蒸餾酒」技術的起源、蒙古帝國將燒酒技術帶入高麗王朝（Koryŏ）、朝鮮王朝（Chosŏn）蒸餾技術的變化以及日治與戰後韓國軍政時期的燒酒工業化現象。最後，作者提出「酒精全球主義」（alcohol globalism）的概念並引用日本與墨西哥為例，強調「跨文化互動」（cross-culture encounter）的重要性以及不同地區在技術、文化與

---

15 Barak Kushner. *A Social and Culinary History of Ramen*. United Kingdom: Global Oriental, 2012. 此書有中譯本，顧若鵬著，陳正杰譯，《拉麵的驚奇之旅》（臺北：允晨文化，2017）。George Solt. *The Untold History of Ramen: How Political Crisis in Japan Spawned a Global Food Craze*. Berkeley: University of California Press, 2014. 該書有中譯本，喬治·索爾特著，李昕彥譯，《日本的滋味：異國勞工食品、國民料理、全球文化符碼，一部日本戰後拉麵史》（臺北：八旗文化，2021）。

16 Jung Keun-Sik, "Colonial Modernity and the Social History of Chemical Seasoning in Korea," pp.163-185; Okpyo Moom, "Dining Elegance and Authenticity: Archaeology of Royal Court Cuisine in Korea," pp.295-312; Michael Reinschmidt. "Estimating Rice, Agriculture, Global Trade and National Food Culture in South Korea," pp. 333-352; Kyung-Koo Han, "The 'Kimchi Wars' in Globalizing East Asia: Consuming Class, Gender, Health and National Identity," pp.383-399. Katarzyna J. Cwiertak ed., *Critical Readings on Food in East Asia*. Leiden: Brill, 2013.

消費上的互動和影響。[17]

五、臺灣食物的研究趨勢

從臺灣歷史發展來看，臺灣島上除了有原住民文化，又歷經荷蘭、清領、日治與戰後國民政府時期，使得臺灣的飲食發展呈現多元且「混雜」（hybridity）型態。曾品滄考察近代臺灣飲食諸多議題，包括「辦桌」文化、清代臺灣的漁業養殖與生豬貿易、日治臺灣的飲食變遷、黑市交易以及戰後臺灣「可口可樂」的禁令與消費等議題。[18]陳玉箴在《臺灣菜的文化史：食物消費中的國家體現》討論「臺灣菜」如何被認識與實踐，具體內容包括臺灣家庭的日常飲食、日治時期「臺灣料理」的出現、戰後「族群飲食」（客家菜與原住民菜餚）的定義與實踐等。[19]

關於戰後臺灣飲食的研究，在《中國飲食文化》「品味與菜

---

17 Hyunhee Park. *Soju: A Global History*. Cambridge: Cambridge University Press, 2021.

18 詳見曾品滄，〈辦桌—清代臺灣的宴會與漢人社會〉，《新史學》21卷4期（2010年12月），頁1-55；〈鄉土食和山水亭：戰爭期間「臺灣料理」的發展（1937-1945）〉，《中國飲食文化》9卷1期（2013年4月），頁113-156；〈從花廳到酒樓—清末至日治初期臺灣公共空間的形成與擴展〉，《中國飲食文化》7卷1期（2011年1月），頁89-142；〈從「平樂遊」到「江山樓」：日治中期臺灣酒樓公共空間意涵的轉型（1912-1937）〉，《比較視野下的臺灣商業傳統》（臺北：中央研究院臺灣史研究所，2012）；〈生豬貿易的形成—19世紀末期臺灣北部商品經濟的發展〉，《臺灣史研究》21卷2期（2014年6月），頁33-68；〈日式料理在臺灣：鋤燒（スキヤキ）與臺灣智識階層的社群生活（1895-1960年代）〉，《臺灣史研究》22卷4期（2015年12月），頁1-34；〈美國的滋味：冷戰前期臺灣的可口可樂禁令與消費（1950-1967）〉，《臺灣史研究》26卷2期（2019年6月），頁113-150。

19 陳玉箴，《「臺灣菜」的文化史：食物消費中的國家體現》（臺北：聯經出版，2020）。

餚：戰後臺灣菜餚變遷專輯」中，學者們開啓有趣而多元的研究面向，包括：香肉（狗肉）的食補與消費文化、臺灣食譜書寫與出版趨勢、「梅花餐」與臺灣宴席改革運動，以及從越南的臺灣珍奶討論跨國飲食的國族建構。[20]另外，在移民與飲食的議題上，曾齡儀討論戰後潮汕移民將「沙茶醬」引入臺灣，並將「沙茶菜餚」推廣到各地，促進了牛肉消費以及「沙茶火鍋」的普及。[21]同樣在「醬」的脈絡裡，人類學家陳建源等人考察醬料生產中的風土概念、製作技術與身體感、醬料與食安議題，以及原住民和漢人互動下產生的醬料新風貌。[22]

　　除了島嶼內的臺灣飲食，另一個有趣的面向是臺灣移民如何改變了北美的中餐菜餚。早期美國的華人移民以廣東人居多，戰後初期至1980年代中國改革開放前，不少臺灣人移居美國並在當地經營中餐館，除了提供「川揚菜」為主的中式菜餚，同時兼賣「日本料理」與「臺灣菜」，對於推廣中菜與亞洲飲食扮演

20　郭忠豪，〈傳說與滋味：追尋臺灣「三杯雞」菜餚之演變〉，頁9-53；皮國立，〈「食補」到「禁食」：從報刊看戰後臺灣的香肉文化史（1949-2001）〉，頁55-114；潘宗億，〈傅培梅與阿基師之外：戰後臺灣的食譜出版趨勢與變遷〉，頁115-177；陳元朋，〈梅花餐：近代臺灣筵席改革運動的興衰及其所涉及的「社交危機」與「道德焦慮」〉，頁179-206；洪伯邑、雲冠仁，〈跨國飲食中的國族建構：臺灣珍珠奶茶在越南的本真性邊界〉，頁207-248。以上各篇參閱郭忠豪主編，《中國飲食文化：品味與菜餚：戰後臺灣菜餚變遷專輯》16卷1期（2020年4月）。

21　曾齡儀，《沙茶：戰後潮汕移民與臺灣飲食變遷》（臺北：前衛出版社，2020）。

22　陳建源，〈擺盪在傳統、記憶與食安之間：醬油觀光工廠裡的文化與身體經驗〉，頁15-69；李宜澤，〈「組裝」醬料的當代風土論述：以臺中地區發酵釀造工坊的生產網絡為例〉，頁71-126；鄭肇祺，〈防腐和提鮮：地方文化協會與醬園的討論及實踐〉，頁127-173；日宏煜、羅恩加，〈從「酵素」到「醬」：當代泰雅飲食流變的文化地景〉，頁175-214。以上各篇參閱陳建源主編，《中國飲食文化：醬文化專輯》14卷2期（2018年10月）。

關鍵角色。[23] 上述研究透過移民與殖民、戰爭與貿易、食譜與食補以及飲宴空間等不同視角，將「臺灣食物」推向一個新興且具活力的研究範疇。

六、本書結構

《品饌東亞》討論近代東亞的飲食文化，考察中國、日本與臺灣三個地區特殊食物的變遷過程，重視「跨文化互動」（cross-culture encounter）的研究方法，關注不同地區之間透過文化交流、貿易往來、戰爭與殖民所產生的飲食影響。第一章〈導論：近代東亞食物研究〉，說明西方學界較具代表性的中國食物研究與日韓食物研究成果，並論及臺灣食物的研究趨勢。

第二章〈權力的滋味：明清時期鰣魚的賞賜與品饌文化〉，考察鰣魚在明代的賞賜文化、鰣魚在清代的餽贈文化與政治意涵，以及鰣魚在北京、江南與嶺南等地區的品饌文化。第三章〈危險的逸樂：近代日本河豚的解毒過程與消費文化〉，論述日本「河豚料理」的出現受到中國影響，再加上明治維新以後受到西方科學的洗禮，促使日本醫學家投入河豚解毒實驗，建立一套安全的河豚烹飪技術，使其成為甚具特色的日本料理。

第四章〈滋血液、養神氣：日治到戰後臺灣的養鱉知識、養

---

23 筆者曾對紐約法拉盛（Flushing）的臺菜餐館變遷進行研究，詳見Chunghao Pio Kuo, "When Little Island Cuisine Encountered Chinese Food: The Evolution of Taiwanese Cuisine in New York City's Flushing Neighborhood (1970-Present)" in B. Arnold, T. Tunc, & R. Chong eds., *Chop Suey and Sushi from Sea to Shining Sea: Asian Restaurants in the United States* (Fayetteville: University of Arkansas Press, 2018), pp. 101-128.

殖環境與食療文化〉，討論「鱉補食療」在中國、日本與臺灣三地的跨文化互動。「鱉補」源自於傳統中國的食療本草，這套漢藥知識從中國傳到日本，使得「鱉」成為日人眼中的貴重食材並發展出人工養鱉事業。日治時期日本的養鱉技術進入殖民地臺灣，並建立現代化養殖基礎。二次戰後臺灣養鱉業消退，1990年代受到中國「馬家軍事件」的影響，成功建立中國消費市場。本章顯示中國漢藥食補、日本資金與技術、臺灣養鱉環境以及中國消費市場的互動關係。

　　第五章〈傳說與滋味：追尋臺灣「三杯雞」菜餚之演變〉，追尋「三杯雞」的起源及變遷過程。「三杯雞」的烹飪方式類似傳統中國常見的「醬油雞」，戰後初期，以外省族群為主流的報章媒體認定「三杯雞」來自江西。然而，透過口述訪談多位資深臺籍廚師，他們呈現了「在地的聲音」，顯示該菜餚是臺灣鄉村「節儉說」與「麻油雞改良版」下的產物。本章論證「三杯雞」不僅是道地的臺灣菜餚，同時也凸顯戰後外省族群與本省廚師在話語權上之殊異。第六章〈結論：近代東亞食物研究的意涵〉論述東亞區域間「飲食文化」的交互影響、東亞飲食中的「政治性」、飲食菜餚的「在地化」以及提出未來研究的可能性與方向。

　　另外，附錄收錄了我撰寫的六篇學術專書書評，增加讀者對於世界飲食以及近代東亞飲食文化研究的瞭解。

　　第一篇是評 Rachel Laudan 的 *Cuisine and Empire*《飲食與帝國》，作者特別指出「飲食哲學」（culinary philosophy）影響飲食文明的發展，同時也比較人類歷史上不同帝國內的飲食特徵，可幫助讀者迅速掌握不同帝國的飲食文化與變遷。

　　第二篇是評 George Solt 的 *The Untold History of Ramen*《拉麵

的未知歷史》，作者考察拉麵最初源自中國廣東，十九世紀傳入日本，二次戰後在美援的影響下逐漸受到日人喜愛，甚至挑戰了米食文化。爾後拉麵華麗轉身，在麵食加入日本食材，店家以日式裝潢與音樂著稱，從業人員換上日本風格的服飾，最終成為代表日本飲食的主要食物之一。

第三篇是評陳勇（Yong Chen）的 *Chop Suey, USA: The Story of Chinese Food in America*《雜碎，美國：美國的中餐故事》，本書以「雜碎」（Chop Suey）為主題，聚焦十九世紀以降來到北美的華工將中菜帶入美國，在不同城市建立華埠，並將「美式中餐」普及到美國各地。作者論證中餐具有「充裕」、「便宜」與「量多」的特徵，恰好迎合美國社會強調的「物質充裕」與「大眾消費」特質。簡言之，不論是日本的「拉麵」或是美國的「雜碎」，其書評可作為本書第四章〈滋血液，養神氣：日治到戰後臺灣的養鱉知識、養殖環境與食補文化〉與第五章〈傳說與滋味：追尋臺灣「三杯雞」之變遷〉的延伸閱讀，瞭解特定食材與食物在不同環境中歷經變遷所展現的複雜面向。

第四篇是評 Cecilia Leong-Salobir 的 *Food Culture in Colonial Asia*《殖民地亞洲的食物文化》，本書討論英國殖民者與東南亞殖民地，在十九世紀到二十世紀期間共同創造出特殊的「殖民地飲食」（colonial cuisine），這些飲食兼具歐洲的營養觀念和殖民地的食材種類，是殖民者與被殖民者雙方共同協調創造出的特殊菜餚。

第五篇是評 Mark Swislocki 的 *Culinary Nostalgia: Regional Food Culture and the Urban Experience in Shanghai*《飲食懷舊：上海的區域性飲食文化與城市經驗》，考察近代上海飲食變遷與城市文化

互動，說明「本幫菜」與「海派菜」出現的歷史與文化脈絡。較重要的是，作者在「導論」提出以「區域性飲食」的概念取代傳統「四大菜系」與「八大菜系」的說法，特別具有啓發性。

第六篇是評 Brian R. Dott 的 *The Chile Pepper in China: A Cultural Biography*《辣椒在中國：一個文化生命史》，作者考察來自美洲大陸的辣椒從三個地點（東南亞、福建與朝鮮）進入中國，之後辣椒顏色與特徵符合中菜的「五味」、「五行」與「陰陽」等觀念而逐漸流行，在醫療上也有其功效，其味道逐漸被菁英階層接受，最後強調辣椒特徵（熱情、強烈與紅色）也成爲近代中國政治運動的特殊符號。

第 2 章

權力的滋味 ── 明清時期
鱘魚的賞賜與品饌文化

一、鰣魚的身世

臺灣四面環海，餐桌上常見各種魚類佳餚，例如虱目魚、土魠魚、鯖魚、吳郭魚與午仔魚等。然而，一般人甚少聽過「鰣魚」名稱，更別說是嚐其滋味。

戰後以來，臺灣外省餐館偶有「鰣魚」這道菜餚，1956年由金少玉主編的《中菜集錦》食譜記載了「清蒸鰣魚」，作法是「魚去臟洗淨，鹽、味精、胡椒粉調勻塗魚內外置大盤中，蔥洗淨每棵紮成一束與薑片間排魚上。加豬油、醬油、醋上籠武火蒸熟（約十五分鐘），上桌將鱗帶皮揭開，食之肥嫩鮮香。」較特別的是，「附註」記載「鰣魚須帶鱗同蒸，鰣魚為長江名產，以肥嫩鮮香聞名。」[1]鰣魚是長江中下游（江南）著名魚類，以「清蒸」為宜，且魚鱗需一同蒸食。1971年，甫開業且標榜「北方菜」的臺北「天廚菜館」推出「鐵烤鰣魚」，烹飪方式與江浙的清蒸明顯不同。[2]雖然鰣魚菜餚零星出現，不過，由於臺灣周遭水域並非鰣魚迴游地區，食材取得不易，這道菜餚逐漸在臺灣餐桌上消失。

從「鰣魚」的名稱便可知此魚與「時間」有緊密關係，它固定在春夏之交，從海洋進入江河產卵，以長江下游與錢塘江水域為主，到了秋末時節再游回海洋。由於鰣魚迴游時間非常準確，古人察其魚汛而給予「鰣魚」之稱。臺灣的讀者或許對於鰣魚並不熟悉，但在明清時期，鰣魚作為祭祀太廟的貢品，代表了「權力」與「尊榮」。

1　金少玉主編，《中菜集錦》（臺北：文盛印書館，1956），頁63。

2　不著撰人，〈天廚菜館　今天開業〉，《經濟日報》，1971年2月2日，8版。

　　明初建都於南京，將長江中下游捕撈到的鰣魚送至南京太廟祭祀，並非困難之事。然而，當明成祖於永樂十九年（1421）遷都北京之後，如何將新鮮的鰣魚遠送至千餘里外的北京皇城，成為一項非常艱鉅的任務，包括捕撈、彙整、冰藏以及運輸（船隻與馬匹），形成著名的「鰣貢制度」。

　　「貢品制度」在帝制中國並非特例，中國幅員廣大，各地的特殊食材與珍奇物品多以「貢品」形式送至京城，供皇室作為祭祀、賞玩或是飲宴所需。「南物北送」的例子相當多，例如唐玄宗寵愛楊貴妃，不惜千里遠從嶺南將「荔枝」送至長安，只為了讓貴妃一嚐滋味，中原之士對於荔枝的特殊外型、味覺感受與珍奇意象莫不讚賞。除了荔枝以外，「莞香」也是廣東出產的重要貢品，官員在當地採辦之後送往北京，供皇室焚香祭祀之用。海外珍奇之物也成為帝制中國的貢品，例如東南亞的「象牙」在隋唐之際傳入中國，作為藝術、雕刻與醫療等用途；清乾隆時期印度生產的「紫檀木」由粵海關輸入，再由當地工匠製成紫檀木家具，進貢北京。[3]

　　回到「鰣貢制度」的脈絡，透過鰣魚這項「物」的研究，得以探討明清時期政治、社會與文化諸多議題。在先前研究方面，主要有兩篇重要文獻。首先是顧端在《漁史文集》的〈鰣魚與鰣

3　陳元朋，〈荔枝的歷史〉，《新史學》14卷2期（2003年7月），頁111-178；張竹慧，〈第三章　清代的土貢制度與香料使用〉，〈清代廣東土產香料運銷與消費〉（臺北：國立臺北大學歷史系碩士論文，2015），頁39-59；王中奇，〈第二章　宮廷紫檀木與紫檀家具的來源〉，〈乾隆朝宮廷的紫檀家具〉（臺北：東吳大學歷史系碩士論文 2013），頁31-48；陳宥任，〈第四章　象貢：象與象牙所涉及之物質文化變遷〉，〈中國歷史上的象與象牙〉（新竹：國立清華大學歷史所碩士論文，2016），頁53-80。

貢〉描繪了明代鰣貢制度的大致圖像，考察下列議題：鰣魚生態（迴游性魚類與長江水域）、南京鰣魚廠位置（外郭城「觀音門」外燕子磯東邊，冰窖設立於旁）、鰣貢弊端（太監藉由鰣貢壓榨百姓）、鰣貢運輸以及鰣貢的廢除（康熙時期停止，但乾隆年間才完全廢除）。另外，王賽時的〈中國古代食用鰣魚的歷史考察〉主要討論烹飪方式以及鰣貢制度造成的民怨。上述研究幫助我們瞭解了鰣魚魚性、分佈水域、捕撈彙整、冰藏運送以及鰣貢弊端。[4]

　　有別於上述的先行研究，本文將從明清時期鰣魚的「賞賜與品饌文化」展開討論，從中觀察官員與士人獲賞鰣魚後的心境，以及江南、北京與嶺南三地不同的品饌文化。

二、明代鰣魚的賞賜文化

　　明代鰣魚從長江中下游捕撈後，於南京鰣魚廠彙整，以冰窖廠藏冰保鮮，先於五月十五日在南京「孝陵」祭祀明太祖朱元璋與馬太后，再以貢鮮船與馬匹將鰣魚運抵北京。七月一日太廟祭祀後，由皇帝分賞給大臣，獲賞鰣魚者莫不以此為榮。

　　南京與北京相距千里之遙，加上傳統中國冰藏不易，運送過程鮮魚容易腐敗，真正送抵北京的鰣魚數量相當有限。根據《大明會典》與《南京都察院志》，明代鰣魚與貢鮮船數量以「萬曆」年間的記載最詳細，整理如下：

4　顧端，《漁史文集》（臺北：淑馨出版社，1992），頁112-126；王賽時，〈中國古代食用鰣魚的歷史考察〉，《古今農業》3期（1997年），頁40-46。

圖2-1　鰣魚圖，圖片來源：撰繪者佚名，《宮廷寫本食物本草》（北京：華夏出版社，2000），卷4，〈魚類 鰣魚〉，頁419。

圖2-2　鰣魚圖，圖片來源：陳孟雷編，《古今圖書集成》第526冊博物彙編禽蟲典第143卷鰣魚部，第526冊之三二葉，（臺北：文星書局，1964）。

表一：明代鰣魚與船隻數量

時間	鰣魚數量（扛、尾）	船隻數量	備註
成化12年 （1476）	頭起鰣魚44扛	實用船7隻	
	二起鰣魚44扛	實用船7隻	
嘉靖9年 （1530）	頭起鰣魚600尾 鮮筍200斤	用船5隻	嘉靖九年《大明會典》卷158兵部41記載「嘉靖九年令併省南京進貢船隻著為定例，敢有假託增用，害人者科道官指名參奏」

時間	鱘魚數量（扛、尾）	船隻數量	備註
嘉靖9年（1530）	二起鱘魚500尾 鮮筍200斤	用船4隻	嘉靖九年《大明會典》卷158兵部41記載「嘉靖九年令併省南京進貢船隻著為定例，敢有假託增用，害人者科道官指名參奏」
	乾鱘魚100尾、糟鱘魚990與鱘魚子腸鮓52斤，合計41扛	三項併用船2隻	
萬曆11年（1583）	加添頭起鱘魚400尾	添撥船4隻	
萬曆12年（1584）	加添二起鱘魚200尾	添撥船2隻	
萬曆13年（1585）	加添頭起鱘魚300尾	添撥船3隻	
萬曆24年（1596）	加添頭起鱘魚520尾	添撥黃船1隻 馬快船4隻	
	加添二起鱘魚500尾	添撥黃船1隻 馬快船4隻	
萬曆42年（1614）	加添頭起鱘魚430尾	添撥黃船1隻 馬快船3隻	頭起鱘魚共2250尾，共撥黃船4隻，馬快船18隻
	加添二起鱘魚100尾	添撥黃船1隻	二起鱘魚共1300尾，共撥黃船3隻，馬快船10隻

資料來源：李東陽撰、申時行修，《大明會典》（臺北：新文豐出版，1976），卷158，〈兵部四十一〉，頁26b-27a；施沛，《南京都察院志》，（收入《四庫全書存目叢書補編》第73冊，據日本內閣文庫藏明天啟刻本影印，濟南：齊魯出版社，2001），卷25，〈尚膳監十一起〉，頁13a-16b。郭忠豪編輯製表。

　　根據表一，明代採打與運送鰣魚的船隻包括幾種類型：第一是「馬船」，其名稱源自明代初期，官府爲運送四川與雲南的馬匹而建造，噸位可達「六百料」之多（「料」是明代船隻運載量的單位）。第二類是「快船」，該船隻主要供水軍作爲軍事與運送用途。第三類是「黃船」，負責運送皇室所需物資。上述船隻統稱爲「貢舫」，爾後成爲南京方面負責捕撈與運送鰣魚的船隻。[5]

　　表一記載「頭起鰣魚」、「二起鰣魚」、「乾鰣魚」、「糟鰣魚」以及「鰣魚子腸鮓」等，「頭起」與「二起」分別表示魚汛的第一批與第二批，尤以「頭起鰣魚」最受青睞。「乾鰣魚」、「糟鰣魚」與「鰣魚子腸鮓」均爲冰藏不足情況下的保藏方式。至於每年南京鰣魚廠彙整後的數量不一，有些以「扛」紀錄，有些以「尾」記載（大抵從幾百尾到幾千尾不等）。值得注意的是，明神宗朱翊鈞（萬曆帝）分別在11年、12年、13年、24年與42年，下令「加添頭起鰣魚」與「加添二起鰣魚」數百尾不等，顯示萬曆帝在常規鰣貢之外，又額外增添鰣魚數量。

　　此外，《明實錄》與《明代職官年表》提供了明代皇帝賞賜鰣魚給官員的紀錄，整理如下：

5　梅偉強，〈明代貢舫之研究〉（臺南：成功大學歷史系碩士論文，2014），頁24-27、38、52-54。

表二、明代官員獲賞鰣魚一覽表

時間	官員人名	獲贈鰣魚時官職	鰣魚數量	備註	史料出處
宣德4年4月22日（1429）	楊士奇	文華殿大學士	不明	獲贈鰣魚地點在南京。	《明宣宗實錄》，卷53，頁6894；《明代職官年表》第一冊，頁25。
	楊榮	文華殿大學士	不明		
	金幼孜	文華殿大學士	不明		
萬曆3年7月6日（1575）	賜輔臣及講官、正字官及三品以上鰣魚。				《明神宗實錄》，卷40，頁920。以下若無特別著名，皆為《明神宗實錄》。
萬曆3年7月5日（1575）	張居正	首輔	6尾		卷40，頁927。
	呂調陽	輔臣	4尾		
	申時行	講官	2尾	申時行獲賞鰣魚後以詩云：桃花春浪起銀鱗，彩鷁星飛貢紫宸。薦食已登清廟俎，賜鮮仍輟御庖珍。傳來鳳沼恩偏重，護出鮫冰色尚新。幸際明時歌在藻，矢將忠鯁答皇仁。[6]	

---

6 申時行，《賜閒堂集》，（收入《四庫全書存目叢書》集部第134冊，台南：莊嚴文化事業公司，1997），卷4，頁1b。

時間	官員人名	獲贈鰣魚時官職	鰣魚數量	備註	史料出處
萬曆7年7月12日（1579）	張居正	首輔	不明		卷89，頁1840。
	張四維	次輔	不明		
	申時行	次輔	不明		
	何雒文	日講官	不明		
萬曆9年6月23日（1581）	張居正	首輔	不明	賜輔臣、府部大臣及講官鰣魚少頃	卷113，頁2159-2160。
	何雒文	講官	不明		
萬曆10年7月2日（1582）	賜三輔臣鰣魚		不明	經查，該年七月輔臣是張居正、張四維與申時行。獲賞鰣魚之講官極可能是陳思育與何雒文，萬曆九年這兩位講官與輔臣曾一同被賞賜貢物。	卷113，頁2341；卷115，頁2177；卷118，頁2214；卷123，頁2290；卷126，頁2341與2347。
萬曆10年7月11日（1582）	賜三輔臣及講官鰣魚各有差		不明		卷138，頁2347。
萬曆11年6月23日（1583）	賜三輔臣及府部大臣日講官鮮鰣魚		不明	經查，三輔臣是申時行、余有丁與許國。獲賞鰣魚日講官可能是許國陞與黃鳳翔，兩位在該年四月時任日講官。	卷136，頁2531與2536；卷138，頁2579。《明代職官年表》第一冊，頁76。
萬曆15年7月9日（1587）	賜輔臣講官鰣魚		不明	經查，輔臣是申時行、許國與王錫爵。日講官是黃洪憲。	卷188，頁3520；卷213，頁3990。

時間	官員人名	獲贈鰣魚時官職	鰣魚數量	備註	史料出處
萬曆16年閏6月20日（1588）	賜輔臣及日講官鮮鰣魚		不明	經查，輔臣是申時行、許國、王錫爵與王家屏，日講官是朱賡。	卷200，頁3758；卷200，頁3758；《明代職官年表》第一冊，頁78。
萬曆17年7月5日（1589）	賜四輔臣及日講官鰣魚		不明	經查，輔臣是申時行、許國、王錫爵與王家屏，日講官是張位。	《明代職官年表》第一冊，頁78；卷213，頁3990。
萬曆19年6月28日（1591）	賜輔臣各鮮鰣魚2尾		各2尾	經查，是申時行、許國、王錫爵、王家屏、趙志　與張位	卷237，頁4399；《明代職官年表》第一冊，頁79。
萬曆21年7月24日（1593）	賜輔臣鰣魚			經查，是王錫爵、趙志　與張位。	卷262，頁4865；《明代職官年表》第一冊，頁80。
萬曆30年7月1日（1602）	賜輔臣拖滷鰣魚及講官有差		不明	經查，輔臣是趙志皋、沈一貫、沈鯉與朱賡，日講官是敖文禎。	卷374，頁7019；卷364，頁6786；《明代職官年表》第一冊，頁82。
萬曆32年7月5日（1604）	賜三輔臣鰣魚鮮藕及講官周應賓等有差		不明	經查，三輔臣是沈一貫、沈鯉與朱賡，日講官楊道賓與周應賓。	卷398，頁7475。《明代職官年表》第一冊，頁83。
萬曆36年6月28日（1608）	賜三輔臣鮮鰣魚各2尾		各2尾	經查，三輔臣是朱賡、李廷機與葉向高。	卷447，頁8478。《明代職官年表》第一冊，頁85。
萬曆36年7月5日（1608）	賜三輔臣鮮鰣魚及講官楊道賓等有差		不明	經查，三輔臣是朱賡、李廷機與葉向高，講官是楊道賓。	卷448，頁8485。

時間	官員人名	獲贈鰣魚時官職	鰣魚數量	備註	史料出處
萬曆37年6月26日（1609）	賜輔臣李廷機葉向高鮮鰣魚各2尾		各2尾		卷459，頁8671。
萬曆44年7月1日（1616）	二輔臣各鮮鰣魚2尾		各2尾	經查，二輔臣是方從哲與吳道南	卷547，頁10359。《明代職官年表》第一冊，頁87。
萬曆45年7月1日（1617）	頒賜二輔臣鮮鰣魚		不明	經查，二輔臣是方從哲與吳道南	卷559，頁10543。《明代職官年表》第一冊，頁88。

資料來源：《明實錄》，中央研究院歷史語言研究所資料庫，http://hanchi. ihp.sinica.edu.tw/mqlc/hanjishilu?4:967908192:10:/raid/ihp_ebook2/ hanji/ttsweb.ini:::@SPAWN#top。張德信，《明代職官年表》第一冊，（合肥：黃山書社，2009）。郭忠豪編輯製表。

　　「表二」記載了明代官員獲賞鰣魚的時間（主要是萬曆朝）、官員職稱以及獲賞數量等，顯示出幾個有趣的現象。

　　首先，宣德4年（1429)4月22日，三位朝中重臣楊士奇、楊榮與金幼孜在「南京」而非「北京」獲賞鰣魚，但當時遷都北京已八年之久（1421年遷都），其原因應該是「鰣貢制度」尚未完備，鰣魚廠、冰窖與貢船等相應設備尚未齊全。獲賞的三位官員皆位居要職：楊士奇（1365-1444）從成祖、仁宗到宣宗時期，擔任內閣首輔與大學士等官職；楊榮（1371-1440）在仁宗時曾任內閣首輔、工部尚書並兼謹身殿大學士，他與楊士奇、楊溥號稱「三楊」；金幼孜（1368-1431）從永樂時期開始任官，曾任文淵閣大學士兼翰林學士，官至禮部尚書。

其次，表二顯示萬曆皇帝從在位的第3年至第45年之間，於北京太廟「秋享」（七月初一）祭祀前後，分賞鰣魚給「首輔」（首席大學士，主持內閣大政）、「次輔」（副宰相）與「日講官」等重要大臣。一般來說，皇帝在太廟祭祀之後賞賜鰣魚乃是常規，但有些獲賞卻在「秋享」之前（六月），例如萬曆16年在6月20日「賜輔臣及日講官鮮鰣魚」，又如萬曆36年6月28日「賜三輔臣先鰣魚各二尾」。據推測，可能是配合朝廷重要事件或者人員流動，而將賞賜日期往前數日。

第三，關於賞賜鰣魚的數量，大多則以「鰣魚各有差」交代，僅有少部分年代清楚記載：萬曆3年7月「首輔」張居正獲得鰣魚6尾、「輔臣」呂調陽4尾、「講官」申時行2尾；萬曆19年「輔臣」申時行、許國、王錫爵、王家屏、趙志　與張位等每人獲得鰣魚2尾；萬曆36年輔臣朱賡、李廷機與葉向高等每人2尾；萬曆37年輔臣李廷機與葉向高每人2尾；萬曆44年輔臣方從哲與吳道南每人2尾。由此看來，每位大臣獲得的鮮鰣魚數量稀少，相當珍貴。

另外還有一項有趣的觀察，萬曆42年「頭起鰣魚」共2250尾，「二起鰣魚」共1300尾，表示該年約有三千多尾鰣魚送至北京（表一所示），但從「表二」得知：官員獲賞鰣魚數量非常少（2至6尾不等），其數量落差可能反映出：鰣貢途中冰藏數量不足，再加上五、六月份天氣炎熱，鮮魚保存不易，真正送達北京的「鮮鰣魚」數量有限。另一方面，鰣魚送抵北京後，需由「尚膳監」負責處理，可能有部分不肖太監從中私取，以致於真正送到皇帝手中的鮮鰣魚數量為數不多。

由於萬曆皇帝熱衷賞賜鰣魚給內閣輔臣，擔任過內閣輔臣

的人均嚐過鰣魚，包括張居正、呂調陽、張四維、馬自強、申
時行、潘晟、余有丁、許國、王錫爵、王家屏、趙志皋、張位、
陳於陛、沈一貫、沈鯉、朱賡、于慎行、李廷機、葉向高、方
從哲、吳道南等人。其中，馬自強（萬曆6年辭世）與潘晟（萬
曆10年致仕）任輔臣時間特別短（僅一年或數月），這兩人不一
定有機會嚐到鰣魚吧！

1. 明代官員獲賞鰣魚詩文

　　無論在南京或者北京，明代官員獲賜鰣魚後，大多寫下詩文
表達對皇帝的感激。明中葉官至「南京禮部尚書」的吳寬（1435-
1504）有兩首詩文描寫獲賜鰣魚，第一首是〈和屠公次前韻記賜
鰣魚〉，內容為「貢道泝長江，頒來出瑣窗。百筐皆滿尺，八座
合成雙（尚書例賜二尾）。腥氣銀為鬣，肥膏玉作腔。知公食有
剩，須用置冰缸。」[7]另一首詩是〈五月十五蒙賜鰣魚二尾〉，內
容為「病臥書窗越幾旬，朝來猶自食時新。江東到此如論價，須
抵盤中二尺銀。」[8]第一首詩顯示，明代六部尚書照例獲賜鰣魚的
數量是「二尾」，第二首詩文提到獲賜日期是5月15日，極可能
是在南京孝陵祭祀後獲賜鰣魚。

　　明正德16年（1521）進士，官至「國子監祭酒」的張袞
（1487-1564）提到在南京獲賜鰣魚，云「左順門前勑賜鮮，講官
新拜聖恩年。玉鱗高捧形雲出，水舸虛疑白雪邊。未信尾頹勞

7　吳寬，《家藏集》，（收入《景印文淵閣四庫全書》第1255冊，據國立故宮博物院藏
　　本影印，臺北：臺灣商務印書館，1983），卷23，頁1a-1b。

8　吳寬，《家藏集》，卷30，〈五月十五日蒙賜鰣魚二尾〉，頁8a。

國事，誰同骨鯁論王前。慚予飽食無絲補，快覩龍飛利在天。」[9]
「左順門」是今天南京故宮「協和門」，建於明永樂18年（1420），
是賞賜官員鰣魚之處。張袞對獲賞鰣魚心懷感激，並期許自己
回報皇恩。

當鰣貢制度開始運作後，獲賜鰣魚地點從南京轉變成北京，
明正德年間進士、官至翰林院編修的廖道南（1494-1548）以〈紀
賜鰣魚〉云：「暑雨經旬濕不開，雪鱗冰艦自南來。御庖珍饌傳
中使，講幄金盤出上裁。薦鮪未須歌寢廟，釣鼇何必美蓬萊。素
餐忝竊慚無補，魚藻空懷絕代才。」[10]詩文內容說明了鰣貢冰藏、
太廟祭祀以及獲賜鰣魚後以「素餐忝竊」表達謙虛之意。

仕途順暢與否也透過鰣魚反映心境。明嘉靖年間曾任「首
輔」等職位的江西貴溪人夏言（1482-1548），以兩首詩表達獲賜
鰣魚心境，第一首是〈謝欽賞鰣魚疏嘉靖十五年六月二十四日〉：

> 伏蒙欽賞鰣魚四尾，該內官監送到。除就私家叩頭拜賜，
> 訖臣深惟無可錄之勞。每蒙聖慈□督視工人時，加優賜
> 惟。茲冰鱗鮮美來自江湖，歷數千里舟楫之難，乃能進之
> 尚方而臣。於例賜之外，重叩特恩，獨霑屢飫臣誠不勝感
> 戴聖□之至，謹具本稱謝以聞。[11]

9　張袞，《張水南文集》（南京：南京大學出版社，2010），卷2，頁13a。

10　廖道南，《楚紀》（北京：書目文獻出版社，1988），卷56，頁68b。

11　夏言，《夏桂洲文集》，（收入《四庫全書存目叢書》集部第74冊，據北京大學圖書
　　館藏明崇禎十一年吳一璘刻本影印，臺南：莊嚴文化事業有限公司，1997），卷
　　15，〈謝欽賞鰣魚疏嘉靖十五年六月二十四日〉，頁63a-63b。

這首詩說明嘉靖15年（1536）6月24日，夏言獲賜鰣魚的經過。當時他任職禮部尚書兼武英殿大學士等職，在北京太廟獲賞鰣魚四尾。夏言為人正直，曾力促皇莊歸還佔領百姓土地，深獲皇帝讚賞。嘉靖皇帝喜歡作詩，夏言也教導皇帝詩文。然而，嘉靖27年（1548）蒙古韃靼部南下進犯，陝西總督曾銑倡言收復河套，夏言亦贊成此事，但嚴嵩從中作梗，嘉靖帝最後反對出兵，再加上嚴嵩誣告夏言，最終辭仕並遭斬首。[12]

　　夏言在另一首〈次韻東峯翁遺惠鰣魚歌〉表達仕途不順的無奈：

> 道人鼾睡鼻雷吼，猛驚剝啄關開口。僕夫兩筐初息肩，中丞一緘忽入手。滿筐鰣魚鱗甲張，啓封取魚呼童忙。高情遠寄勝王閣，珍品光誇丹桂堂。年年仁壽宮中出，中使到門每驚怵。例頒兩尾給外廷，特賜五頭勞御筆。去歲承恩歸故鄉，豈爲鱸魚滋味長。今年不復天家賜，徒憶江淮進貢航。自憐此物無緣至，駢蕃乃荷東翁賜。更將餘愛遺郡守，且獨先嘗對臺使。珍鮮數寄意何深，海蝦燕窠俱有吟。寋予病思少酬荅，千里感翁惟小心。[13]

上文應是嘉靖27年（1548），夏言辭去「尚書」官職後所寫，他也在同年被斬殺。首句「道人鼾睡鼻雷吼」批判嘉靖皇帝迷信道教，以追求長生不老之術爲樂。接著他論及鰣貢事務，並以「今

---

12 張廷玉，《明史》，卷196，頁5190。中研院漢籍電子文獻資料庫。

13 夏言，《夏桂洲文集》，卷3，〈次韻東峯翁遺惠鰣魚歌〉，頁53a-53b。

年不復天家賜，徒憶江淮進貢航」表達不再受到皇帝重用的感慨！

　　明嘉靖年間莆田人林文俊（1487-1536），官至南京與北京「國子監祭酒」，寫道「禮成薦鰣聖心懌，恩許嘗新遍從官。一飽敢忘明主德，百年深愧腐儒飡。鑾刀細切憐霜膾，官醞旋開侑玉盤。食罷感恩思補報，馮驩長鋏未須彈。」[14]詩中提及鰣貢事務與官員賞賜之景，感恩獲得皇帝賞識。

　　明萬曆17年（1589）進士，浙江歸安人鄭明選以〈觀貯鰣魚薦於京師〉云：「海錯鰣魚天下稱，揚鬐五月上金陵。澄江密散青絲網，畫舫深藏玉井冰。驛路喧傳中使貢，御廚烹出大官丞。誰云多骨令人恨，一薦君王喜不勝。」[15]文中提到鰣魚捕撈與冰藏、鰣貢運送以及獲賜之喜悅。明萬曆35年（1607）進士，官至「禮部尚書兼東閣大學士」的丁紹軾（?-1626）以〈賜講官鰣魚恭紀〉云：「閶闔氤氳帝祉新，冰廚傳賜首儒臣。銀鱗入貢江鄉遠，玉膾親承寵澤頻。豈有謨謀膺異眷，頓令芳馥飽殊珍。願持骨鯁酬明王，在藻？更歌億萬春。」[16]述及北京皇帝賞賜鰣魚之景，作者願以「願持骨鯁酬明王」回報皇帝隆恩。

　　明隆慶年間山東平陰人于慎行（1545-1607）提到賞賜鰣魚：「六月鰣魚帶雪寒，三千江路到長安。堯廚未進銀刀鱠，漢闕先分玉露盤。賜比群卿恩已重，須隨元老遇猶難。遲回退食慚無

---

14 林文俊，《方齋存稿》，（臺北：臺灣商務印書館，1973），卷10，頁29a-30b。

15 鄭明選，《鄭侯升集》，（收入《四庫禁燬書叢刊》集部第75冊，據明萬曆三十一年鄭文震課本湖北省圖書館藏，北京：北京出版社，2000），卷8，〈觀貯鰣魚薦於京師〉，頁12b。

16 丁紹軾，《丁文遠集》（北京：北京出版社，1997）），卷1，頁30a-30b。

補，傺饌年年領大官。」[17]另一首詩〈大司空朱師分賜鰣魚賦謝〉，是于慎行銘謝當時「工部尚書」朱衡賞賜鰣魚之作，云「五月霜鱗滿貢船，長安到日色猶鮮。牙檣錦纜來千里，玉筋金盤下九天。畫省不緣宮府賜，蓬門寧覿吏人傳。河淮一葦司空績，歲歲江魚入御筵。」[18]兩首詩文均提到鰣魚從南京送抵北京以及皇帝賞賜鰣魚之景。

相較《明實錄》記載明代輔臣獲賞鰣魚數量，明代官員的詩文多記載獲賜鰣魚後流露感激之情，讀起來生動活潑。不過，這些詩文內容是否反映出真實心聲？或許未必，官員的心境應該甚為複雜，一方面瞭解鰣魚的貴重意義，獲賞之後自然心懷感激，另一方面也瞭解鰣貢制度帶來的沈苛負擔，但在朝為官讓他們難以表達真正的想法。

三、清代鰣魚的意象：逸樂、餽贈與政治意涵

明代透過鰣貢制度將鰣魚送達北京，太廟祭祀後由皇帝賞賜大臣，鰣魚存在的價值在於彰顯權力，權貴官員才有機會品嚐，一般百姓很難嚐到鰣魚滋味。清代之後鰣貢遭到檢討，當江南鰣魚不再送往北京皇城後，北京以外地區與一般百姓有較多管道可以嚐到鰣魚，此時士人撰寫的詩文也呈現較多元有趣的觀點，包括春天意象與鰣魚之樂、同僚友人餽贈以及鰣魚魚性（惜鱗、多刺與出水而死）所衍生出的政治意涵。

---

17 于慎行，《穀城山館集》，（收入《景印文淵閣四庫全書》第1291冊，據國立故宮博物院藏本影印，臺北：臺灣商務印書館，1977），卷16，頁9a-9b。

18 于慎行，《穀城山館集》，卷11，〈大司空朱師分賜鰣魚賦謝〉，頁4b。

1. 吃鰣魚之樂

　　相較於明代，清代文人多將鰣魚與春暖花開、蓬勃生氣與飲食情趣連結一起，強調品饌樂趣（culinary enjoyment）。清文人孫枝蔚（1620-1687）云：「垂老邗江羨釣磯，鰣魚四月最肥美。故鄉親友應相誚，食飽櫻桃不肯歸。」[19]孫氏說明江南四月出鰣魚，恰好與櫻桃上市相呼應。另一首詩提到旅次湖北潛江（安陸府），思念江南鰣魚與櫻桃，云：「荒城景懶題，初夏氣難齊。櫻熟鰣魚美，令人想竹西。水禽聲戞戞，病客意悽悽。漸恐江湖闊，還家路欲迷。」[20]清文人鄭板橋（1693-1765）也云：「揚州四月嫩晴天，且買櫻筍鰣魚相啖食。」[21]上述詩文皆將四月出產的鰣魚連結溫煦氣候，並搭配應景的「竹筍」與「櫻桃」一起品饌，呈現春天愜意之景。

　　清代鰣魚也成為士人之間飲宴的桌上佳餚，清康熙年間興化人王仲儒（?-?）云：「揚州主人皆愛客，下三宜中誰得及。春去夏來醉幾回，黃魚鰣魚並飽喫。」[22]清安徽歙縣人淩廷堪（1755-1809）也云：「桃花簌簌雨疎疎，寂寞無因慰索居。幸有主人能

---

19 孫枝蔚，《溉堂前集》，（收入《四庫全書存目叢書》集部第206冊，據清華大學圖書館藏清康熙刻本影印，上海：上海古籍出版社，1979），卷9，頁14a。

20 孫枝蔚，《溉堂續集》，卷3，〈潛江四月絕無櫻桃上市〉，頁8b。

21 王錫榮，《鄭板橋集詳注》（長春市：吉林文史出版社，1986），頁72-73。

22 王仲儒，《西齋集》，（收入《四庫禁燬書叢刊》集部第73冊，據中國科學院圖書館藏清康熙夢華山房刻本影印，北京：北京出版社，2000），〈下宜中於五日送酒肴滿器今日雨中復送蘀茗一簍詩以謝之〉，頁7a。

愛客，不辭燒筍煮鰣魚。」[23]清人王直在〈食鰣魚歌〉云：

閩江東去連泓涵，海氣上激天垂藍。漁師乘潮弄輕艇，銜尾競出多於蠶。網得鰣魚長尺半，板身青春目則眈。手拎肩荷上街賣，貫以蒲柳盛筠籃。賦形大小類鯮鰡，問價什倍高螺蚶。買偏無錢舍可惜，張口瞪目空懷慙。歸來沈思坐隱幾，神則倦矣睡且。晨興主人食指動，驚喜數輩懸廚龕。庖丁未來饋者去，家人聚語聲喃喃。謂余適當采薪疾，幸莫大縱饞夫貪。豈知人生各有嗜，矧茲尤物尤所耽。死生疾病亦定數，詎必枵腹袪肥甘。膿脆雖爲腐腸物，茹蔬不信皆彭聃。此魚鯁多味差美，腰胸食譜吾能諳。爲呼烹飪進老婢，大腳急走頭鬆鬖。抉睛颺膜務使淨，割切霍霍揮霜鐔。井華數渥始調和，鳴薑點醬需相參。紅蓮初香廚下甑，綠醖況滿琳頭甔。便宜洗盞具肴樝，折束火急邀朋簪。狂吞大嚼頗快意，使我恍惚思江南。到窗明月恰三五，放櫂夜下芙蓉潭。是時風高浪初靜，減燭圍坐霏清談。小童忽入拭幾席，散列盤飣櫻桃柑。銀鱗細骨首登俎，不惜痛飲從沈酣。江城重閉萬家寂，譙樓漏鼓纔撾三。年來蹤迹杳音信，覩物憶舊情何堪。酒闌客散曉星沒，正見旭日中林含。[24]

23 淩廷堪，《校禮堂詩集》，（收入《圖書集成續編》第174冊，據安徽叢書排印，臺北：藝文印書館，1971），卷2，〈初食鰣魚〉，頁8a-8b。

24 林直，《壯懷堂詩初稿》，（收入《續修四庫全書》集部第1557冊，據清咸豐六年福州刻本影印，上海：上海古籍出版社，1995），卷6，頁4b-5b。

上述詩文描述清代福建閩江一帶品饌鰣魚的景象，作者描述當地漁民將鰣魚送到市場販售，價格甚昂。作者爲了一嚐鰣魚難得滋味，找來庖丁烹飪。烹飪過程中添加醬料提升風味，並邀請友人一同品嚐。作者雖在福建大快朵頤，但卻憶起江南鰣魚的美味，同時也將春天盛產的櫻桃取出食用，構成一幅品饌鰣魚美景。

活躍於明清時期的「揚州鹽商」也喜愛品嚐鰣魚，一方面是財力雄厚，負擔得起鰣魚高價，另一方面也是衝著鰣魚盛名而來。鹽商中著名的「揚州二馬」馬曰琯（1688-1755）與馬曰璐（1695-？）兄弟及其經營的「小玲瓏山館」是當時文人聚會的場所，這首〈食鰣魚聯句〉記載馬家兄弟、陳章、厲鶚、王藻、閩華、張四科、陸鍾輝等文人齊聚讚詠鰣魚：

海鮮來四月（馬曰琯），節物數江皐。風借東方便（厲鶚），潮乘上信豪。郭公啼雨早（王藻），楝子著花高。截水千絲網（馬曰璐），緣流幾夜舠。蒼黃惜鱗鬣（陳章），咫尺失波濤。圉圉傷同隊（閔華），喁喁憫爾曹。脊橫堆翠鈿（陸鍾輝）尾帖臥銀刀。得雋漁人喜（張四科），居奇市價操。沙頭貫楊柳（曰琯），街口伴櫻桃。俊味河豚媲（厲鶚），芳腴石首逃。團臍嘲稻蟹（王藻），獱殼賤車螯。指動何妨染（曰璐），涎流詎厭饕。淵材談恨誤（陳章），孫勔韻深褒。去乙砧初斫（閩華），調辛釜乍轑。煮宜加荻筍（陸鐘輝），和不用【艸閭】蒿。飽食仍蕭瑟（張四科），嘗新漫鬱陶。貢曾同嶺荔（曰琯），薦更重溪毛。因軫百金費（厲鶚），還停一騎勞。此鄉真獨擅（王藻），作客屢曾叨。致遠如藏杬（陳章），封提每藉糟。爛應愁內潰（曰

璐），薆祇享殘膏。腹負誠為累（閔華），身謀任所遭。撫
時將競渡（陸鐘輝），按酒共《離騷》。翦燭西堂夜（四科），
爭拈險語麀（日琯）。[25]

上述聯句反映了揚州鹽商對鰣魚魚性、鰣貢沈苛、烹製方式以
及鰣魚薦新皆相當瞭解。詩文大意是：鰣魚在四月返江，魚汛
之際正值布穀鳥鳴叫。鰣魚迴游成群結隊，網戶漁民趁機捕撈。
市場上鰣魚高價，味道媲美河豚，更勝黃魚。烹飪上可與荻筍
一同烹調，再加上佐料，味道鮮腴。然而，鰣魚與荔枝均是貢物，
特別是鰣貢運送曠日費時，需要冰藏、乾製與糟法處理，但送
達北京後的鰣魚多半腐爛發臭了。

　　清雍正年間山陰人周長發（1696-1777）以〈食鰣魚用歐陽公
畲梅聖俞達頭魚作韻〉云：

　　自笑成老饕，嗜好無紀極。每當春水盈，江市鮮鱗積。就
　　中鰣最佳，得一絕勝百。昨歲三月杪，官齋寄硯北。登盤
　　飽玉脂，方法妙難測。今者櫻筍廚，重開忽晷刻。楊柳貫
　　青鬐，霜刀割白脊。頗訝琴高仙，投網遭淪謫。清曉命膳
　　夫，銀縷細分析。調味糁薑鹽，拔刺除矛戟。對案朵吾頤，
　　竟飯箸未息。始知水錯多，惟爾蘊全德。珍品惜膏腴，雅
　　俗罔不識。況予住江村，魚蝦辨澤國。金鯽付餇飣，秋鱸
　　費包炙。尚覺遜此遠，藏之餉嘉客。兩年會食歡，合并未

25 馬曰璐，《南齋集》，（收入《叢書集成新編》第72冊，據粵雅堂叢書本排印，臺北：
新文豐出版社，1985），卷2，〈食鰣魚聯句〉，頁27-28。

易得。[26]

該詩文是作者向宋代文學家歐陽修與梅聖俞（梅堯臣）致意之作，特別是梅聖俞酷食河豚，遂有「梅河豚」之稱。作者以鰣魚魚性、捕撈宰殺、烹飪品饌以及糟製贈送等形容鰣魚的多元風貌，令人印象深刻。

2. 鰣魚的餽贈文化

明代鰣魚是「皇恩」的象徵，呈現「上對下」的賞賜意涵。相較於此，清代廢除鰣貢，皇帝不再分賞鰣魚，不過鰣魚的尊貴意象依然存在，逐漸轉變為友人同儕間相互餽贈。

康熙年間江蘇懷安人劉謙吉（1623-1709）云：「一春長得飲公醇，江味初來眼倍親。護取銀鱗全未損，隔牆帶晚喚饞人。客餽生魚還餉客，金虀玉膾趁鮮新。人生口腹皆前定，只愛交情到處真。」[27]詩文說明朋友間互贈並相約品嚐鰣魚。值得注意的是，內文提到「金虀玉膾」，指的是由蒜、橘、鹽、蔥、醋與粳米等調和而成的佐料，通常用來蘸「魚生」食用。魚生食俗在中國歷史悠久，明清時期江南地區已不多見，但依舊存在嶺南珠江流域。

清初文學家朱彝尊之子朱昆田（1652-1699），家鄉在秀水（今浙江嘉興），他獲得地方太守魯松江贈送鰣魚後寫下〈魯松江餉鰣魚〉一詩，云：「楊花落後到江鄉，脫網鰣魚白似霜。馬上

---

26 周長發，《賜書堂詩鈔》（上海：上海古籍出版社，2010），卷2，〈食鰣魚用歐陽公會梅聖俞達頭魚作韻〉，頁12a-12b。

27 劉謙吉，《雪作鬚眉詩鈔》（北京：北京出版社，1997），卷8，頁20a。

裏冰初入貢，雨中穿柳忽分將。行廚亦解和鱗煮，緩帶先棄恣意嘗。太守新來招一戶，官齋直欲醉千場。」[28]文中提到烹煮鰣魚要保留魚鱗方能嚐到鰣魚美味。

清中葉的趙翼（1727-1814）與蔣士詮、袁枚號稱「江右三大家」，他以〈鰣魚初出松坪前輩即購以見貽賦謝〉分享獲贈鰣魚的心情，云：「銀鱗尺半壓荒廚，纔是江鮮入市初。一尾千錢作豪舉，先生今日宴頭魚。客中誰復問衰屏，貫柳驚投飯顆山。曾共蓬池叨賜鱠，故應臭味倍相關。菜根久礪齒牙牢，珍味無端誘老饕。不肯累人窮閩貢，為君一旦破清高。」[29]詩文提到友人趁「頭起鰣魚」上市之際，以高價購買餽贈，鰣魚美味誘人，並引用東漢班固《東觀漢記‧閩貢》典故，即便知道應該避免口腹之欲，但仍破例一嚐鰣魚美味！

清浙江錢塘人吳清鵬以〈以鰣魚餉友〉云：「鰣魚何時來，（明始見於詩）歲遭世網困。自亦一尤物，詩人有刺怨。（東坡稱荔子為尤物大復以鰣魚比荔子）今時復何感，聊可勸餐飯。揚州所產多，頗得慰旅願。時價近值千，已不復論萬。早乘桃花肥，（三月已上）多穿柳枝嫩。因君遠方至，姑亦致繾綣。莫作荔子歎，更說海棠恨。」[30]鰣魚價格昂貴且尊貴如荔枝，他徵引宋代僧人釋惠洪《冷齋夜話》所言「一恨鰣魚多骨，二恨金橘太酸，三

---

28 朱昆田，《笛漁小稿》（上海：上海古籍出版社，2010），卷2，〈魯松江餉鰣魚〉，頁2a。

29 趙翼，《甌北集》（上海：上海古籍出版社，1995），卷29，〈鰣魚初出松坪前輩即購以見貽賦謝〉，頁7a-7b。

30 吳清鵬，《笏庵詩》，（收入《續修四庫全書》集部第1514冊，據清咸豐五年刻吳氏一家稿本影印，上海：上海古籍出版社，1995），卷18，〈以鰣魚餉友〉，頁6a。

恨蓴菜性冷，四恨海棠無香，五恨曾子固不能詩。」[31]來形容鰣魚多刺但美味。

　　晚清福建長樂人謝章鋌（1820-1903，清光緒三年進士）的〈鰣魚〉提到：「桃花漲後，饞口開無數。便萬錢、也須下箸。動輒隔年，纔解我、相思苦。何故。偏多骨、累人吞吐。去乙留鱗，熒熒火、殷勤煮。對夫婿、酒杯輕賭。更喚小鬟，這薄禮、好將去。返晡。望阿嬭。加餐休誤。閩中近行，鐵錢、物力極昂，鰣魚斤值數千文。鰣魚禮送長嬭，閩諺也。長嬭謂妻母。」[32]詩文記載每年桃花季節一到，便是鰣魚上市時，即便價格昂貴也要買來嚐鮮。烹飪時保留魚鱗以小火煨煮，佐以小酒品嚐，美味但多刺。晚清鰣魚依舊價昂，作為餽贈長輩（妻母）的禮物，顯見其尊貴形象已跨越地域與朝代。

　　清嘉慶年間揚州人林蘇門（1748-1809）云：「揚州入夏，鰣魚上網，市價頗昂，喜酬應者不惜三五千錢買一魚餽送，並用好細麵做成卷子以為配，嫁女取媳往來時更甚，噫，亦參矣。江鰣才入饌，蒸食麥生香。玉屑重羅得，銀鱗一卷將。小鮮盤內熟，大塊個中藏。新婦嘗新鮮，肩挑自渭陽。」[33]內文也提到鰣魚昂貴，成為餽贈的貴重禮品。

---

31 釋惠洪，《冷齋夜話》，收入（王雲五主編，《叢書集成初編》，據津逮本影印，長沙：商務印書館，1939），卷9，頁40。

32 謝章鋌，《酒邊詞》，（收入《續修四庫全書》集部第1727冊，據吉林大學圖書館藏清光緒十五年刻賭棋山莊所著書本影印，上海：上海古籍出版社，1995），卷7，〈鰣魚〉，頁5b。

33 林蘇門，《邗江三百吟》（揚州：江蘇廣陵古籍刻印社出版，1988），卷9，頁9a。

3. 鰣魚的政治意涵

歷經明代鰣貢制度的洗禮，鰣魚本身除了彰顯尊貴意象，也衍生出特殊的「政治意涵」，特別是藉由其「多刺」、「護鱗」與「出水而死」的魚性，比喻爲官應秉持操守，愛惜羽毛，並以耿直之心效忠皇帝。

清代江蘇華亭人高不騫（1678-1764）的〈觀魚鮮鰣魚三十有九〉云：「輕舟一道截江津，箇箇迴橈若有神。絲網連翻鋪似墨，筠籠取次躍如銀。瓶盛肎讓槎頭膾，鼎列宜兼川上珍。爲數相看三十九，欲傳無力矢詩新。」[34]文中說明莫以密網捕撈鰣魚，暗喻爲政者不可「竭澤而漁」，其意涵與《孟子‧梁惠王上》「數罟不入洿池，魚鱉不可勝食也」有異曲同工之妙。

清道光年間大臣，江蘇常熟人翁心存（1791-1862，清末著名政治人物翁同龢之父）寫下〈食鰣魚有感〉：

> 兩年客大梁，飽喫黃河鯉。貍肪及鴨劃，浪得虛名耳。（光州產果子貍，固始鵝鴨最肥）中間走長安，臣朔饑欲死。易酒常苦酸，冰鮮不盈籃。區區換羊書，肉食一何鄙。彈鋏歌無魚，徒倚過燕市。幽夢落江湖，煙波渺千里。平生垂釣心，寂寞竟誰俟。飄飄天際舟，肅肅秋風起。三吳稻蟹熟，九月蓴鱸美。時能潤饞扠，了未動食指。今年游洪州，峭帆溯江涘。左蠡多鮻魾，尋陽足□鮨。風味吾鄉同，客懷差自喜。梅炎南浦蒸，舶趠風邐迤。鰣魚初出網，轉

---

34 高不騫，《傅天集》（北京：北京大學出版社，1997），頁 9b-10a。

販集雕鬵。把錢趁槳牙，冒雨蠟屐齒。入選提筠籃，歸烹
洗蘭錡。紛綸雪落磈，羅列蒢凝几。胸腴截玉白，鱗甲燦
星紫。老饕朵我頤，不食五年矣。刺喉遑避鯁，抉腦不遺
髓。中置忽三歎，歎亦胡為爾。撫茲時物新，動念流光駛。
悠悠寄鮓思，迢□白雲裏。他鄉雖可樂，那忍缺甘旨。素
書夫何云，涸轍竟如此。逝將貸監河，儻激西江水。[35]

上文提到旅居河南大梁（今開封附近）兩年，有機會品嚐當地著
名的鯉魚、鴨鵝與果子狸。爾後一遊北京，發現當地無魚可吃，
甚為遺憾，也憶起江南的螃蟹與鱸魚。輾轉來到洪州（江西南
昌），終於可嚐到水產魚類。梅雨結束進入夏季後，買了鰣魚烹
飪享用，想想已有五年未嚐其滋味。最後以「莊周貸栗」與「鮒
魚困車轍」的典故說明如果有人身處困境，應當迅速給予援助，
批評表面允諾但實則敷衍的官僚主義。

　　清學者全祖望（1705-1755）以〈賜講官鰣魚恭紀〉云：「玉
膾金薺得並名，分甘遠勝五侯鯖。班聯講幄情偏洽，饌出冰盤
貺特榮。彈鋏不教羞壯士，忘筌還自愧經生。歌成在藻難為頌，
骨鯁期將報聖明。」[36]詩文讚美鰣魚美味勝過「五侯鯖」（珍膳佳
餚），亦榮幸獲賞鰣魚，並以「馮諼彈鋏」比喻自己才能受到重
視，願做耿直之士報答皇帝。

---

35 翁心存，《知止齋詩集》，（收入《續修四庫全書》集部第1519冊，據清光緒三年常
　　熟毛文彬刻本影印，上海：上海古籍出版社，1995），卷6，〈食鰣魚有感〉，頁
　　21b-22b。

36 全祖望輯，《續耆舊》，（收入《續修四庫全書》集部第1682冊，據北京圖書館藏清
　　槎湖草堂抄本影印，上海：上海古籍出版社，1995），卷1，頁5a。

清浙江錢塘文學家吳錫麒（1746-1818）以〈鰣魚二首〉云：

銀刀□首共登盤，却讓時名此味專。（兩航雜錄鰣魚夏至以時至故名）腥雨一江收曉網，炎風四月走冰船。嚴灘慣見乘潮上，（謂己丑庚寅余□□江事）袁浦曾煩附訊傳。（丁巳余阻淺楊家莊程也園以此自清江浦致餽）今日揚州頭雪白，柔肌細骨感尊前。

不用門生議食單，聊謀一箸慰儒酸。貧庖敢費中人產，高價徒聞大府麥。（歲例薦新於大府者有重賞）芒刺在中防鯁易，文章入世護鱗難。玉堂天上空回首，猶似蓬池斫鱠看。」[37]

第一首詩說明鰣貢制度塑造了鰣魚的「尊貴意象」，第二首詩提到「芒刺在中防鯁易，文章入世護鱗難」，以鰣魚「多刺」與「護鱗」暗喻仕途險惡，為官之人應愛惜羽毛。

清詩人查慎行（1650-1727）以〈以九江向無鰣魚網戶忽獲一尾以饋太守晚餐分嗽作三絕句〉云：「三百錢償一尾鰦，擊鮮原不累民間。可知太守清如水，豈在懸魚絕往還。」[38]鰣貢制度雖已廢除，但依舊價格昂貴，網戶以鰣魚餽贈太守，為官清廉者應予以拒絕。

---

37 吳錫麒，《有正味齋詩續集》，（收入《續修四庫全書》集部第1468冊，據清嘉慶十三年刻有正味齋全集增修本影印，上海：上海古籍出版社，1995），卷6，頁9b-10a。

38 查慎行著，周劭標點，《敬業堂詩集》（上海：上海古籍出版社，1986），卷14，頁388。

清乾隆戊午舉人邊中寶（1607-?）以〈初食鰣魚〉描述品嚐鰣魚的複雜心情：

> 鰣魚耳食自童孺，口嘗乃至年垂暮。壬辰四月屆初吉，揚江得之驚奇遇。穹脊潤腹色青黃，烹來不忍輕下箸。耐心細咀腴而清，味外有味淡中具。甫一啖之潤吻喉，移時異香達肺腑。不共河魨分北南，那從江鮝爭來去。（俗云：來鰣去鮝只一物也，恕未然。）我生淡泊性所甘，對茲不覺神魂赴。乃知人道危微判此關，尤物相交守難固。君不見，寮師頤朵江瑤柱。[39]

作者描述幼時耳聞鰣魚滋味，但等到年紀甚長才有機會品嚐。細心品饌鰣魚，咀嚼背後的權力滋味，並以「人心惟危，道心惟微」的典故暗喻世事變化不定，為官應採取「中庸之道」。[40]

簡言之，相較於明代士人的鰣魚詩文多批評鰣貢制度沈苛，[41] 本節討論清代士人筆下的鰣魚詩文，其內容多與春暖花開、饋贈往來以及品饌樂趣等美好意象有關，也有部分詩文藉著鰣魚的「魚性」（「惜鱗」與「多刺」）說明為官應潔身自愛並盡忠職守。明清兩代士人筆下的鰣魚詩文為何有所差異，究其原因可能是：第一，清乾隆廢除鰣貢，沈苛負擔逐漸消失，民間有更多機會

---

39 邊中寶，《竹巖詩草》（北京：北京出版社，1997），下卷，頁46a。

40 「人心惟危，道心惟微。惟精惟一，允執厥中」該典故源自堯舜禹統治天下的法則。簡言之，人民心境複雜且具不確定性，保障道德體系的制度亦相當薄弱，為政者需專心一致，採中庸方式治理國家社會。

41 顧端，《漁史文集》，頁119-120。

品饌鰣魚美味，內容呈現更多元有趣的面向；第二，清代盛行
文字獄，士人詩文寧願避談敏感的政治議題，單純地歌詠品嚐
鰣魚之樂。

四、品饌鰣魚：江南、嶺南與北京

不論是明代皇帝恩典的象徵，抑或是清代士人之間相互餽
贈的珍貴禮品，「鰣魚」最終都是餐桌上的一道佳餚。中國幅員
廣大，不同區域間飲食本有其烹飪方式。受地利之便，江南與
嶺南容易取得新鮮鰣魚，烹製上分別以「蒸食」與「魚生」為主，
但北方鰣魚需依賴鰣貢運送，路途遙遠，送抵北京的新鮮鰣魚
稀少，部分魚類不甚新鮮，因此烹製上多加入佐料，以「紅燒」
為主。

下文將討論鰣魚在江南、嶺南與北京三個地區不同的品饌
方式。在討論鰣魚烹飪前，有必要瞭解其特殊「魚性」。就此，
明人李時珍（1518-1593）有一段記載頗為詳細：

> 鰣，形秀而扁，微似魴而長。白色如銀，肉中多細刺如毛，
> 其子甚細膩，故何景明稱其銀鱗細骨，彭淵材恨其美而
> 多刺也。大者不過三尺，腹下有三角。硬鱗如甲，其肪
> 亦在鱗甲中，自甚惜之。其性浮游，漁人以絲網沈水數
> 寸取之。一絲掛鱗，即不復動，纔出水即死，出水即死，
> 最易餒敗。故袁達《禽蟲述》云：鰣魚掛網即不動，護其
> 鱗也，不宜烹煮，惟以筍、莧、芹、荻之屬，連鱗蒸食乃
> 佳，亦可糟藏之。其鱗與他魚不同，石灰水浸過，曬乾，

　　　　層層起之，以作女人花鈿，甚良。[42]

　　李時珍先描述鰣魚狀似魴魚，銀色身形秀麗且魚性特殊：首先，鰣魚屬迴游性魚類，多以「群性」姿態出現。其次，鰣魚愛惜魚鱗，若被漁網稍微碰觸，立即不動浮於水上，甚至出水而死。再者，鰣魚特別容易腐敗，捕撈之後需迅速冰藏。李時珍認為鰣魚不宜過度烹煮，最適合與「筍、莧、芹、荻」等食材並連同「魚鱗」一同蒸食，亦即「清蒸鰣魚」，其他品嚐方式尚有「酒糟鰣魚」。此外，鰣魚之鱗相當重要，除了蒸食以外，鰣魚鱗片以石灰浸過曬乾，可作為女人前額「花鈿」裝飾，樣式相當美麗。

1. 江南地區：鰣魚「帶鱗清蒸」的滋味

　　江蘇長江中下游與浙江富春江是鰣魚盛產水域，也是明代鰣貢制度捕撈鰣魚的主要地區。由於地利之便，當地百姓可以品嚐「蒸食」處理的新鮮鰣魚，其烹製方式多記載於食譜內。明弘治年間宋詡記載「蒸鰣魚」，製法為「一帶鱗，治去腸胃，水滌潔，用臘、酒、醋、醬和水調和，同長蔥、花椒置銀錫砂灌中蒸；一用花椒、蔥、鹽、香油遍沃之蒸，有少加以醬油。」[43]清浙江顧仲的《養小錄》也提到「蒸鰣魚」，云「鰣魚去腸不去鱗。用布抹血水淨。花椒、砂仁、醬，擂碎（加白糖、豬油、同擂碎），

42　李時珍，《本草綱目》，卷44，〈鱗部魚類〉，頁1367。

43　宋詡，《竹嶼山房雜部》（臺北：臺灣商務印書館，1983），卷4，頁1a-1b。

水酒、蔥和味，裝錫罐內蒸熟。」[44]清美食家袁枚也記載：「鰣魚用蜜酒蒸食，如治刀魚之法便佳。或竟用油煎、加清醬、酒釀亦佳。萬不可切成碎塊加雞湯煮，或去其背，專取肚皮，則真味全失矣。」[45]

　　清代反映江浙菜餚的食譜《調鼎集》也提到鰣魚魚性，云「鰣魚，四月有，五月止。性愛鱗，一與網值，帖然不動，護其鱗也。起水即死，性最急也。……以枇杷葉裹蒸，其刺多附葉上。勿去鱗，其鮮在鱗，臨供刖去可也。」至於烹製方式爲：「鰣魚用甜酒蒸用，如製鱭魚之法便佳，或竟用油煎、加清醬、酒釀亦佳。萬不可切或碎塊，加雞湯煮，或去其背，專取肚皮，則真味全失矣。戒之」。相關菜餚包括「煮鰣魚」、「蒸鰣魚」（配火腿、鮮筍、酒等蒸食）、「紅煎鰣魚」、「淡煎鰣魚」（配火腿片）、「鰣魚圓」、「鰣魚豆腐」、「醉鰣魚」、「醉鰣魚」、「糟鰣魚」、「煨三魚」（配火腿與冬筍）以及「鰣魚膾索麵」（配火腿片）等。[46]從明清食譜可見品饌鰣魚須帶鱗一同蒸食，略加蔥、鹽與酒調味，即可品嚐到鰣魚美味。《調鼎集》提醒品饌者切勿將鰣魚切塊加入雞湯熬煮，否則味道盡失。此外，多道鰣魚菜餚均加入江南著名的火腿、鮮筍與豆腐，呈現出濃厚的「江南氛圍」。

　　鰣魚「帶鱗」蒸食相當特別，其鱗富含脂肪，味腴而甘，美味之外兼具醫療功效，可治療燙傷、疔瘡、下疳與血痣等，常見

---

44 顧仲撰，邱龐同註釋，《養小錄》（北京：中國商業出版社，1984），卷下，頁77。

45 袁枚，王英中校點，《隨園食單》（南京：江蘇古籍出版社，1993），〈江鮮單〉，頁18。

46 童岳荐編撰，張延年校注，《調鼎集》（河南歐：中州古籍出版社，1988），卷4，〈江鮮部〉，頁207-209。

用法是曬乾敷貼，或以香油熬塗，或是焙乾製成粉末塗在患處。清代醫家趙學敏（1719-1805）提到「張佳時云：鱘魚需乘活時，拔劃水邊二鱗，尖長者佳。若死魚鱗，便減藥力」，也就是說應從活魚取其鱗，死了藥效就減低。魚鱗可治療「燙火傷」，例如「用鱘魚鱗香油熬涂，立效。鱘魚鱗貼腿瘡疼痛，立效」。魚鱗亦可「治疗」，「鱘魚屬用手剖下，不可見水，陰乾收貯，此拔疗第一妙藥也。用時以銀針拔開疗頭，將一片貼上，以清涼膏蓋之，矣一宿揭開，其疗連根拔出，後用生肌散收功。予治兩貴婦大腳趾患瘡，二三年不收功，將屬一片，以銀花湯浸軟拭乾貼之，不數日而愈」。另可治療「下疳」，「鱘魚鱗焙乾煅研白色，名白龍丹，膚之則愈，得此可包醫」。最後是治療「血痣」，曰「人生血痣，挑破血出不止者，用鱘魚鱗貼之，即痂而愈。」[47]從今日醫學角度來看，魚鱗含有鈣質、脂肪與卵磷脂等，確實有其功效。

　　在許多士人詩文均可看見江南鱘魚講究「新鮮帶鱗」的品嚐方式，清學者高士奇（1644-1703）云：「潑刺江鱘二尺強，故人遠致自盤閶。絲絲玉骨多何恨，（彭淵材云恨鱘魚多骨）片片銀鱗薄可嘗。（鱘魚帶鱗烹則味）」[48]「魚刺多」與「帶鱗烹調」是鱘魚特色。清嘉慶年間滿人阿克當阿（1755-1822）擔任兩淮鹽政時品嚐鱘魚，云：「四月中鱘魚上市，必派數小艇張網於焦山急流中，上置薪釜，一得魚即投釜中，雙槳馳歸，至平山則其味正熟，與親在焦山烹食者無異。其豪奓皆此類。亦彼時之風會也。」[49]

---

47 趙學敏著，《本草綱目拾遺》（北京：中國中醫藥出版社，1998），卷10，頁417-418。

48 高士奇，《歸田集》（北京：北京出版社，1997），卷3，頁709-710。

49 歐陽兆熊，金安清撰，謝興堯點校，《水窗春囈》（北京：中華書局，1984），卷下，

講究「出水即食」的新鮮感。此外，清江蘇儀徵人吳楷以〈江南四月鰣〉讚賞鰣魚：「四月海潮上，笑余每食貪。肥鮮凌丙穴，風景擅江南。下箸資芹筍，貽人致竹籃。長安文酒客，此味可曾諳。」[50]該文強調鰣魚鮮美，味道超越「嘉魚」，[51]也提及鰣魚與「筍芹」一起入饌，最後以「長安文酒客，此味可曾諳？」的語氣調侃：江南鮮鰣味道好，但北京官員怎可能知道呢？他們吃的不過是「乾鰣魚」與「醃鰣魚」呀！

從明清食譜可以看到鰣魚烹製有下列特色：第一，其鱗含有脂肪，味腴而甘，烹製時不可去鱗；次之，鰣魚講究蒸食，可適當添加食材調味，例如「筍、莧、芹、荻」，或者江南獨有的「金華火腿」入味，形成甚具「江南意象」的菜餚。此外，魚鱗還可作爲婦女頭飾，以及醫療用途。

2. 嶺南地區：鰣魚魚生

鰣魚迴游地區除了江浙地區的長江與富春江之外，嶺南地區的珠江水域也可見其蹤跡。清朝官員宋永岳（生卒年不詳，筆名青城子）提到嶺南鰣魚：「鰣魚，廣東甚多，價亦廉。余嘗因公，住南雄府，鰣魚也，土人呼之三鱇魚。每斤索錢二十八文。因思江浙等處，價甚昂貴，非有力之家，不易先得。此則視之無

〈阿財神〉，頁63。

50 吳楷，《含薰詩》，（收入《四庫未收書輯刊》第27冊，據清乾隆刻本影印，北京：北京出版社，1997），卷3，〈江南四月鰣〉，頁15b。

51 「丙穴」在今陝西略陽縣東南，與勉縣接境。《文選》晉朝左太沖〈蜀都賦〉：「嘉魚出於丙穴，良木橫於褒谷。」

甚輕重，且較常魚為更賤。豈茲土人不知鰣魚之美。」[52] 詩文說明鰣魚在嶺南俗稱「三鯬魚」，價格低廉，也未曾經過「鰣貢」洗禮，不過是一般尋常魚類罷了。

　　嶺南地區鰣魚的品饌方式與江南的「帶鱗蒸食」殊異，嫻熟廣東事物的番禺人屈大均（1630-1696）寫到：

> 順德甘竹灘，鰣魚最美。其灘上鰣魚，以罾取之；灘下鰣魚，以大網取之。罾小，一罾僅得鰣魚一尾，以灘小不能容大網也。南海九江堡江中有海目山，所產鰣魚亦美而甘，竹灘尤勝，予詩：「甘灘最好是鰣魚，海目山前味不如。絲網肯教鱗片損。玉盤那得鱠香餘。[53]

順德位處廣東府近海處，屈大均認為當地鰣魚鮮美，捕撈方式為「灘上鰣魚，以罾取之」（「罾」是由上往下蓋的漁網，捕撈面積較小）、「灘下鰣魚，則以大網取之」。詩文最後一句提到「玉盤那得鱠香餘」，「鱠」是將魚切薄且以「魚生」方式品嚐，類似今天日本料理的「生魚片」。屈大均在另外一首詩也提到：「順德甘竹灘，鰣魚最美。…魚生以鰣魚為美，他魚次之。予家在沙亭鄉，池沼頗多，親戚相過，必以斫鱠為歡，以多食鱠為韻事。」[54] 順德一帶不僅以「魚生」方式品饌鰣魚，該菜餚也多出現於親友

---

52 青城子，《志異續編》，（收入《叢書集成三編》第66冊，據筆記小說大觀本影印，臺北：新文豐出版社，1997），卷3，頁1b-2a。

53 屈大均，《廣東新語》（北京：北京出版社，2005），卷22，〈鰣魚〉，頁25b-26a。

54 屈大均，《廣東新語》（北京：北京出版社，2005），頁529-530。

聚會場合。

　　屈大均在另一首詩品評鰣魚優劣，云：「雨過蒼蒼海目開，早潮未落晚潮催。鰣魚不少櫻桃頰，與客朝朝作鱠來。鰣魚以櫻桃頰為上，黃頰鐵頰次之，爛鱗粉頰為下。凡捕鰣魚以颹鐽鳴為信，颹鐽鳥名。」[55]該文說明挑選鰣魚要看「魚鰓」顏色，首選是「櫻桃頰」，其次是「黃頰鐵頓」，最差的是「爛鱗粉頰」。

　　清史學家全祖望（1705-1755）也記載嶺南地區的鰣魚資料：

> 誰言風物異，頗不下金焦。（大江以南，金山之鰣為最，錢塘次之。粵中以甘竹為最，海目次之。）眾師乘急艇，來逐九江潮。為我細指語：其口中櫻桃，粉頰斯已劣，鐵頰不待嘲；其要在護鱗，比之珍青瑤。三眠楊柳枝，穿以入吾庖。烹之宜苦筍，下之宜新醪。膾之尤絕佳，蟬翼清雲飄。乃知四腮鱸，未若茲堪豪。（粵鰣終不如吳鰣，惟膾之獨善風味，他方不逮也。）[56]

全祖望的鰣魚知識相當豐富，他首先比較江南與嶺南的鰣魚，說明「金山之鰣為最，錢塘次之。粵中以甘竹為最，海目次之」，江南地區的鰣魚以「鎮江」（金山）所產最好，其次是浙江「錢

---

55 屈大均，《翁山詩外》，（收入《續修四庫全書》集部第1411冊，據復旦大學圖書館藏清康熙刻凌鳳翔補修本影印，上海：上海古籍出版社，2002），卷13，〈蕩舟海目山下捕鰣魚為鱠〉，頁39b。

56 全祖望撰；朱鑄禹彙校集注，《鮚埼亭詩集》，（收入《全祖望集彙校集注》下冊，（上海：上海古籍出版社，2000），卷10，〈甘竹灘鰣魚歌示梁新、謝天申、黃文〉，頁2300-2301。

塘江」水域。至於廣東鰣魚以順德地區「甘竹灘」最佳，「海目」次之。全祖望也熟悉鰣魚魚性與吃法，例如「其要在護鱗，比之珍青瑤」，認為鰣魚當以「魚生」品嚐，切成「薄如蟬翼」，味道絕佳。不過，全祖望認為即便「粵鰣」味道甚佳，終究無法與「吳鰣」相比。

　　到了晚清民初，嶺南的鰣魚「魚生」依舊盛行，廣東南海人譚瑩（1842-1926）云：「蘿蔔蔗荄靡不宜，嶺南歲歲菊開遲。自來竟倩誰調劑，鮮食都隨俗轉移。春水桃花容偶試，秋風蓴菜早相思。鰣魚鱠又黃魚鱠。恨匪兼逢小雪時。」[57]詩文說明嶺南地區的「魚生」方式與江南地區「帶鱗清蒸」明顯不同。上文也印證歷史學家蕭璠所言：清中葉後江南地區的「魚生」食俗逐漸消逝，但在嶺南和杭州灣一帶，「魚生」食俗依然存在。[58]

3. 北京與江北地區：「乾鰣魚」和「糟鰣魚」

　　受益於地利之便，江南與嶺南兩水域均可捕撈新鮮鰣魚，分別以「蒸食」與「魚生」品嚐，那麼離開上述水域的鰣魚又如何品饌呢？明代在南京設有「鰣魚廠」與「冰窖」，提供鰣魚送至北京的冰藏處理，不過明人沈德符以自己經驗說明，明萬曆年間（1563-1620）貢船運送的鰣魚在途中多已發臭，送到北京

---

57 譚瑩，《樂志堂詩集》，（收入《續修四庫全書》集部第1528冊，據復旦大學圖書館藏清咸豐九年吏隱園刻本影印，上海：上海古籍出版社，1995），卷1，〈斫鱠〉，頁28b。

58 蕭璠，〈中國古代的生食肉類饌餚—膾生〉，《中央研究院歷史語言研究所集刊》71本2分（2000年6月），頁334-345。

後再清洗加上調味品饌。[59]我們可以推測：明代中後期，「鰣貢制度」可能逐漸鬆弛，途中藏冰不足且無規律更換，再加上航運與陸運多有延遲，因此送抵北京的新鮮鰣魚數量漸少，多以「乾鰣魚」與「糟鰣魚」上桌。

明代小說《金瓶梅》第34回提到一段話，反映了江北的「糟鰣魚」：

> 西門慶陪伯爵在翡翠軒坐下，因令玳安：「放桌兒。後邊對你大娘說，昨日磚廠劉公公送的木樨荷花酒，打開篩了來，我和應二叔吃。就把糟鰣魚蒸了來。伯爵舉手道：『我還沒謝的哥，昨日蒙哥送了那兩尾鰣魚與我。送了一尾與家兄去。剩下一尾，對房下說，拿刀兒劈開，送了一段與小女，餘者打成窄窄的塊兒，拿他原舊紅糟兒培著，再攪些香油，安放在一個磁罐內，留著我一早一晚吃飯兒，或遇有個客人來兒，蒸恁一碟兒上去，也不枉辜負了哥的盛情。』」[60]

《金瓶梅》的背景大抵是山東臨清，離江南已遠，鰣魚保藏多以「糟製」或「乾製」處理。文中西門慶吩咐小廝玳安拿出磚廠劉公公送的「木樨荷花酒」，並將「糟鰣魚」蒸了來品嚐。另一方面，應伯爵提到西門慶致贈兩尾鰣魚，轉送一尾給兄長，剩下一尾

---

59 沈德符，《萬曆野獲編》（北京：中華書局，1959），卷17，〈南京貢船〉，頁431。

60 蘭陵笑笑生，《金瓶梅詞話》（中研院電子資料庫文獻），第34回，〈書童兒因寵攬事　平安兒含憤戳舌〉，頁492。

切成數段，用「紅糟兒培著」保藏，客人造訪時再拿出來請客。[61]
此外，《金瓶梅》第52回也提到鰣魚：

> 少頃，畫童兒拿茶至。三人吃了茶，出來外邊松墻外，各
> 花臺邊走了一遭。只見黃四家送了四盒子禮來，平安兒撥
> 進來與西門慶瞧：一盒鮮烏菱、一盒鮮荸薺、四尾冰湃的
> 大鰣魚、一盒批杷果。」……「伯爵用筯子又撥了半段鰣
> 魚與他，說道：『我見你今年還沒食這個哩，且嘗新著。』
> ……西門慶道：『怪狗才，都拿與他吃罷了，又留下作甚
> 麼？』伯爵道：……你們那裡曉得，江南此魚一年只過一
> 遭兒，吃到牙縫裡踢出來都是香的。」[62]

相較之前的「糟鰣魚」，這回黃四家送給西門慶的禮品中有一盒
「四尾冰湃的大鰣魚」，另三盒是「鮮烏菱」、「鮮荸薺」與「批杷
果」，上述食物應來自江南，且有冰藏新鮮鰣魚。應伯爵最後一
段話相當莞爾：「你們那裡曉得，江南此魚一年只過一遭兒，吃
到牙縫裡踢出來都是香的。」可見鰣魚的尊貴意象。

　　至於北京城內的鰣魚品饌又是如何呢？從上文可以得知：
由南京送往北京的鰣魚種類包括「鮮鰣魚」、「乾鰣魚」、「糟鰣
魚」以及「鰣魚子腸鮓」等，其中「鮮鰣魚」最受青睞，又分為「頭
起鰣魚」與「二起鰣魚」。七月一日北京太廟祭祀之後，由皇帝

61《金瓶梅詞話》提到以鰣魚作為禮品餽贈的還有第35回，〈西門慶為男寵報仇 書童
　　兒作女粧媚客〉，頁460。

62 蘭陵笑笑生，《金瓶梅詞話》，第52回，〈應伯爵山洞戲春嬌 潘金蓮花園調愛婿〉，
　　頁268，頁276。

賞賜重要大臣的鰣魚應多為「鮮鰣魚」。至於「乾鰣魚」、「糟鰣魚」與「鰣魚鮓」等，其品質遠遜於「鮮鰣魚」，大抵是分賞給層級較低的官員與太監。能夠獲得「鮮鰣魚」的高階官員多從「感恩」角度撰文謝恩，甚少對鰣魚味道加以著墨。至於其他階層的官員與太監如何看待鰣魚味道？明代文人沈德符的紀錄令人莞爾，云「有一守備大臣，新赴南任。夏月忽呼庖人，責以饌無鮮鰣魚。庖人以每頓必進為言，璫怒不信，索至諦視之，使疑訝曰：『其狀頗似，何以不臭腐耶？』聞者捧腹。」[63]文中提到當吃慣「腐臭鰣魚」的北京官員遠赴江南就任，有機會嚐到「新鮮鰣魚」，反倒質疑江南鰣魚味道怎麼不是「腐臭」的呢？我們可以推測：在北京地區，除了皇帝與少數高階官員可嚐到新鮮鰣魚外，城內其他嚐到的多屬不甚新鮮的鰣魚了，只能多用調味掩蓋腐臭味道了。

五、小結：鰣魚、江南與治理性

在傳統中國眾多水產魚類中，鰣魚命運何其特殊！原本只是迴游至長江中下游，卻意外被明太祖朱元璋列為四月祭祀的「薦新儀物」，開啟其傳奇旅程。永樂19年（1421）明成祖遷都北京後，鰣魚依舊名列貢品，作為「秋享」祭祀之用。然而，南京與北京相隔千里之遙，明帝國透過「鰣貢制度」將鰣魚運往北京，由皇帝分賞給大臣。

鰣貢制度下的鰣魚是權力的象徵，獲得皇帝賞賜的官員多

---

63 沈德符，《萬曆野獲編》，卷17，〈南京貢船〉，頁431。

撰文謝主隆恩，清代雖廢除鰣貢，鰣魚的「尊貴意象」依舊存在，士人之間以鰣魚相互餽贈，其詩文多結合春天時節、江南物產（櫻桃與竹筍）與飲宴品饌的美好，與明代象徵「權力」的意象大相徑庭。

鰣魚的品饌文化也反映了江南、嶺南與北京在飲食文化上的差異。江南受地利之便，鰣魚以「清蒸帶鱗」著稱，鮮魚加上「筍、莧、芹、荻與金華火腿」入饌，呈現出「江南意象」的吃法；嶺南地區則強調「魚生」方式品饌，嚐法獨樹一格。最後是北京皇城的鰣魚，除了極少數的鮮魚外，大多製成「糟鰣魚」與「乾鰣魚」，以多樣食材與調味料掩蓋不甚新鮮的味道，其風味自然遠遜於新鮮鰣魚。

鰣貢制度的存廢也反映了明清兩代對於「治理江南」的不同態度。為了將鰣魚送至北京，鰣貢耗費極大的人力與物力，士人莫不強力批判。然而，明代皇帝卻鮮少思索改善之方，只有明孝宗朱祐樘曾考慮廢除，但遭太監阻饒而做罷。整體而言，明代對於江南地區因鰣貢制度引起的民怨，並未積極地回應。

相對於此，清代滿人皇帝對於鰣貢制度採取截然不同的態度。首先，江南地區是漢人仕紳與菁英所在，明清易代之後，滿人統治者欲拉攏其民心，相當重視江南治理，例如康熙皇帝二十年間（1684至1707）共六次南巡，乾隆皇帝三十年間（1751到1784）亦有六次南巡，藉此讓江南民眾熟悉滿洲皇帝與滿族文化，並透過水利工程的整治與降低地方賦稅，提高皇帝聲望與穩定帝國統治。[64]對於擾民多時的鰣貢制度，滿清皇帝自然檢

---

64 歐立德（Mark C. Elliott）著，青石譯，《皇帝亦凡人：乾隆，世界史中的滿洲皇帝》（臺北：八旗文化，2015），頁152-164。

討其利弊，在康熙年間進行改革，到了乾隆年間真正廢除。從鰣貢制度可以反映出，明清兩代對於江南地區的重視程度頗為不同。

1. 清代食譜《調鼎集》鰣魚烹飪方式

鰣魚（四月有五月止）

性愛鱗，一與網值，帖然不動，護其鱗也。起水即死，性最急也。口小、身扁，似魴魚而長，色白如銀，尾與脊多細刺。以枇杷葉裹蒸，其刺多附葉上。勿去鱗，其鮮在鱗，臨供剔去可也。

鰣魚用甜酒蒸用，如製鰽魚之法便佳，或竟用油煎、加清醬、酒釀亦佳。萬不可切或碎塊，加雞湯煮，或去其背，專取肚皮，則真味全失矣。戒之。

- **煮鰣魚**：洗淨，腹內入脂油丁二兩，薑數片，河水煮，水不可寬，將熟加滾肉油湯一碗爛少頃，醮醬油。
- **蒸鰣魚**：用鮮湯（或雞湯、蝦湯、香菇菌子各湯，不用水），配火腿、肥肉、鮮筍各絲，薑汁、鹽、酒蒸。又，花椒、洋糖、脂油同研，加蔥、酒，錫鏇蒸。
- **紅煎鰣魚**：切大塊，麻油、酒、醬拌少頃，下脂油煎深黃色，醬油、蔥薑汁烹。（采石江亦產鰣魚，姑熟風俗配莧菜蒸，亦有別味。）
- **淡煎鰣魚**：切段，用飛鹽少許，脂油煎。將熟入酒娘燒乾。又，火腿片、膾魚肚皮。
- **鰣魚圓**：臉綠雞圓（凡攢宜加肉膘及酒膏易發而鬆），鰣魚中段

去刺，入蛋清、豆粉（加做料）玷圓。又，以雞脯玷絨，入萵苣葉汁（或綠色）蛋清、豆粉（加做料），圓成配筍片、雞湯膾。

- **鰣魚豆腐**：鮮鰣魚熬出汁拌豆腐，醬蒸熟為付，加做料膾。又，鰣魚撕碎，爛豆腐。
- **醉鰣魚**：剖，用布拭乾（勿見水）切塊，入白酒糟疊（白酒槽需入月做成，每糟十斤，用鹽四斤，拌勻裝疊封固，待有鰣魚上市，入疊醉之），酒、鹽蓋面，泥封，臨用時蒸之。
- **糟鰣魚**：切大塊，每魚一斤，用鹽三兩，醃過用大石壓乾，又用白酒洗淨，入老酒浸四、五日（始終勿見水）再用陳糟拌勻入疊。面上加麻油二杯、燒酒一杯泥封，閱三月可用。
- **煨三魚**：糟鰣魚肚皮（去刺同下），配白魚肚皮、鯗魚肚皮，同下雞湯，加火腿、冬筍（俱切小薄皮）煨。
- **鰣魚膾索麵**：魚略醃，拌白酒糟，煮熟切塊，配火腿片、鮮汁、索麵、薑汁膾。鰉魚同。
- **鰣魚羹。**

出處：（清）童岳荐編撰，張延年校注，《調鼎集》（河南：中州古籍出版社，1988），卷4，〈江鮮部〉，頁207-209。

2. 現代食譜《家庭食譜烹調法》鰣魚烹飪方式

- **蒸鰣魚**：鰣魚第一要件，切記不可去鱗，破肚去腸，用步拭去血水，上盆，配以紹酒、食鹽、蜜糖、酒釀薑片，生豬油小方塊，並雞湯，上鍋白燉，熟後取去蓋碗，即可上席。
- **燒鰣魚**：燒熱油鍋，將魚放入煎之，下以薑片，煎透，再加黃酒，合蓋片刻，下鹽少許，醬油豬油塊，雞湯等品，將好下以白糖，一透即可進食。

出處：李子明編，《家庭食譜烹調法》（上海：大新書店，1948），第三編〈葷菜烹調法〉，頁52。

第3章

危險的逸樂：近代日本河豚
的解毒過程與消費文化

一、傳統日本的河豚文化

「和食」（Washoku）在世界飲食文化佔有一席之地，2013年更入選爲聯合國教育科學文化組織（UNESCO）的世界非物質文化遺產，其特點是多樣化的新鮮食材、有益健康的飲食習慣、展現四季之美以及與傳統節慶緊密結合。在賞心悅目的日本料理中，山口縣下關與九州地區的「河豚料理」是一項非常獨特的飲食文化。透過廚師的巧手，將含有劇毒的河豚轉化爲餐桌上的佳餚，饗客們一邊享用河豚美味，包括「河豚生魚片」、「烤魚白（精囊）」、「河豚炸物」、「河豚鍋物」與「河豚酒」（鰭酒與骨酒），一邊談論日本河豚的逸聞趣事，「豐臣秀吉」、「伊藤博文」、「春帆樓」、「河豚黨」與「俳句」等關鍵字，共同譜寫了近代日本河豚料理的發展歷史。

「水產料理」在日本飲食文化扮演重要角色，四面環海的天然環境使得魚貝海鮮成爲日本餐桌上的主要食材。根據考古遺址顯示，日本食用河豚的歷史相當早，山口縣下關市安岡地區的「潮待貝塚」有河豚骨，還有文蛤、蛤仔、鮑魚類、海膽針等海鮮貝類。[1] 河豚的日文一般稱爲「ふく」或「ふぐ」，對應的漢字辭彙非常多，常見的有「鰒」、「鯸」、「布久」與「河豚」等。關於日本文獻中的河豚記載，成書於第十世紀平安時代，也是日本第一部百科全書的《和名類聚抄》，以「布久」（ふく）和「布久閉」（ふくべ）指涉河豚。「布久」爲肚子鼓脹（ふくる）的略稱，「布久閉」是指葫蘆（瓢），不論哪一種，都是形容河豚生

1　中原雅夫，《ふぐ百話》（下關：西日本教育圖書社，1973），頁28-33。

氣時圓鼓鼓的模樣，可見日本對於河豚習性有一定程度的了解。[2]

　　日本「河豚文化」的形成深受中國影響，特別是宋代「蘇東坡」與「梅堯臣」等人的詩文談及河豚美味，使得河豚不僅成爲宋元以降到明清時期文人之間的品饌話題，也促成了日本「吃河豚」的風潮。[3]蘇東坡的〈惠崇春江晚景〉描寫初春時節的景致：桃花開、江水暖、蘆葦嫩芽也開始生長，正是河豚味美、待上市的時節！另一位詩人梅堯臣在〈范饒州坐中客語食河豚魚〉描寫春天是河豚的時節，即便價格昂貴又可能致命，饕客（以江南地區爲主）卻對河豚味道讚不絕口！受到蘇東坡、梅堯臣兩位文豪的加持，河豚魅力大增，也讓尊崇漢學的傳統日本社會興起吃河豚的風潮。

　　傳統日本和中國一樣，因缺乏河豚毒素的相關知識，經常發生中毒事件。到了十六世紀，剛完成日本統一的豐臣秀吉（1537-1598），發動了「文祿・慶長之役」，意圖攻打朝鮮作爲侵略明代中國的跳板，明代方面稱爲「朝鮮萬曆之役」。當時來自各地的士兵們聚集在山口縣下關，準備在這裡橫渡「對馬海峽」進攻朝鮮。「下關」是河豚的重要產地，缺乏毒素知識的士兵大快朵頤之際，中毒案件頻傳。爲了減少戰力耗損，豐臣秀吉下令將河豚魚的圖像刻畫在木牌上，並且寫下「不准吃此魚」的文字，圖

2　北濱喜一，《ふぐ》（大阪：浪速社，1966），頁15-16。

3　我曾考察明清中國「河豚文化」的變遷，包括自然生態、品饌文化以及解毒方式，參閱郭忠豪，第4章第3節〈江南的水產珍品：江瑤柱與河豚〉，〈食物製作與品饌文化：萬曆至乾隆間江南的飲食文化〉，國立暨南國際大學歷史學系碩士論文，2003年，頁189-207。爾後謝忠志也探討明代中國的河豚飲食，參閱謝忠志，〈直那一死—明代的河豚文化〉，《漢學研究》31卷4期（2013年12月），頁179-208；峽川漁郎編，《河豚》（門司：甜梅書屋，1927），頁55-61。

文並茂的河豚禁令於焉誕生。[4]

　　豐臣秀吉頒發的河豚禁令到了德川幕府時代（1603-1868）仍繼續沿用，名古屋一帶的「尾張藩」藩令規定，出售河豚的漁夫以及買賣河豚者「關押五日」，至於買河豚食用者要「關押三日」。[5]山口縣的「長州藩」甚至規定，若有家臣因吃河豚而喪命，將沒收家祿並斷絕「家名」。[6]即便如此，不少饕客們依舊難擋河豚美味，私嚐者眾。根據長州豪商白石正一郎（1812-1880）的記載，幕末晚期的維新志士，例如高杉晉作與山縣有朋等人，皆著迷於河豚的美味。[7]白石所言應該不假，他在下關經營米、煙草、酒與木材等生意，累積大量財富並資助木戶孝允、坂本龍馬以及西鄉隆盛等維新志士。1863年，高杉晉作也是在白石的宅邸內組織了「奇兵隊」，投入當時「尊王攘夷」的運動。[8]由於白石與志士們關係密切，其言應與事實相去不遠。

　　由於河豚含有劇毒，在解毒知識尚未普及的年代，究竟是否值得冒險嘗試，引發知識份子正反不同意見。不過，不論是贊同或是反對，河豚確實經常出現在日本的俳句、川柳等文學作品中，例如與謝蕪村（1716-1784）寫道：「喝完河豚湯去睡，

4　中原雅夫，《ふぐ百話》（下關：西日本教育圖書社，1973），頁88-89；藤井壽一，《河豚珍話》（九州：北九州小倉出版，1978），頁2-3；山本博文，《あなたの知らない山口県の歴史》（東京：洋泉社，2013），頁168。

5　伊藤春外套編，《ふくと下關》（下關：下關觀光協會，1935），頁3；中原雅夫，《ふぐ百話》，頁88-89。

6　吉川英治，《窗邊雜草》（東京：育生社，1938），頁390。

7　藤井壽一，《河豚珍話》（九州：北九州小倉出版，1978），頁2。

8　公益財團法人山口県ひとづくり財団，2017年8月2日檢索，http://heisei-shokasonjuku.jp/senjindb/shiraishishoichiro/。

醒來方知自己還活著」，透露品嚐河豚那種冒險刺激的心情。[9]俳句詩人小林一茶（1763-1827）欣賞吃河豚的勇氣，寫道：「如果人們沒有勇氣吃河豚，那就沒有資格欣賞富士山的美麗。」[10]另一方面，松尾芭蕉（1644-1694）則反對吃河豚，強調：「既然有鯛魚可以吃，卻吃身懷劇毒的河豚魚，真是膚淺呀！」[11]另一則詩文則是描述自己喝了「河豚味增湯」，一覺醒來發現平安無事，鬆了一口氣，但想到自己擔憂害怕的心情，就覺得很愚蠢。[12]

　　江戶後期儒學家篠崎小竹（1781-1851）精通詩文書法畫作，與賴山陽（1781-1832）齊名，他曾在〈食河豚說〉中寫道「書宜擇先賢前儒之平實無弊者而讀焉，魚宜擇常鱗凡介之鮮美無毒者而食焉，何必河豚之嗜哉。」[13]意思是說：讀書和飲食都應該選擇平凡無害者，明顯反對吃河豚。吉田松蔭（1830-1859）也撰寫〈不食河豚說〉，寫道「世言河豚有毒矣，其嗜之者特眾，余獨不食。非懼死也，懼名也。夫死者，人之所必有，固不足懼也，然死生亦大矣，苟以飲食之小，而致死生之大，顧不辱士名哉。」松蔭認為因飲食而死，有辱讀書人之名，他也將河豚與鴉片進行類比，「河豚之美，非眾魚比，不食不知其美，夫清人所惡阿片煙，其味蓋非不美也，其味愈美，則其毒愈深矣，故今日之

9　磯直道，《江戶の俳諧にみる魚食文化》（東京：成山堂書店，2006），頁134-135。

10　一茶：「ふく食わぬ奴には見せな不二の山」。北濱喜一，《ふぐ博物誌》（東京；東京書房社，1975），頁79。

11　芭蕉：「河豚汁や鯛もあるのに無分別」。北濱喜一，《ふぐ博物誌》，頁74。

12　芭蕉：「あら何ともなきのふは過てふぐと汁」。北濱喜一，《ふぐ》，頁3。

13　月性編，《今世名家文鈔》卷二，（大阪：心斎橋通唐物町：竜章堂，1855），頁41。

嗜河豚者，必他日貪阿片者也。」認爲嗜好河豚之人也會貪食鴉片。[14]

　　明治11年（1878）出版的《文明笑話》當中有一則〈河豚〉，大意是說：一群年輕人烹煮河豚卻又怕中毒，想找個人試毒，剛好看見橋邊有位乞丐在打瞌睡，於事就將河豚肉給他，乞丐開心拜受。眾人躲在一旁，等著看是否有事發生，過一會兒聽見乞丐鼾聲大作，料想他吃掉的河豚沒毒，於是眾人開心分食。聚會結束後，一行人過橋便順口問乞丐河豚是否美味，乞丐竟回答，我怕中毒，所以等您們吃過之後我再吃。眾人聽聞錯愕不已，趕緊將吞入肚內的河豚給吐出來。[15]這則寓言以河豚爲題，諷喻自以爲是的聰明人。由上可知，在毒素知識不發達的時代，「美味」與「中毒」之間該如何取捨，成爲一個涵括飲食、文學與哲學，具有複雜寓意的話題。

　　有「中毒」自然就有「解毒」，傳統中國多依賴《千金方》、《證類本草》與《本草綱目》等本草典籍中的解方來處理中毒事件，這套漢醫知識流傳到日本，成爲傳統日本社會解毒的方法。江戶時代著名的本草書《本朝食鑑》多引用明代《本草綱目》的內容，河豚中毒時的解毒劑包括：橄欖、甘蔗、蘆根、至寶丹（犀角、牛黃、玳瑁等調製而成）、龍腦（香科植物），甚至還有糞汁，目的是將毒素嘔吐出來。除了本草典籍之外，日人隨筆集也記載許多民間偏方。例如：江戶時期齋藤親盛（1603-1674）的隨筆集《可笑記》和儒學家貝原益軒（1630-1714）的《堪忍記》，

14　山口縣教育會編，《吉田松陰全集》第三卷，（東京：岩波書店，1935），頁14-15。

15　藤田久道（言梁），《文明笑話》（東京：耕文堂藏，1878年），頁11-12。

皆提到「樟腦」磨粉入湯服用可解毒；儒學家新井白蛾（1715-
1792）的《牛馬問》和國學者小山田與清（1783-1847）的《松屋
筆記》皆提到「砂糖」解毒。醫師永富獨嘯庵（1732-1766）的《漫
游雜記》和肥前國平戶藩（今天長崎縣平戶市）的大名松浦靜山
（1760-1841）的《甲子夜話》，則提到「人糞」解河豚毒。[16]

　　到了1880年代，《和漢醫林新誌》彙整一般河豚解毒劑，共
有八方：一、砂糖加上白開水；二、牛角粉加上白開水；三、
藍靛汁；四、煎白鯗水（石首魚）；五、烏魚墨汁；六、燒烤無
患子水；七、襄荷根汁；八、水水煎桃枝。[17]以今天的眼光來看，
上述多屬民間偏方，但也反映了在河豚毒素研究尚未成熟之際，
傳統日本社會處理中毒的基本方法。

二、河豚的解禁：伊藤博文與下關「春帆樓」

　　從十六世紀豐臣秀吉制定「河豚禁令」以來，河豚的販售與
食用就受到限制，料理屋不能供應河豚菜餚。到了明治時期，
河豚禁令依舊，明治15年（1882年）政府曾發佈「違警罪即決
令」，規定「食用河豚者拘留罰錢」，目的也是避免中毒傷亡。[18]
不過，禁食河豚的情況到了明治後期卻產生戲劇性變化，其中，
最關鍵的人物就是「伊藤博文」。伊藤博文（1841-1909）在東亞

---

16 谷巖，《ふぐ》（大阪：創元社，1948），頁120-124。

17 渡邊桃次郎，〈河豚解毒劑ノ一班〉，《和漢醫林新誌》第31號（1884年5月），頁
　　3-4。

18 北濱喜一，《ふぐ博物誌》，頁29。

近代史位居重要角色，他不僅是明治維新重臣與日本第一位內閣總理大臣，同時也是日清甲午戰爭的策劃者與《馬關條約》的日方代表，又擔任第一任朝鮮「統監」（總督之前身），最後在哈爾濱被朝鮮愛國志士安重根（1879-1910）刺殺身亡，一生充滿傳奇色彩。有趣的是，除了強大的政治影響力，伊藤博文爲也是一位美食家，近代日本「河豚料理」的解禁即拜他所賜，而第一間獲得河豚料理許可的店家，就是山口縣下關市阿彌陀寺町一間名叫「春帆樓」的割烹旅館。

　　割烹旅館「春帆樓」的前身是「月波樓醫院」，1877年由醫師藤野玄洋所建，他原本是九州大分縣奧平藩主的御醫，後來受到友人的邀請，來到山口下關開設醫院，不僅提供醫療服務，也設有藥湯溫泉供患者靜養，並由妻子提供手作料理。1880年代初期，藤野玄洋去世後，藤野的妻子將醫院改建爲割烹旅館，提拱料理與宿泊並取名爲「春帆樓」，因從窗外放眼望去，見到船隻在海上模樣，有如一幅迷人的風景畫。[19]

　　1887年12月，時任總理大臣的伊藤博文下榻於「春帆樓」，據說當日氣候欠佳，漁夫並未出海而無鮮魚可提供，旅館在情急之下，端出禁忌的河豚料理，沒想到伊藤品嚐後覺得非常美味，詢問後才知道是河豚魚。其實，早在年輕之時，伊藤博文就從維新志士高衫晉作等人口中聽聞河豚美味，但親自品嚐還是第一次，直說「這麼好吃的魚，怎麼可以禁止呢？」於是下令山口縣令原保太郎（1847-1936）解禁河豚。於是，1888年的山口縣成爲日本第一個開放食用河豚的縣市，「河豚料理」終於可以光

---

19 春帆樓官網，2017年8月4日檢索，https://www.shunpanro.com/about/history.html。

明正大地被端上餐桌。[20]

　　「春帆樓」不僅是日本「河豚料理」的指標性店家，同時也是東亞近代史的重要場景。1895年4月17日，清國全權大臣李鴻章與日本首相伊藤博文就是在「春帆樓」簽訂《馬關條約》（馬關就是下關），此條約不僅改變東亞政治版圖，也開啓了日治臺灣五十年的命運。當初簽約的「春帆樓」歷史建物後來改爲「日清講和紀念館」，重現日清代表們的座位並陳列會議使用的筆墨紙硯等用品。另在旁興建「春帆樓」新館，提供著名的「河豚料理」，二次戰後昭和天皇夫婦、裕仁皇太子夫婦皆曾來此宿泊。

　　「下關」一帶原本就是河豚產地，但在河豚解禁前的1887年，阿彌陀寺町一帶四十多間魚屋與料理屋中，只有三、四間有販售河豚。但在1888年解禁後，河豚料理蓬勃發展，成爲當地特色佳餚。明治時期下關的補魚業者以「阿彌陀寺」爲界，該寺就是「赤間神宮」的前身，處理河豚的店家多在「阿彌陀寺」以東一帶。當時的料理屋除了上文提到的「春帆樓」，還有「大吉樓」、「風月樓」、「福辰」、「前竹」、「茶勘」、「常六」、「常富」、「鎭海樓」、「天眞樓」以及「梅林亭」等十多間。[21]

　　在上述料理屋中，「大吉」特別重要，店主「大石吉藏」原本是河豚批發商，擅長宰殺河豚且廚藝精湛，據說伊藤博文與井上馨等人都向「大吉」訂購河豚。此外，該店率先將冷藏河豚從下關送到東京販售，日後也成立「大吉樓」料理屋，以特製雙層白鐵盒將冷凍河豚料理以火車運送至東京，白鐵盒裡面有五

20 藤井壽一，《河豚珍話》，頁3。

21 北濱喜一，《ふぐ博物誌》，頁36。

人份的「生魚片」、「河豚骨、鰭」、「河豚皮」、「河豚腸」、「佐料」（白蘿蔔、細蔥、味噌、唐辛子）、「瓶裝橙酢」以及冰塊和木屑，價格自然不菲。[22]

　　進入昭和時期，除了著名的「春帆樓」和「大吉樓」之外，下關市內出現許多專門的河豚料理屋，包括「魚百合」、「吉永」、「岡崎」、「幸亭」、「月見屋」、「銀水」、「山口」、「今福」、「魚さん」、「うらを」、「魚虎」、「大成館」、「小松」、「海月」、「新三浦」、「藤友」、「一寸亭」、「志ら瀧」、「ますた家」、「魚德」、「魚久」、「古串屋」、「富ノ家」、「ふじ友」以及「東部魚市場」等，店家強調「絕對安全的河豚料理」，同時也形成群聚效應。[23]到了1930年代晚期，下關甚至有店家將「河豚料理」以飛機運送至東京，供當地消費。[24]

　　山口縣是日本最早解禁河豚的縣市（1888年），令人訝異地，時隔30年，直到1918年，近畿地方的「兵庫縣」才成為第二個開放食用河豚的縣市。然後，又過了23年，1941年大阪府才成為日本第三個解除河豚禁令的地區。[25]由此可見，二次戰前日本對於河豚毒素的掌握仍然有限，各地方政府擔心中毒事件而採取較謹慎的作法。

---

22 北濱喜一，《ふぐ博物誌》，頁40；藤井壽一，《河豚珍話》，頁4-5。

23 下關觀光協會編輯，《河豚情歌とふく美》（下關：下關觀光協會，1935），〈廣告〉。

24 水尾徹雄，《河豚》（神戶：高松進，1941），頁22。

25 北濱喜一，《ふぐ博物誌》，頁29。

表一：1930年代下關較具代表性的河豚店家

店名	位置	電話
魚百合	舊壇之浦町	252番
吉永	壇之浦町	1586番
常六	阿彌陀寺町	148番；1234番
月見家	阿彌陀寺町	1791番
幸亭	阿彌陀寺町	1730番；101番
銀水	阿彌陀寺町	3076番
岡崎	阿彌陀寺町	229番；157番
春帆樓	阿彌陀寺町	2409番；27番
山口	阿彌陀寺町	755
大吉樓	阿彌陀寺町	721番；47番
新三浦	外濱町	2384番
志ら瀧	仲之町	3221番
海月	神宮司町	903番
うらを	唐戶町	603番
東部魚市場	唐戶町	1953番
大成館	御之町	462番；1060番
魚虎	唐戶町	788番
魚さん	赤間町	1491番；347番
小松	岬之町	378番
富ノ家	西細江町	84番
魚德	豐前田町	180番；42番

店名	位置	電話
魚久	今浦町	1078番
ふじ友	西細江町	275番
ますた家	下關驛前日和山	3217番；2448番

資料來源：下關觀光協會編輯，《河豚情歌と河豚美》，（下關：下關觀光協會，1935），郭忠豪編輯整理。

三、近代日本的河豚毒素實驗

傳統中國和日本都有河豚飲食文化，然而，中國因無法掌

圖3-1（左）圖3-2（右）　1930年代下關河豚店家的廣告。資料來源：下關觀光協會編輯，《河豚情歌と河豚美》，（下關：下關觀光協會，1935）。

圖3-3　「春帆樓」舊址，現為「日清講和紀念館」，圖片來源：
郭忠豪提供。

圖3-4　「春帆樓」紀念
碑，圖片來源：郭忠豪
提供。

圖3-5　1895年簽訂《馬關條約》的場景，圖片來源：郭忠豪提供。

圖3-6　1963年10月昭和天皇夫婦蒞臨「春帆樓」，圖片來源：郭忠豪提供。

圖3-7　下關「唐戶魚市場」的河豚專門店，圖片來源：郭忠豪提供。

圖3-8　作為「中元節」禮品的河豚料理，圖片來源：
郭忠豪提供。

圖3-9　下關新鮮的「虎河豚」，圖片來源：郭忠豪提供。

圖3-10　下關的「河豚定食」，圖片來源：郭忠豪提供。

握河豚毒素致使該飲食文化消逝，至於日本受到明治維新的影響，積極學習西方科學與醫學技術，十九世紀晚期開始，許多醫學研究者進行河豚毒素實驗，希望釐清河豚毒素的成分與部位，減少中毒事件。

明治時期河豚毒素研究者中，以大澤謙二、高橋順太郎與助手豬子吉人，還有田原良純等人較重要。首先是大澤謙二（1852-1927），他出生於三河國（愛知縣），父親原是「神官」（在神社內負責祭祀的職業），後來被藩侍醫大澤玄竜收爲養子，曾在江戶醫學所學習，爾後兩度赴德留學。1882年歸國後，擔任東京大學醫學部教授，主講生理學，奠定日本近代生理學的基礎。[26]1880年代初期，大澤與學生谷川榮共同進行河豚毒素實驗，建立河豚毒素知識，包括：釐清河豚種類（赤目河豚與虎河豚）、部位（卵與肝）、捕獲時期（冬夏季與毒性的關係）、中毒症狀（痙攣與嘔吐）和治療方法。[27]

除了大澤謙二，高橋順太郎（1856-1920）與助手豬子吉人對於河豚毒的釐清甚具貢獻。高橋出生於加賀國（石川縣）藩士家庭，幼年曾在藩校「明倫堂」學習，東京大學畢業後赴德留學，1886年歸國並在帝國大學醫科大學擔任教授，主講藥物學。[28]豬子吉人（1866-1893）是日本毒物（毒菇與河豚毒）與漢方藥的專

26 大澤謙二，2017年8月1日檢索，https://kotobank.jp/word/%E5%A4%A7%E6%B2%A2%20%E8%AC%99%E4%BA%8C-1640391。

27 大澤謙二，〈理醫講談會 河豚中毒ノ說〉《醫事新聞》122號（1884年5月），頁23-28。

28 高橋順太郎，2017年7月28日檢索，https://kotobank.jp/word/高橋%20順太郎-1648290。

家，留學德國柏林時因病去世，享年28歲，但已發表近五十篇論文，將東洋的藥理知識介紹到歐洲，非常傑出。[29]

　　高橋與豬子共同進行實驗，將不同種類的河豚毒素抽取出來，包括「赤目河豚」、「名古屋河豚」、「小紋河豚」、「唐草河豚」、「虎河豚」、「眞河豚」、「胡麻河豚」、「巾著河豚」與「寄戶河豚」等九種，將其卵巢、睪丸、肝臟、筋肉、血液與其他內臟進行毒素分析。實驗結果顯示：劇毒的是「赤目」、「名古屋」、「小紋」和「唐草」，其餘五種毒性較弱。另外，他們也發現僅有「寄戶河豚」的卵巢無毒，且大部分河豚的肝臟皆有毒，其研究成果發表在《交詢雜誌》。[30]

　　明治時期的醫家們透過醫學與藥理學等方式，投入河豚實驗研究，但因其毒素甚爲複雜，各地中毒事件依然頻傳，因此在1892年6月23日，明治政府發佈警察令第13號：「若沒有將河豚之內臟除去並洗滌，不得販賣。但，除去之內臟血液為避免與其他魚類混淆，應儘速處理。違者依刑法第426條第4項處罰。」[31]換言之，明治政府當時的作法是：一方面透過法令來限制河豚

---

29 豬子吉人，2017年7月27日檢索，https://kotobank.jp/word/%E7%8C%AA%E5%AD%90%E5%90%89%E4%BA%BA-1056071。

30 交詢社，〈雜錄 河豚の毒〉，《交詢雜誌》441號（1892年6月），頁18。內務省衛生試驗所編纂，《飲食物編》（東京：丸善株式會社，1909），頁12-13。不著撰人，〈河豚の毒〉，《魚學雜誌》1卷6號（1913年8月），頁1-3。「交詢社」是福澤諭吉創立的俱樂部，社員以日本實業家與記者為主，相互諮詢討論重要事務，以慶應大學出身的學者為中心，《交詢雜志》是該俱樂部出版的刊物，2017年7月20日檢索，https://auth.japanknowledge.com/auth/login/login/jk_lib/。

31 原文為：「河豚は內臟を除去し洗滌したるものにあらざれば、販賣することを得ず、但除去したる內臟血液等は、他の魚類と混淆せざる樣速に取片附を為すべし、之れに違ふ者は刑法第四百二十六條第四項に依り處罰云々。」

表 2：明治時期醫學研究者高橋順太郎、豬子吉人的河豚實驗

河豚種類	卵巢	睪丸	肝臟	其他內臟	筋肉	血液
赤目河豚（Akame fugu）	有	有	有	有	無	未詳
名古屋河豚（Nagoya fugu）	有	有	有	有	無	有
小紋河豚（komon fugu）	有	有	有	有	無	有
唐草河豚（Karakusa fugu）	有	有	有	有	無	未詳
虎河豚（tora fugu）	有	無	有	無	無	未詳
真河豚（ma fugu）	有	無	無	無	無	未詳
胡麻河豚（goma fugu）	有	無	無	無	無	未詳
巾著河豚（oman fugu）	有	未詳	未詳	未詳	未詳	未詳

資料來源：交詢社，《交詢雜誌》第 441 號（1892 年 6 月），頁 18，郭忠豪編輯整理。

食用，遏制中毒人數，另一方面則鼓勵醫學專家繼續進行河豚毒素研究。到了 1909 年，該年是河豚毒素研究的里程碑，田原良純（1855-1935）將河豚「卵巢毒素」抽出，命名爲 Tetrodotoxin（河豚酸），正式爲「河豚毒」命名。田原出生於佐賀藩士家庭，東京帝大製藥學科畢業，任職於內務省司藥場並曾留學德國，他的研究成果被認爲是河豚毒素化學研究的先驅。[32]

---

32 關於田原良純生平，參見《日本大百科全書》，2017 年 7 月 21 日檢索，https://kotobank.jp/word/%E7%94%B0%E5%8E%9F%E8%89%AF%E7%B4%94-1090994；谷巖，《ふぐ》，頁 99-101。

　　此後，許多醫學研究者嘗試將「河豚酸」用於醫療用途，並發現具有以下作用，包括：（一）「鎮痛」：針對神經痛、關節痛、筋肉痛、燒傷與關節痛等具有明顯效果。（二）「止癢鎮靜」：特別是冬季皮膚瘙癢、濕疹、疥癬等。以疥癬為例，先用殺蟲劑將疥蟲殺死，再投入河豚酸，患者夜間睡眠就不會有抓破皮等症狀。（三）「鎮咳」：用於氣喘、氣管炎和百日咳的症狀。（四）「經攣鎮靜」：適用於胃經攣與腹痛，效力可持續兩、三日。（五）「尿意鎮靜」：用於神經性引起之夜尿症。（六）適用人體充血作用，例如治療男性陽痿。[33]

　　日本近代河豚毒素的解析，除了上文提到的大澤謙二、高橋順太郎、豬子吉人、田原良純等人從生理學、藥物學與化學的角度進行研究，還有許多專家也有貢獻，例如今日東京海洋大學前身的「水產講習所」初代所長松原新之助，以及東京帝大病理學教授三浦守治等人也相當重要。

　　上述醫學研究者除了在實驗室分析河豚毒素之外，也透過演講與刊物的方式，向社會大眾說明最新的研究成果，例如1894年高橋順太郎到東京本鄉「壹岐阪會堂」，以「河豚魚の話」為題進行演講，其內容分別刊載在《日本速記雜誌》與《婦人衛生雜誌》等雜誌。[34]《日本速記雜誌》是「日本速記法研究會」發行

33　不著撰人，〈河豚の毒〉，《魚學雜誌》1卷6號（1913年8月），頁1-3；天川保，〈「テトロドトキシン」臨牀實驗報告〉，《岡山醫學會雜誌》29卷328號（1917年5月），頁407。

34　高橋順太郎講演、藤本峰太郎速記，〈演談演說速記 河豚魚の話〉《日本速記雜誌》13（1894），頁356-364。不著撰人，〈講演 河豚魚の話〉，《婦人衛生雜誌》56號（1894年7月），頁18-22。不著撰人，〈〈講演 河豚魚の話〉《婦人衛生雜誌》57號（1894年8月），頁7-9。不著撰人，〈講演河豚魚の話〉《婦人衛生雜誌》58號（1894

的刊物，成員以記者爲主；《婦人衛生雜誌》由「大日本婦人衛生會」（1887年成立）發行，中心人物是荻野吟子（1851-1913），她也是日本第一位正式取得醫師執照的女性。這兩種雜誌皆刊載高橋順太郎的河豚毒素研究，顯示當時知識份子及社會大眾對於該議題相當重視。

　　透過醫學專家們持續的努力，近代日本對於河豚有更深入的認識，解毒方式也逐漸從坊間的本草偏方催吐方式轉變爲符合現代醫學的解毒劑，1905年《臨床藥石新報》刊載東京帝大醫學科醫學部助手南波宗次郎（1876-1937）回覆民眾關於中毒的提問，他說明河豚毒會讓患者產生運動、呼吸以及心臟痲痺。急救方法包括洗胃，使用排泄劑、利尿劑等藥物排出毒素，也可使用興奮劑防止痲痺。另外，針對呼吸停止症狀，要用人工呼吸或使用電器刺激橫膈膜急救。[35]

四、近代日本的河豚消費：「乾河豚」與「河豚料理」

　　近代日本對於河豚毒素的理解漸趨成熟，促使河豚消費逐漸增加，而消費方式主要分成兩種類型：第一種是「乾河豚」，第二種是「河豚料理」，以下將針對這兩種形式進行討論。

年9月），頁9-11。

35 南波宗次郎，〈菌ノ中毒及河豚ノ中毒ニ就テ〉《臨床藥石新報》1卷4號（1905年9月），頁162-163。

1. 內用兼外銷的「乾河豚」

　　人們認爲食用「生河豚」容易中毒，若將魚肉製成乾品，則較無中毒之虞，因此發展出河豚的水產乾品「乾河豚」，但實際上若處理不當，還是會發生中毒事件。

　　明治時期許多文獻皆有「乾河豚」的紀錄。例如：1880年代晚期至1890年代初期，農商務省技手山本由方到北陸地方的福井縣、東北的青森縣等地視察並進行演講，其《水產講話筆記》首先提到傳統日本有醃漬魚卵的食俗，但部分店家或魚販不知河豚卵有劇毒，遂以糖與糠鹽醃漬，經常發生中毒事件。其次，演講內容也提到「乾河豚」的製法：是將河豚脊切割，去除腹中雜物後以清水洗滌，置放至乾燥；或者在脊鰭八九分的地方切割，去除尾部，內外反翻，抹鹽後放置一日，使其乾燥。[36]

　　十九世紀晚期，農商務省水產局員河田盛美也到鳥取縣、靜岡沿海等地視察並進行演講，其演說筆記提到：就河豚種類來說，「胡麻河豚」、「鹿子河豚」、「金河豚」與「眞河豚」均適合製作成「乾河豚」。山陰道、北陸道、九州等地皆製作「乾河豚」供日本國內使用，未來也可按照計畫外銷至中國，因爲福建與廣東一帶百姓相當喜歡乾式水產，對他們來說，乾式魚類就如同豬肉蔬菜一般，經常出現在日常飲食，也是宴席上不可或缺的美味佳餚。河田認爲：日本應積極將「乾河豚」銷售至中國，

---

36 福井縣內務部第二課，《農商務省技手 山本由方 水產講話筆記》（福井：悠遠社，1890），頁41；青森縣內務部，《農商務技手山本由方 水產講話筆記》（青森：豬股活版印刷所，1891），頁77。

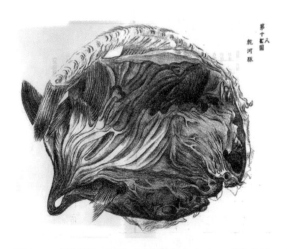

圖3-11　乾河豚，圖片來源：山本由方，《農商務省技手山本由方水產講話筆記》（福井市：悠遠社印刷，1890），頁77-78。

使其像昆布產業一樣獲取鉅額利潤。[37]

　　此外，1893年大阪府主辦的「關西水產共進會」，「乾河豚」也是其中一個項目，產品共有40件，其中以岡山縣最多，福井、島根、廣島次之。從博覽會的品評也看出，乾河豚除了提供日本國內需求之外，政府也相當重視中國的外銷通路。[38]

37　鳥取縣第一部農商課，《農商務屬河原田盛美水產講話筆記》（鳥取縣：鳥取印刷所主 松村榮吉，1888），頁23-24。靜岡縣，《農商務水產局員河原田盛美演說筆記 水產改良說》（靜岡：擁萬堂 三浦定吉，1889），頁43-44。靜岡縣，《農商務省水產局員河原田盛美演說筆記 水產改良說 第二篇》（靜岡：擁萬堂 三浦定吉），1890），頁78-79。

38　農商務大臣官房博覽會掛，《府縣聯合共進會審查復命書》（東京：堀田印刷工場，1894），頁115-116。

2. 形式多元的「河豚料理」

　　近代日本河豚消費的第二種方式爲「河豚料理」，也是常見的河豚品饌方式。從歷史發展來看，江戶時期（1603-1867）河豚雖然尚未解禁，但已有店家提供「河豚鍋」供饕客享用。[39] 進入明治時期，隨著研究河豚毒素的進展，人們逐漸知道要避免食用血液與內臟等有毒部位，消費季節以十二月到隔年三月爲主，三月之後的河豚毒素較強，肉質味道也欠佳。[40]

　　介於下關和門司之間的「關門海峽」一帶，由於人們嗜吃河豚，當地的河豚處理技術較成熟，河豚料理種類豐富。[41] 前文曾提到「下關」的河豚料理店家，與下關僅一水之隔的「門司」也有多間河豚店家，例如位於新榮町的「文明」料理店於1892年開業，當時福岡縣尚不能公開販售河豚，但警察對於「文明」的河豚料理採取默認態度。此外還有「菊之家」與「魚梅」等著名河豚店家。[42]

　　因爲河豚風味特殊，不少維新元老皆嗜食河豚，伊藤博文、外務大臣井上馨（1836-1915）、內閣總理大臣山縣有朋（1838-1922）等人皆酷愛河豚，甚至有了「河豚黨」的名號。不過，也有人對河豚始終抱持著戒愼恐懼的態度，例如與孫文頗有交情的「黑龍會」創辦人頭山滿（1855-1944），據說他在下關的「大吉」

39　藤井壽一，《河豚珍話》，頁11。

40　水尾徹雄，《河豚》，頁21-22。

41　勝田主計，《ところてん》（東京：日本東信大學出版部，1927），頁199-200。

42　藤井壽一，《河豚珍話》，頁6-7。峽川漁郎編，《河豚》，頁1。

或是「春帆樓」，一聽到桌上的料理是河豚，馬上起身尿遁。

二十世以後，後日本的河豚料理發展更加多元，包括生魚片、河豚肉、河豚白子與河豚酒等，許多政治家、文人、記者與美食家的文集作品均記載河豚料理，例如水尾徹雄、勝田主計與北濱喜一等人皆曾描寫吃河豚的經驗，綜合整理如下：

（一）「河豚生魚片」：分成「肉」、「皮」與「雜」三種排列，「河豚肉」是淡桃色，「河豚皮」切得很薄，「河豚雜」則是皮和肉以外其他零碎的部位。通常搭配「橙醋」與「藥味」一起入饌，「藥味」（やくみ）是指料理中用來提味和健身所添加的香料，一般多用生薑、蜀椒、桂枝等中藥材調製。日本吃河豚生魚片習慣搭配「紅葉おろし」，也就是紅色辣椒（或紅蘿蔔）與白蘿蔔泥調製的特殊佐料，增加品饌上的視覺享受。

（二）河豚肉可用下列方式烹調：「湯引き」（以滾水燙熟表面）、「煮凝り」（熬煮待膠質釋出後作成河豚魚凍）、「あら炊き」（紅燒河豚魚頭）、「砧卷き」（河豚魚肉捲）、「照燒」河豚、「鹽燒」河豚、「雲丹燒」（在燒烤河豚肉上塗抹海膽醬再炙燒）、「かき揚げ」（將河豚肉與蔬菜等切細之後用油炸）、「天婦羅」、「唐揚」（帶骨酥炸河豚肉）、「おろし和え」（將河豚肉與白蘿蔔泥、菇類一起涼拌）、「山かけ」（將河豚肉切成丁狀再淋上山藥泥）。

（三）河豚「白子」（精巢）被視為珍品，傳統中國稱之「西

施乳」，口感滑潤又富有蛋白質，可製成多種菜餚，
例如「白子刺身」搭配橙醋與藥味、「白子あさつき」
（白子拌青蔥）以及「白子和え」（涼拌白子）。若喜
歡熟食，「燒烤白子」外脆內軟，風味絕佳，「白子
豆腐鍋」是昆布鍋湯底加入白子與豆腐，適合冬季
暖身。

（四）河豚飯：做法是將河豚肉與皮、山藥泥、溫泉蛋等
食材鋪在白米飯上，搭配藥味並淋上特製高湯再加
以攪拌。河豚雜炊：是享用完「河豚鍋」之後，將
白飯倒入鍋內便成河豚稀飯。

（五）「河豚鰭酒」：將炙烤過的河豚魚鰭加上熱清酒之
中，散發出濃郁的魚香；「河豚骨酒」是炙燒河豚
骨之後加上熱清酒；「白子酒」是將河豚精巢切成
數塊，用網紗慢慢輾平之後將薄膜去除，加入清酒
內加熱攪拌，據稱可以強精壯陽。[43]

進入昭和時期，隨著河豚毒素知識的普及，河豚料理的安全性
增加，許多文人雅士也喜愛河豚料理，例如：俳句家青木月斗
（1879-1949），文學家久米正雄（1891-1952）、小說家永井龍男
（1904-1990）、小說家三上於菟吉（1891-1944）以及女演員兼實
業家山路文子（1912-2004）等人都樂於品嚐河豚美味。[44]

---

43 勝田主計，《ところてん》，頁199-200；北濱喜一，《ふぐ博物誌》，頁228-273；
　　水尾徹雄，《河豚》，頁19-23。

44 吉川英治，《窗邊雜草》（東京：育生社，1938），頁389-394。

相較於明治初期，昭和前期的1930年代，河豚料理已經相對安全，但是多數人初嚐河豚時依然心存疑慮，新聞記者福島悠峰（1905-1983）提到自己25歲時在東京築地吃到河豚，心理確實恐懼，但同時也感受河豚的魅力。他品評日本不同地區出產的河豚，包括九州下關的「玄海河豚」、「宿毛河豚」、「下關河豚」、東海地區的「名古屋河豚」以及關東的「虎河豚」。[45]「國民作家」吉川英治（1892-1962）認為，初嚐河豚時因懷有強烈恐懼，無法體會箇中滋味，必須連續吃上四、五次才能真正體悟河豚風味。[46]此外，來自宮崎縣且曾移民巴西的作家酒井繁一（1901-1984）也提到在別府地區（九州大分）品嚐河豚料理經驗，開業需要特殊的「河豚料理師」執照，料理種類包括「河豚生魚片」、「河豚肝」、「河豚粥」、「河豚火鍋」和「河豚鰭酒」，且聽說真正的「河豚通」是懂得享受那種嘴唇有點酥麻感覺。也就是「命懸一線」的驚險感受。[47]

3 戰後轉向大眾化的河豚料理

二次戰後，日本的河豚料理逐漸走向大眾化，各地方政府制定了河豚毒素處理的相關法規，需獲得「河豚調理師免許」的廚師才有資格處理河豚，藉以確保顧客食用安全。首先，大阪府在1948年制定《河豚販賣營業取締條例》，對於河豚料理的營

---

45 福島悠峰，《日曜隨筆集 第十卷》（京都：下野新聞社，1972），頁15-18。

46 吉川英治，《窗邊雜草》，頁389-394。

47 酒井繁一，《日本之肌理》（東京：河出書房出版社，1960），頁229-232。

業設施、處理設施與調理師資格等進行規範，1949年開始有「河豚調理師」的資格檢定。繼大阪府之後，東京在1949年制定河豚相關規則條例，京都府在1950年，以及愛媛縣在1952年陸續制定河豚法規。[48]

　　關於「河豚調理師」資格的取得，事實上並無日本全國統一的考試，因此各都道府縣的法規不盡相同，有的縣市只要經過「講習」（上課）就可獲取處理河豚的資格，有的縣市必須通過考試。舉例來說，北海道、山形縣、福井縣、大阪府、佐賀縣和大分縣是透過「講習」；三重縣是「講習加上考試」；其餘縣市均是考試，包括「筆試」和「實技」，考試科目也不太一樣。以東京都來說，筆試科目為「河豚條例及條例施行規則」和「關於河豚的一般知識」；「實技」考試包括「鑑別河豚的種類」和「識別河豚的內臟、鑑別毒性以及河豚的處理技術」。[49]

　　不論是透過講學或者考試取得處理河豚資格者，各縣市對其稱呼不同，有的稱為「河豚調理師」（東京都），有的稱為「河豚包丁師」（神奈川縣，包丁是「廚刀」意思），或者稱為「河豚處理資格者」（石川縣）、「河豚處理登錄者」（福井縣）或「河豚取扱登錄者」（大阪府）。[50]不論名稱為何，隨著各地方縣市河豚條例的制定，廚師們獲得充分的毒素知識與實際的調理經驗，讓河豚菜餚從過去的「菁英消費」走向「大眾消費」。舉例來說，

48　一般社團法人 全日本河豚協會，〈全國47都道府縣別「魚・ふぐ（フグ）」に関する資格取得制度の違い・一覽表〉，2017年2月1日公開，2018年4月25日更新。

49　同上。

50　同上。

1950年代東京的「河豚料理」趨向大眾化，店家數量增多且日幣300元的「河豚定食」（以鍋物為主）已屬大眾消費價位。當然，如果要品嚐較高級的「河豚生魚片」或是「白子」（精巢），那就得另外計價了。[51]

　　戰後將河豚料理推向大眾化的力量，除了各縣市相關條例的制定之外，另一個原因是「河豚養殖技術」的進步。隨著氣候改變，野生河豚數量不若從前，然而，昭和前期日本人口開始增加，河豚的消費市場日益龐大，為了填補河豚貨源，最早於1934年在山口縣成立「水產試驗所瀨戶內海分場」，曾出現短暫的河豚養殖試驗，畢竟河豚是山口縣下關的特色飲食。到了1964年，山口縣「水產種苗中心」開始生產河豚稚魚。到了1965年，由於《日韓漁業協定》的締結，漁場擴大，使得河豚魚獲量增加，相對地使得日本國內養殖試驗萎縮。不過，1980年代由於漁場變化，以及其他國家加入河豚捕撈的競爭，野生河豚數量減少，此時日本國內的河豚養殖事業再度興起。除了山口縣之外，長崎縣與兵庫縣也成為重要養殖地區。[52]

　　人工養殖與天然野生河豚的重大差異就是「毒素」強弱。據說河豚出生原本無毒，隨著在天然海域攝取餌料，逐漸在體內累積毒素，當遭遇危險時，體內會釋出毒素自我保護，產卵期是河豚毒性最強的時候。相對於野生環境，人工養殖是將河豚飼養在人為控制水域內，經由過濾循環等技術的導入，打造出

---

51 福島悠峰，《日曜隨筆集 第十卷》，頁15-18。

52「とらふぐの漁獲と漁場、とらふぐの養殖」，「協同組合 下關ふぐ連盟」官網，2017年8月20日檢索，http://www.fuku.com/fukusyurui.html。

河豚毒素較弱，甚至是「無毒河豚」的養殖環境。

如今日本各地皆有提供「河豚料理」的餐廳，例如著名「河豚料理」專門連鎖店「虎河豚亭」，光是東京都內就有二十多間店舖，標榜從「長崎」養殖基地運送「活體」河豚到各分店。其「虎河豚」魚苗經過兩年的細心培育，從產地到餐桌都有專業人士把關。佐料方面則使用四國德島縣的天然橘醋和韓國產的辣椒（製作「紅葉泥」的材料），米飯是新潟縣魚沼產的白米，還有福島縣會津產的新鮮雞蛋。業者標榜提供最佳的河豚大餐給顧客食用。[53]

除了餐廳的河豚料理，河豚也可製成各式加工品，包括「燒河豚」、「河豚　干」（鹽漬河豚）「燻製河豚」、「河豚茶づけ」（茶泡飯）、「ふりかけ」（河豚魚鬆可拌飯）、「味淋干し」（味淋醃製河豚再風乾）、「河豚あられ」（雪餅）、「河豚骨仙貝」、「河豚味噌」、「河豚わかめ」（河豚海菜）、以及河豚竹輪」（用河豚高湯加入魚漿內製成）。特別是在下關地區，河豚製成的加工品琳瑯滿目，已成為當地特產。

五、小結：日本「河豚料理」的華麗轉身

日本的河豚文化出現得比中國晚，戰國時期豐臣秀吉的「禁食河豚令」又延續到明治時期。然而，河豚消費在日本歷史發展上卻未消失，即便是在「禁食河豚令」的年代，私下品嚐河豚美味者依然不少，饕客們在「品嚐美味」與「性命危險」之間糾結

---

53 參閱「とらふく亭」官網，2017 年 8 月 20 日，https://www.torafugu.co.jp/concept/。

不已。

　　明治時期受到西洋醫學的影響，以東京帝大爲首的醫學研究者，開始對河豚毒素進行藥理學與化學等精密研究，一方面確定河豚種類、臟器與毒素之間的關係，另一方面也將萃取出的「河豚酸」做成各種醫療用途，使日本從傳統的解毒偏方邁向現代醫學的解毒方式。當醫學研究者成功地解析河豚毒素後，他們也進一步透過演講與雜誌刊文，將河豚知識傳遞給社會大眾。

　　有了明治時期的醫學研究作爲後盾，河豚相關知識迅速傳播，大大提高了食用河豚的安全，促使「河豚料理」更加普遍，菜餚種類更多元且富變化。二次戰後，各縣市制定河豚處理相關法令，執照制度讓食用河豚的安全性邁向另一階段，再加上河豚養殖事業的發展，使得「河豚料理」成爲日本獨特的飲食方式，更是山口縣下關市的特色料理。

　　總結來說，日本的河豚飲食文化早期雖然受到中國影響，但經歷了明治時期的毒素試驗與解毒研究，到了昭和時期再發展成極具日本特色的在地料理，其變遷過程反映出日本擅長借用外來元素，透過改造將其內化成日本文化的一部分，並加以發揚光大。除了本文討論的「河豚料理」，尚有許多例子，包括來自葡萄牙的「南蠻料理」、明治時期的「洋食」以及源自中國廣東的「拉麵」，這些外來飲食都在進入日本之後，成功地融入日本社會，最後再以不同面貌展現，成爲代表日本的飲食之一。

圖3-12　河豚生魚片，圖片來源：郭
忠豪提供

圖3-13　河豚炸物，圖片來源：郭
忠豪提供

圖3-14　河豚雜炊，圖片來源：郭忠豪提
供

圖3-15　河豚鰭酒，圖片來源：
郭忠豪提供

● 河豚料理介紹

1.「河豚南蠻燒」（廚師：野崎洋光）

- 食材：濃口醬油、酒、白味增、豆板醬、大葉紫蘇、長蔥與河豚肉
- 烹飪方式：將上述佐料切碎攪拌成醬汁液，稱為「南蠻醬」。河豚肉浸泡於醬汁內二十分鐘，炙燒河豚肉後即可上桌。

2.「河豚鰭豔煮」（廚師：荒川健一）

- 食材：河豚鰭、酒、濃口醬油、生薑、味淋與砂糖
- 烹飪方式：將日照曬乾的河豚鰭用文火烤三小時，注意不要烤焦。鍋內加酒與河豚鰭，以文火煮三十分鐘至一小時。添加濃口醬油、味淋與砂糖，再煮五分鐘，河豚鰭會膨脹並展現豔麗顏色，加上生薑絲燒煮後即可上桌。

3.「河豚手鞠壽司」（廚師：櫻田榮一）

- 食材：鴨頭蔥、河豚肉、壽司飯、蘿蔔泥（紅白蘿蔔）與紅辣椒
- 烹飪方式：將鴨頭蔥切成三、四公分長度，稍以熱水燙過，將河豚肉切成五公釐厚度（比生魚片稍厚），用一塊濕布放上壽司飯、河豚肉、鴨頭蔥、紅葉泥（紅白蘿蔔加上紅辣椒製成），綁緊揉成球狀，用醬油輕刷壽司表面，再放置於紫蘇葉上即可。

資料來源：柴田書店編，《新ふぐ調理師必携》（下卷 料理篇）（東京：柴田書店，2008），頁 81-82、87。

第 4 章

滋血液，養神氣：日治到
戰後臺灣的養鱉知識、
養殖環境與食補文化

一、日常生活中的「食補文化」

　　在華人飲食文化中，利用特定食物增強體力或醫治疾病的實踐方式相當普遍。食物本身可單獨入饌，亦可搭配中藥烹調服用，透過食補達到強身治病的效果。以季節來說，冬季是最常進補的時節，大家品嚐「薑母鴨」、「燒酒雞」與「羊肉爐」，既美味又暖身；孩童進入青春期，長輩會去中藥行買「轉骨湯」幫助他們順利「轉大人」；女孩生理期來，母親會燉煮「中將湯」或「四物湯」，透過藥膳補血調經；大病初癒，體力較差或是熬夜傷神，喝碗「人參雞湯」或是「豬腰燉杜仲」都有助於滋養保健。總之，「食補」在華人的日常飲食中可說相當重要。

　　面對當今社會習以為常的食補實踐，學者們考察歷史脈絡中「食療」觀念的形成與特定藥材的變遷，例如：李貞德考察「當歸」在中國歷代的醫藥知識轉化，從初期的相招芳草與止痛良方，歷經「性別化」過程後，至明代李時珍將其定位為「女人要藥」。[1] 蔣竹山在清代「人參」的研究納入政治、醫學、地理環境、消費與經濟等議題，展現出多元觀點的研究成果。[2] 張哲嘉以鴉片戰爭前夕，清廷禁運「大黃」制裁英國的案例，說明東西方因為藥學理論、飲食知識與風土思維的差異，導致中國產生「大黃迷思」，將具有通腸作用之「大黃」視為西洋不可欠缺之物。[3] 陳元

1　李貞德，〈女人要藥考—當歸的醫療文化史試探〉，《中央研究院歷史語言研究所》88本3分（2017年9月），頁521-588。

2　蔣竹山，《人參帝國：清代人參的生產、消費與醫療》（杭州：浙江大學出版社，2015）。

3　張哲嘉，〈大黃迷思：清代對西洋禁運大黃的策略思維與文化意涵〉，《中央研究院近代史研究所集刊》第47期（2005年3月），頁43-100。

朋探討中藥材「龍骨」（動物化石）在歷代的認知變遷與使用方式，特別關注西方古脊椎動物學傳入中國後，作爲傳統醫療用途的龍骨與保護古生物化石的現代思維，兩者之間相互衝突時，人們對於龍骨的物質身份與醫療效果的認知有何改變。[4]

　　雷祥麟以1940年代陳果夫等人「發現」中藥「常山」可治療瘧疾的案例，論述「常山」與其他中藥一樣，並非自然界中素樸的草木，而是由中醫網絡與科技實作共同形塑的產物。[5]皮國立針對民國時期中西醫學對性慾、健康、憂鬱症、補養以及荷爾蒙等引起的現象進行討論，甚具啓發性。[6]曾齡儀論述戰後臺灣養鹿業的興起與鹿茸消費受到漢藥「壯陽補氣」的影響，考察戰後「鹿茸酒」的兩大系統，分別是「公賣局」的鹿茸酒與民間養鹿人家自製的「生茸酒」，論證透過國家力量的介入，鹿茸的屬性從過去高貴補品轉爲大眾消費之商品。[7]安勤之從社會學觀點討論「四物湯」（中藥）轉變爲「四物飲」（保健食品）的例子，彰顯臺灣法令忽略民間「藥食如一」的觀念與實踐，以及「食品」、「藥品」與「健康食品」三分法的僵化。[8]上述研究都非常有趣且論述紮實，

4　陳元朋，〈「生不可得見」的「有形之物」—中藥材龍骨的認知變遷與使用歷史〉，《中央研究院歷史語言研究所》88本3分（2017年9月），頁397-451。

5　雷祥麟原著、校定，林盈秀翻譯，〈常山：一個「新」抗瘧藥的誕生〉，收入於李建民編，《從醫療看中國史》（臺北：聯經出版社，2008），頁331-372。

6　皮國立，《虛弱史：近代華人中西醫學的情慾詮釋與藥品文化（1912-1949）》（臺北：商務出版社，2019）。

7　曾齡儀，〈頭角「爭茸」：1950-1990年代臺灣的養鹿業與鹿茸消費〉，《新史學》第29卷第1期（2018年3月），頁59-106。

8　安勤之，〈論中藥作為保健食品：以四物湯的生命史為例探討藥品與食品範疇的革命〉，《科技、醫療與社會》11期（2010年10月）頁89-148。

在本草物質史與醫療文化史範疇提出新的研究方向，並與我們的日常生活息息相關。

　　在食補文化中，「鱉」是一個有趣的研究課題，傳統中國醫藥認為鱉食進補具有「補氣」、「補虛」、「涼血」與「滋陰」等功效，臺灣坊間也有掛上「鱉爐」招牌的店家，提供「清燉鱉」（黑棗、黃耆與枸杞）、「四物鱉」（當歸、川芎、黨參、熟地）以及費時耗工的「雞仔豬肚鱉」等菜餚。令人好奇的是，究竟鱉補文化如何在臺灣形成？經歷過哪些變遷？本文將結合「漢藥觀念」、「產業技術」與「食補實踐」的視角，將鱉放在中國、日本與臺灣三個不同脈絡下討論。首先闡述傳統漢藥「鱉」的食療療效，其次考察日本的鱉食脈絡、臺灣總督府的養鱉試驗以及日治臺灣的鱉食消費，最後討論戰後臺灣鱉補文化的變遷過程。簡言之，本文將從文化、生產與消費的角度切入，分析作為漢人食療文化中的鱉，在臺灣因不同政治權力的涉入與相異的養殖技術，如何改變了鱉的物性及其與臺灣人群的關係。

二、傳統中國的鱉甲入藥與鱉食消費

　　鱉在傳統中國文獻出現甚早，主要分成兩方面：第一是「鱉甲」入藥，第二是「鱉肉」食補。就鱉甲而言，它在本草與醫書中記載甚多，東漢《神農本草經》載「鱉甲，味鹹，平。主治心腹癥瘕，堅積寒熱。去痞、息肉、陰蝕、痔、惡肉。生池澤。」[9]

9　顧觀光輯，楊鵬舉校著，《神農本草經》下卷，（北京：學苑出版社，2007），頁216。

唐代《食療本草》載「主婦人漏下，羸瘦。中春食之美，夏月有少腥氣。其甲：岳州、昌江者爲上。赤足不可食，殺人。」[10]宋代《本草衍義》載「鱉甲，九肋者佳，煮熟不如生得者。仍以釀醋炙黃色用。」[11]明代《本草蒙荃》載「鱉甲，味鹹，氣平，無毒。…（中略）…色綠七兩爲佳，裙多九肋益妙。制宗雷公，去裙並肋。治勞熱漬童便，摩堅積漬釀醋。周晝夜文火炙脆，入石臼杵細成霜。」[12]簡言之，鱉甲磨成粉狀後多搭配大黃、紫和車、麥冬、人參、柴胡、當歸和黃耆等製成丸狀與散狀服用，主治消瘦、咳嗽、骨蒸潮熱、癆瘵（肺癆）、閉經與漏下等疾，兼具滋陰潛陽與補血清熱效果。[13]

傳統中國文獻亦有鱉食記載，《詩經・小雅・六月》載「飲御諸友，炮鱉鱠鯉」。[14]北魏《齊民要術》載「作鱉臛法」，製法「鱉且完全煮，去甲臟。羊肉一斤，蔥三升，鼓五合，粳米半合，薑五兩，木蘭一寸，酒二升，煮鱉。鹽、苦酒。口調其味也。」[15]

---

10 孟顯原著，張鼎增補，鄭金生、張同君譯注，《食療本草》卷中，（上海：上海古籍出版社，2013），頁141-142。

11 寇宗奭，《本草衍義》（北京：人民衛生出版社，1990），卷17，頁121。

12 陳嘉謨撰，王淑民等點校，《本草蒙荃》（北京：人民衛生出版社，1988），卷11，頁425。

13 陳興乾與陳欽培主編，顧博賢點校與編審，《龜鱉養生本草》（哈爾濱：哈爾濱出版社，2010），頁199-225。此書有系統且完整地蒐集傳統中國本草書籍內龜鱉相關療效。

14 中國商業出版社著，《先秦烹飪史料選注》（北京：中國商業出版社，1986），頁38。

15 賈思勰著，繆啟愉、繆桂龍譯注，《齊民要術譯注》（上海：上海古籍出版社，2009），卷8，頁508。

這可能是鱉肉最早以「羹湯」形式出現的記載。歷代食譜也屢屢出現鱉肉菜餚，明代宋詡的《宋氏養生部》記載「先取生鱉，殺出血，做沸湯，微燖，滌退薄膚。易水烹糜爛，解析其肉，投熬油中，加原汁清者再烹，用醬、赤砂糖、胡椒、川椒、蔥白、胡荽調和。」又或如清人袁枚的《隨園食單》列舉多項鱉食菜餚，包括「生炒甲魚」、「醬炒甲魚」、「帶骨甲魚」、「青鹽甲魚」、「湯煨甲魚」以及「全殼甲魚。」[16]

關於「鱉肉」療效，明代《本草綱目》云：

> 補中益氣、補不足（別錄）。熱氣濕痺、腹中激熱、五味煮食、當微泄（藏器）。婦人漏下五色、羸瘦，宜常食之（孟詵）。婦人帶下，血瘕腰痛（日華）。去血熱補虛、久食性冷（蘇頌）。補陰（震亨）。作臛食、治久痢；長髭鬢，作丸服，治虛勞、疥癬、腳氣。[17]

此外，《本草蒙荃》特別強調鱉肉「滋陰」：

> 肉頗甘，其性極冷。常居水底故也。項下有軟骨如龜，須預檢除，雖涼血熱補陰，不可過渡。因性冷宜少食。患癥瘕勿食，防症反增；肉主聚，甲主散。故食肉反增，食甲

---

16 宋詡，《宋氏養生部》（北京：中國商業出版社，1989），卷4，頁146-147；袁枚著，王英中校點，《隨園食單》（南京：江蘇古籍出版社，1993），頁53-55。就今日龜鱉菜餚烹調，參閱顧博賢主編，《龜鱉美食養生文化》（珠海：珠海出版社，2009）。

17 李時珍，《本草綱目》（臺北：國立中國醫藥研究所，1981），卷45，頁1400-1403。

能散也。[18]

清代醫者王士雄（1806-1867）也說明：

> 滋肝腎之陰，清虛勞之熱。主脫肛、崩帶，瘰癧癥瘕。
> 以湖池所產，背黑而光澤，重約斤許者良。宜蒸煮食之，
> 或但飲其汁則益人。多食滯脾，且鱉之陽聚於上甲，久嗜
> 令人患發背。孕婦及中虛，寒濕內盛，時邪未淨者，切忌
> 之。[19]

綜合上述，鱉的食療反映傳統中國醫藥「以形補形」與「陰陽五行」的觀念。第一，鱉「常居水底，其性極冷」，屬「陰」，具有「滋陰、降火與涼血」之效。第二，鱉以肺呼吸且長時間棲息水中，因此，被認為可「補氣」、「補虛」，治療「肺癆」。第三，陰陽五行中「水」主「黑」與「陰」，亦代表「五臟」中的「腎」，因此，鱉被視有「滋陰補腎」之效。第四，在「以形補形」觀念上，鱉頭伸縮靈活形似人體肛門，因此鱉可治療久痢、脫肛、漏下與產後陰脫。第五，傳統中國認為「奇數為陽，偶數為陰」，鱉甲以七肋或九肋為佳，屬陽，恰可配合鱉肉性冷甚陰，達到「滋陰潛陽」之效。第六，除了鱉甲與鱉肉之外，鱉頭、鱉血、鱉膽與鱉卵亦有滋補效果。上述漢藥系統中的鱉補知識不僅影響中國

---

18 陳嘉謨撰，王淑民等點校，《本草蒙荃》，卷11，頁425。

19 王士雄撰，周三金註釋，《隨息居飲食譜》（北京：中國商業出版社，1985），頁128。

本身，也爲鄰近日本吸收，而形成具有日本特色的鱉食文化。

三、從野生到人工：日治臺灣的養鱉業與鱉食消費

1. 日本食鱉的歷史脈絡

　　日治時期曾任臺灣總督府學務部員的佐倉孫三，在《臺風雜記》記載一段相當有趣的鱉食描述：

> 臺地多產龜鱉。龜大如我產，甲色青黃有光輝，可以製笄簪。土人惡鱉之獰猛，不敢食之。是以大如盆者，往往曳尾於泥濘之中。初，我兵之上陸也，役夫等競獲之，供膳羞。後漸不見其影，價亦隨貴，然投二、三十錢，則可以容易得之。評曰：鱉之為物，滋血液，養神氣，人之所知。唯其價貴，不上於口。嗜之者，宜遊臺而一飽耳。[20]

佐倉孫三精通漢文且足跡遍及臺灣，這段記載反映幾項有趣觀察：首先，臺灣多產野生鱉龜，至於「土人惡鱉之獰猛，不敢食之」，當時「土人」指的應是「本島人」（漢人）。[21]其次，當時日人已知鱉可「滋血液，養神氣」，但鱉價昂貴，因此日本士兵來臺後「競相食之」。

---

20 佐倉孫三，《臺風雜記》（臺北：臺灣銀行經濟研究室，1961），頁40-41。

21 日治初期殖民政府設立「大日本臺灣病院」，內設「醫學講習所」，又稱「土人醫師講習所」，從此脈絡來看，「土人」指的應是漢人。

　　日本對鱉的認識由來已久，日語中有許多相關諺語，例如「スッポンのようなヤツ」（像鱉一樣的傢伙），形容執念深的人：「すっぽんが喰いつけたらば雷霆の鳴るまで放さぬ」（一旦被鱉咬住，直到雷鳴才會鬆開），也是形容固執。另外，「月と鼈」形容兩種截然不同而無從比較的事物。「鼈人を食わんとして却って人に食わる」則是形容不考慮自己能力，妄想害人卻反而害己。

　　關於鱉的記載，平安時期的《續日本紀》記載文武天皇即位時（西元697年），賓客獻上「白鱉」作為珍貴賀禮。[22] 醫藥典籍亦不乏鱉藥記載，十世紀由丹波康賴編纂的《醫心方》（いしんぼう）是日本現存古老醫書，共有三十卷，參考中國醫藥典籍《諸病源侯論》與《千金方》編纂而成。就鱉的治療效果，該書卷七記載「治脫肛歷年不愈方：死鱉頭一枚，燒令煙絕，治作屑，以敷肛門」，卷十四記載「鱉甲可治傷寒陰毒。」[23]

　　十七世紀醫家人見必大所寫的《本朝食鑑》也有關於鱉食與鱉藥記載，該書出版於1697年（元祿10年），記載豐富的本草知識與飲食種類（稻麥、水、蟲獸與水產等）。《本朝食鑑》仿《本草綱目》體例撰寫，先後以「釋名」、「集解」、「氣味」與「附方」陳述，卷十提到鱉肉性冷滋陰以及相關禁忌，並記載鱉的藥效與烹飪方式，強調鱉甲可治「虐勞寒熱、　瘕與脫肛等症」，鱉料理「取沙河小鱉斬頭去血。以桑灰湯煮熟，去骨甲，換水，再

---

22 有川清康著，廖梅珠譯，《鱉的功效》（臺北：青春出版社，1993），頁12。

23 日本百科全書，《醫心方》，2018年1月7日檢索，https://japanknowledge.com/library/en/。

煮入蔥醬做羹」。[24]到了十九世紀，日人仍視鱉爲珍貴料理，1890年4月《讀賣新聞》報導：明治天皇巡幸九州佐世保，長崎料理名店「藤屋」與「迎陽亭」準備「鶉」和「鱉」供天皇享用。[25]簡言之，日本受到中國漢藥食療觀念影響，視鱉爲滋補聖品。

　　明治時期（1868-1912）是鱉從「野生性質」轉向「人工養殖」的分水嶺，在殖產興業政策下，日本大力發展水產養殖。在養鱉方面，江戶（東京）魚販世家服部倉治郎扮演關鍵推手。服部倉治郎（1853-1920）的曾祖父（權次郎）與祖父（五郎兵衛）皆是魚商，1866年（慶應2年）長州（今山口縣）毛利藩在江戶之宅邸（今東京都江東區南砂一帶），有人在鴨場捕獲野生鱉，服部倉治郎的叔父（德次郎）向其買下之後嘗試養殖，成爲日本人工養鱉的最早紀錄。爾後，服部倉治郎繼承叔父事業，販賣鯉魚與鰻魚，並積極研究如何養鱉。更重要的，倉治郎於1879年（明治12年）成功進行鱉的人工孵化。[26]

　　爲了擴大養鱉計畫，服部倉治郎發現靜岡「濱名湖」氣候溫暖，因此他與愛知縣水產試驗場的中村正輔（1876-1960）合作，1900年（明治33年）於濱松市舞坂町建造養殖池。除了養鱉外，也養殖大量鰻魚，爲近代日本「鰻鱉養殖」事業奠定基礎。「濱

---

24 人見必大，《本朝食鑑》，2018年6月5日檢索，https://dl.ndl.go.jp/info:ndljp/pid/2569413/54。

25 不著撰人，〈佐世保行幸　膳部御用達の2店がウズラ、スッポンなど珍味佳肴を手配〉，《讀賣新聞》，1890年4月20日，2版。

26 參閱「服部中村養鱉場」官網，2018年1月5日檢索，https://www.hattori-suppon.co.jp；コトバンク，〈服部倉治郎〉，2018年1月5日檢索，https://kotobank.jp/word/服部倉治郎-1101530。

名湖」位於東京與大阪兩大城市之間，交通運輸便利且鄰近蠶絲業發達的愛知縣三河地區，容易取得蠶蛹作為鱉餌料。1914年（大正3年），「服部中村養　場」正式成立，持續發展鱉的養殖與孵化技術，帶動靜岡縣成為近代日本養鱉業重鎮。到了戰後1950年代，日本養鱉業以靜岡為主（佔80%），其次是鳥取（佔15%）。[27]

此外，本州西部面向日本海的山陰地區也有養鱉，養鱉世家福田源衛與兒子福田博業在山陰養鱉相當成功，[28]日本實業家澀澤榮一（1840-1931）也發現養鱉甚具商業潛力，從島根縣的出雲與石見地區將鱉送至東京養殖出售，日人認為這兩個地區的鱉隻品質甚佳。[29]簡言之，1920年代養鱉業已成為日本部分地區新興的家庭副業。[30]

到了十九世紀晚期，日本鱉食消費增加，尤以東京為最，新橋與銀座已出現售鱉業者，湯島也有販售鱉罐頭的商家。[31]當時

---

27 「服部中村養鱉場」官網，2018年1月5日檢索，https://www.hattori-suppon.co.jp；參閱稻葉傳三郎著，郭慶老、羅秀婉譯，《淡水增殖學》（臺北：徐氏基金會，1983），頁309-313。

28 福田博業，〈スッポンの話〉，收錄於日本水產資源學會編，《淡水增殖學　養鰻鱉讀本》（出版地不詳：日本水產資源學會，1958），頁13。

29 不著撰人，〈渋沢栄一がスッポン事業　生け簀設け本場・石見物の養殖に乗り出す／東京〉，《讀賣新聞》，1890年4月19日，2版。

30 商店界社編，《家庭副業案內》（東京：商店界社，1928），頁191。

31 不著撰人，〈〔広告〕スッポン安売り　1斤3分2朱／東京・新橋　新金屋儀兵衛〉，《讀賣新聞》，1875年5月9日，2版；不著撰人，〈〔広告〕スッポンの缶詰／東京湯島　須戶クン之助〉，《讀賣新聞》，1884年3月8日，4版。根據該廣告，鱉分成三種方式出售，「一磅」售價一圓四拾錢、「半磅」七拾五錢、「小磅」四拾錢。

圖4-1　服部倉治郎養鱉場，圖片來源：服部倉治郎，《通俗
すっぽん料理》，〈前言〉。

日本鱉產有限，寄望從朝鮮、滿洲和臺灣輸入鱉以滿足市場。[32]
由於鱉食逐漸普及，坊間開始出現烹飪書籍教導家庭主婦如何
料理鱉食。1907年，明治時期料理研究家赤堀峯吉（1816-1904）
出版《日本料理法》，提到鱉屬於「養生食」，過去多給病人食用，
但隨著鱉食在民間逐漸普及，特別在書中介紹鱉的宰殺方法以
及料理種類，主要有「鱉煮」、「鱉佃煮」與「鱉茶碗蒸」三種。[33]

　　1909年服部倉治郎也出版《通俗すっぽん料理》，強調鱉的
滋補價值，尤其對貧血、痔疾、肝臟、肺臟與氣管病症極有功效，
並使用大量圖片詳細說明宰殺步驟，讓主婦熟悉鱉食料理。[34]此
外，山陰養鱉世家福田家族也說明宰殺鱉隻的訣竅，先砍鱉頭，
取生血一飲而盡，再以熱水注入鱉身，除去脂質薄膜。此程序
相當重要，因為這層薄膜是防止細菌侵入身體的保護層，累積
很多病菌，烹飪前務必除去，否則將影響鱉肉味道。有趣的是，
這一段說明與明代宋詡的《宋氏養生部》提到的殺鱉方式一樣，
均強調要除去鱉隻的「薄膜」以避免腥味，顯然日本的鱉食文化
受到中國的影響。[35]

　　就烹飪而言，服部倉治郎提出「鱉甘煮」、「鱉湯」與「鱉
茶碗盛」等料理法。「甘煮」或「佃煮」是日本傳統烹飪法，將
食材佐以砂糖、醬油、酒與味醂（類似米酒調味料，含甜味可去

---

32 青木三雄，〈スッポンの養殖〉，收錄於實業之日本社編，《鰻鱉の養殖法》（東京：
　　實業之日本社，出版年不詳），頁1。

33 赤堀吉松、赤堀峰吉、赤堀菊子共著，《日本料理法》（東京：實業之日本社發行，
　　1907），頁284-286。

34 服部倉治郎，《通俗すっぽん料理》（東京：東洋印刷株式會社，1909）。

35 福田博業，〈スッポンの話〉，頁18。

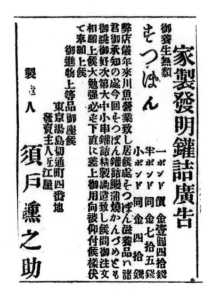

圖 4-2　東京湯島販售「鱉罐頭」商家，圖片來源：《讀賣新聞》，1884 年 3 月 8 日，4 版。

腥）一同熬煮，以味道濃郁取勝。其次是「鱉湯」，「粗製鱉湯」以鱉肉熬煮，起鍋前加入調味品添加風味，「精製鱉湯」強調鱉甲與腹部皆須入鍋熬煮。「茶碗盛」強調精緻佐料，加入鰹節、三葉、獨活（繖型科植物）、松茸、椎茸與茗荷一同烹製。烹飪中為了保存風味，服部強調最宜使用耐高溫的「今戶燒鍋」或「瀨戶引鍋」。[36]

　　簡言之，二十世紀以降，在服部倉治郎、福田家族與其他養鱉業者的努力之下，日本對於鱉的取得相對容易（從野生轉向養殖），鱉食消費亦逐漸普及。1895 年日本領臺後，臺灣野生鱉數量眾多，不僅讓佐倉孫三印象深刻，直呼「嗜之者，宜遊臺而

---

36 服部倉治郎，《通俗すっぽん料理》，頁 18-19。

圖4-3　宰殺鱉隻圖一，照片來源：服部倉治郎，《通俗すっぽん料理》，頁2-3。

圖4-4　宰殺鱉隻圖二，照片來源：服部倉治郎，《通俗すっぽん料理》，頁14-15。

一飽耳」，也成爲日後總督府殖產局進行臺灣鱉試驗的重要基地。

2.「臺灣鱉」的調查與試驗

　　近代日本對於「鱉」的需求量漸增，但受限於環境與氣候，本國供給量有限，因此日本嘗試從滿州、朝鮮與臺灣等地輸入鱉以供應國內需求。1895年日本領臺後，臺灣總督府進行各項水產試驗，「鱉」的養殖便是其中之一。大正年間，總督府殖產局技手宮上龜七完成〈本島產鱉輸送試驗報告〉，紀錄了1917年（大正6年）從臺灣運送鱉到日本的經過。

　　這篇試驗報告說明二十世紀初期，東京、大阪與京都等地的鱉食消費頗具規模。在鱉的來源方面，福岡南部的「筑後地區」以及被稱爲水都的「柳川」因氣候溫暖，有野生鱉蹤跡。此外，靜岡的「濱松」以及岡山東南部的「備前」（瀕臨瀨戶內海）有小規模養殖事業。然而，鱉從孵化到「成鱉」耗時五、六年，無法滿足迅速成長的消費市場，因此，日本從滿州、上海與朝鮮輸入鱉，尤以「朝鮮鱉」佔大宗。朝鮮鱉以兩種方式運送到日本：第一種是「直接販售」，將「成鱉」裝箱送至日本；第二種是「畜養後販賣」，將幼鱉送至日本養大後再銷售。[37]「朝鮮鱉」的例子鼓舞了臺灣總督府殖產局，因爲臺灣氣候溫暖，更適合養鱉，若養殖成功可大幅填補日本的消費市場。

　　1917年11月，臺灣總督府進行了第一次鱉輸送計畫，先

---

37 宮上龜七，〈本島產鱉輸送試驗報告〉，《臺灣水產雜志》30號（1918年6月），頁23-24。

將鱉彙整於臺中廳，
1918年4月送到桃園
「霄裡水產試驗所」，
以輪船「備後丸」運至
日本，航行時間約一
週。考量到運送過程
可能產生折損，總督
府特別留意裝箱細節，
採杉木製的輸送箱，
四壁穿孔保持空氣流

圖4-5　霄裡淡水養殖試驗場，圖片來源：
臺灣總督府殖產局，《臺灣水產要覽》第
561號（1928年9月）。

通，箱底鋪上木屑防止擦傷，將鱉分別送往大阪市北區中之島町
的「大阪川魚株式會社」、京都市西川原町的「藤居庄次郎」住
所、靜岡縣舞阪的「服部中村養鱉所」，以及東京市深川區石島
町的「服部倉次（治）郎」住所共四處。這次的運送結果令人非
常意外，鱉隻竟然全數死亡，經調查歸納出一些原因：包括衛
生不良、空間狹隘和旅途勞累。不過，最主要傷亡的原因是臺
灣「野生鱉」體質瘦弱、缺乏抵抗力。此次輸送計畫雖然失敗，
但總督府認為臺灣鱉甚具潛力，未來應結合本島與內地（日本）
業者共同合作，前者熟悉臺灣自然環境，後者負責養殖與運輸
計畫，期望將來能有好成績。[38]

　　1918年臺灣總督府殖產局進行「畜養池設置計畫」，這是臺
灣鱉從「野生」轉向「養殖」的關鍵。1919年（大正8年）3月26
日，《臺灣日日新報》以〈養鱉事業有望〉為題，報導臺灣史上

---

38 宮上龜七，〈本島產鱉輸送試驗報告〉，頁27、30-33。

首次成立養鱉會社：

> 今回彰化銀行坂本素魯哉氏一派之內地人及本島人八名
> 為發起，以資本金二萬圓，組織養鱉合資會社。該社訂自
> 本年開辦現正為設池諸工事。將先買集野生之鱉，放於池
> 而飼育之。然後移出於內地，移出期以九、十、十一、
> 十二、一之五個月為最好機。一個年可移出至一萬斤。本
> 島產鱉最多者為臺中廳下。雖日本島鱉比內地鱉為稍劣。
> 然比朝鮮則非常之優。故在神戶大阪地方，皆有大歡迎之
> 狀態，販賣上必無何障礙。且其輸送亦不費手。本島養鱉
> 事業之前途。當愈覺得有望。[39]

上述「彰化養鱉合資會社」由日本實業家兼銀行家「坂本素魯哉」
（1868-1938）與臺灣業者共同成立，資本五萬圓。坂本素魯哉來
自高知縣，1905年擔任彰化銀行經理，1920年擔任臺中州協議
員，對於臺灣中部事務相當熟悉。[40]透過臺灣與日本的合作，踏
出了臺灣鱉從野生邁向人工養殖的第一步。

　　在首次臺灣鱉運往日本的試驗中，發現「體質瘦弱」是致命
因素，因此總督府殖產局的當務之急是尋找合適的餌料，改善
臺灣鱉的體質。從1920年至1923年，殖產局使用不同餌料，包
括「鱶魚內臟」、「鰊粕」（鯡魚）、「蠶蛹」與「甘薯」，在「彰化

---

39 不著撰人，〈養鱉事業有望〉，《臺灣日日新報》，1919年3月26日，5版。

40 不著撰人，〈養鱉會社近況〉，《臺灣日日新報》，1919年5月22日 6版。大園市藏，
　　《事業界人物》（臺北：日本植民地批判社，1930），頁71。

養鱉會社」與桃園廳「霄裡水產試業所」進行試驗，觀察哪一種餌料能讓臺灣鱉的成長最好。[41] 由於靜岡縣濱松市的「服部中村養鱉場」曾使用高蛋白「蠶蛹」餵食鱉，臺灣養鱉試驗也仿效之，使用來自江浙與廣東的蠶蛹，品質好且價格低廉。[42]

除了「彰化養鱉會社」之外，1919 年嘉義廳農會派遣「北港公共團」團長曾席珍（1873-1953）提倡「鱉養殖業獎勵」，在北港一帶進行試驗。曾席珍出身嘉義，擔任過臺南州協議會員、嘉義廳參事以及北港街協議會員等職位，在地方上頗具聲望。不過，第一次的北港鱉池孵化試驗並不成功，1922 年，再度進行試驗，這次約有半數孵化，成績不錯。此外，鱉的養殖地點除了臺灣中部的彰化、北港之外，也延伸到高雄州鳳山、屏東與里港等地，當地水質良好且氣候溫暖，相當適合養鱉。[43]

到了昭和時期，延續大正時期的試驗計畫，在「運送」、「制度」、「餌料」與「疾病治療」各方面皆有長足進步。1928 年（昭

---

41 臺灣總督府於 1913 年設立「鹿港水產試業所」，同年也成立「霄裡水產試業所」，兩水試所均從事淡水養殖試驗。1921 年「霄裡水產試業所」改為「霄裡淡水養殖試驗所」。關於日治時期臺灣各地水產試驗所變遷，參考「行政院農委會水產試驗所官網」，2018 年 1 月 10 日檢索，https://www.tfrin.gov.tw/News.aspx?n=220&sms=9011。

42 不著撰人，〈養鱉好餌〉，《臺灣日日新報》，1920 年 9 月 28 日，5 版；臺灣總督府殖產局編，《淡水養殖試驗場第三報告》（臺北：江里口商會工場，1923），頁 33-36；臺灣總督府殖產局編，《淡水養殖試驗場第四報告》（臺北：小塚印刷工場，1924），頁 15-19；臺灣總督府殖產局編，《淡水養殖試驗場第五報告》（臺北：印刷工場，1925），頁 16-22。

43 柯萬榮，《臺南州名士錄》（臺南：臺南州名士錄編纂局，1931），頁 164；川上演，《臺南州概況》（臺南：臺灣日日新報社臺南支局，1923），頁 155-156；不著撰人，〈高雄鱉養殖〉，《臺灣水產雜誌》96 號（1924 年 1 月），頁 59。

和3年），總督府成功地將臺灣鱉送至東京與名古屋。[44]1929年（昭和4年），爲了更有效地發展水產事業，總督府整合各地水產試驗所，成立「臺灣總督府水產試驗場」，進行養鱉試驗。[45]此外，餌料試驗亦趨向多元，1934至1935年，水產試驗場「基隆本場」與「臺南支場」以「鹽拔黃花魚」、「鮒魚」與「田螺」作爲餌料，並從佐賀縣引進日本鱉，一同進行試驗。[46]疾病的預防也是昭和時期的養鱉重點，各養殖場投入「阿多福病」的預防與治療，這是成鱉經常出現的疾病之一，又稱「大脖子病」或「紅脖子病」，通常是水質不良加上鱉身上有傷口，病菌侵入體內之後引起脖子與咽喉紅腫充血，嚴重的會因口鼻出血而死亡。[47]1937年「臺南州水產會」出版《鼈的飼養方法》（鼈の飼い方），比較「日本鱉」和「臺灣鱉」的差異，並詳細記載養殖環境、餌料種類與疾病防治等事項，可看出日治時期臺灣的養鱉知識與技術已趨成熟。[48]總結來說，從〈本島產鱉輸送試驗報告〉（1918）到《鱉的飼養方

---

44 新竹州水產會，〈鱉輸送試驗成績〉，《臺灣水產雜誌》146號（1928年3月），4-7。

45 1929年臺灣總督府合併「基隆鰹節試驗工場」（1923年成立）、臺南「上鯤鯓鹹水養殖試驗場」（1918年成立）、「宵裡淡水養殖試驗場」（1913年成立）以及「凌海丸試驗船」（1909年建造），改稱為「臺灣總督府水產試驗場」。參考「行政院農委會水產試驗所官網」，2018年1月11日檢索，https://www.tfrin.gov.tw/News.aspx?n=220&sms=9011。

46 臺灣總督府水產試驗場基隆支場，《昭和九年度鱉養殖試驗報告》（臺南：臺南新報社印刷部，1936），頁49-59；臺灣總督府水產試驗場臺南支場，《昭和十年度養殖試驗報告》（臺北：盛進商事株式會社，1940），頁53-60。

47 葉重光與周忠英編著，《看圖學養鱉技術》（臺北：前程出版社，1996），頁220-221；葉重光與周忠英編著，《鱉病防治技術圖解》（臺北：前程出版社，1999），頁245-252。

48 臺南州水產會編，《鼈の飼い方》（臺南：頃安印刷部，1937）。

圖4-6　臺灣總督府水產試驗場「臺南支場」分室　產卵池。圖片出處：臺灣總督府水產試驗場，《臺灣總督府水產試驗場要覽》（臺北：臺灣總督府水產試驗場，1935）。

圖4-7　基隆市濱町水產試驗場及魚市場と七星丸，圖片來源：大塚清賢，《躍進臺灣大觀》（東京：中外每日新聞社，1937）。

法》（1937），二十年間臺灣的養鱉事業已有明顯進展。

3. 日治臺灣的鱉消費：「鱉食」與「鱉藥」

　　臺灣鱉除運送至日本外，亦出現在臺灣的酒樓宴席之中。
1903年，日人新樹在〈臺灣的宴席及料理〉提到「清湯鱉」（湯類）
與「燒紅鱉」（羹類）兩種。「清湯鱉」的烹飪方式為：將鱉與白
菜、豬肉燉煮，再加上醬油調味。「燒紅鱉」是以油煎鱉肉，再
與肉片與茭白筍烹煮。上述鱉料理的價格為何？比較菜單價目
表會發現，宴席菜餚中最貴的是「十錦魚羹鍋」（一圓二十錢），
其次是「清湯魚翅」（一圓），「清燉鱉」位居第三（80錢），「燒
紅鱉」（50錢）價位中等。[49]此外，日人片岡巖也記錄「清湯鱉」
的製法，先將鱉川燙，清除內臟並切成數塊，用豬肉、白菜、
椎茸、黑慈菇等熬製湯汁，加上鹽與醬油提味。[50]值得注意的是，
日治時期的鱉食料理多以蔥薑和酒去腥調味，加上其他食材（蔬
菜）煨煮，並未使用中藥入饌。由此可見，日人雖然在鱉食進補
上受到傳統中國的影響，但其實踐方式卻與漢人的鱉食菜餚有
所不同。

　　日治時期的臺灣仕紳也記載食鱉經驗，1917年（大正6年），
新竹仕紳黃旺成在日記中寫道，祭孔後餐會備有「燕、粉鳥（鴿
子）、金錢蝦、魚翅、乍毛（炸鰻魚）、鰲麵、布袋鴨、鱉、杏

---

49 新樹，〈臺灣の宴席及料理（乘第五拾號）〉《臺灣協會會報》54號（1903年3月），
　　頁23-26。

50 片岡巖，《臺灣風俗誌》（臺北：臺灣日日新報社，1921），頁256。

仁豆腐、蟹盒、燒雞。」[51] 1928年（昭和3年），臺中仕紳張麗俊
（1868-1941）與詩友餐敘，其菜餚有「燕窩、魚翅、燒鰻、炸鴨、
龍蝦、燉雞、炒鱉、鮑魚、海蜇、犀舌、豬腦等。」[52]此外，日治
時期位於大稻埕的知名酒樓「蓬萊閣」，其菜譜有魚翅、燕窩、
鮑魚、海參、鰻魚與蜇類等珍貴食材，並提供多項鱉類菜餚，
包括「紅燉鱉裾」、「火腿燉鱉」、「紅燉水魚」、「湯燉水魚」、「雞
腳燉鱉」、「白燒水魚」與「紅燉鱉飯」。[53]上述鱉食菜餚多以「閩
粵」方式烹飪，但鮮少見到漢藥入饌。綜合上文，可見鱉並非一
般家庭的日常性食物，而是出現於宴會場合的珍饌。

　　除了酒樓宴席的鱉料理外，以鱉治病的習俗也存在於臺灣社
會。1907年，《漢文臺灣日日新報》以〈鱉膽能解阿片毒〉報導
基隆八斗子漁戶兄弟爭執，弟吞食鴉片自盡，後由保正提供「鱉
膽」服用解毒。[54]1933年，醫家丁濟萬在《臺灣皇漢醫報》以〈龜
板鱉甲能治子宮內膜〉強調：「白帶」是古今女性常患病症且無
特效藥，由於「女子經事不調、五心煩熱、骨蒸盜汗，心神不寧，
飲食少思，或胸膛痞滿」，以「龜板鱉甲，治之獲熱。蓋其鹹寒
之性，能清內熱。其治子宮內膜炎，尤有特效。」[55]1933年，錢
壽林以〈眼花的研究和治療法〉強調「眼花是五臟六腑精氣不足，

---

51 黃旺成著，許雪姬主編，《黃旺成先生日記（六）》（臺北：中央研究院臺灣史研究
　　所，2010），頁190。

52 張麗俊著，許雪姬、洪秋芬、李毓嵐編纂，《水竹居主人日記（七）：一九二六至
　　一九二九》（臺北：中央研究院臺灣史研究所，2004），頁450。

53 林俊德，《支那料理蓬萊閣》（臺北：大明社，1930），頁22-23。

54 不著撰人，〈鱉膽能解阿片毒〉，《漢文臺灣日日新報》，1907年8月6日，5版。

55 丁濟萬，〈龜板鱉甲能治子宮內膜〉，《臺灣皇漢醫報》，1933年10月5日，頁43。

鱉甲眼珠能治一切的眼花」，「只要吃二三十對鱉魚的眼珠，眼睛就能變做光亮了。」[56] 1942年，臺南仕紳吳新榮在日記提到食鱉可「清心明眼」。[57]

　　大抵而言，日治時期鱉食消費可分成兩個面向：第一是「鱉料理」，多出現在宴席場合且價格不斐，烹煮多採日式與閩粵烹飪，甚少見到漢藥入饌。第二是「鱉藥」，源自漢人食療觀念，將鱉甲、鱉膽與鱉頭入藥，可治子宮疾病、眼疾與肺疾。

四、峰迴路轉：二次戰後臺灣養鱉業發展

1. 重新出發：1950到1990年代的養鱉業

　　戰後日人離臺，鱉試驗終止，養鱉業低迷。1965年（戰後首次出現鱉的養殖記錄）到1970年，養鱉業零星分布於西部縣市，年平均養殖面積僅10公頃，數量極少。[58]然而，坊間「鱉食進補」的食俗依舊存在，不過鱉隻數量稀少，因此鱉價昂貴，當時「一客甲魚，售價五六百，幾乎一桌菜價錢。」[59]為了增加市場鱉食需求，政府鼓勵發展養鱉成為「家庭副業」，1965年《聯合報》

56 錢壽林，〈眼花的研究和治療法〉，《臺灣皇漢醫報》，1933年11月5日，頁39-40。

57 吳新榮，《吳新榮日記全集1942（6）》（臺南：國立台灣文學館，2008），頁73-74。

58 臺灣省農林廳漁業局編，《臺灣地區漁業年報》（民國56年到59年版）。1965年鱉第一次出現在漁業年報養殖面積統計數字內，且甲魚苗數量與其價值也第一次出現在年報內。臺灣省農林廳漁業局編，《臺灣地區漁業年報》（臺北：臺灣省農林廳漁業局，1969），頁188、207。

59 不著撰人，〈一客甲魚　售價五六百　幾乎一桌菜價錢〉，《聯合報》，1964年10月4日，7版。

載「養鱉已成南部部分公教人員的家庭副業，可增加收入。」[60]

　　爲了發展養鱉業，戰後各水產試驗所的水產專家開始進行調查，1961年，余廷基發表的〈臺中甲魚養殖調查〉是戰後較早的養鱉調查。1962年，應德壽針對臺中林萬壽、沙鹿陳維舟與黃正瀛、鹿港郭樹榮以及「桃園榮民魚殖處」進行調查，認爲養鱉深具發展潛力。1965年，毛正方在《豐年》強調鱉飼養三年即可上市且利潤高，是值得發展的農家副業。[61]除了調查鱉的養殖情況外，戰後水產專家多透過翻譯日人著作來推廣養鱉知識，例如余廷基翻譯日人川崎義一與石崎昭二等人的研究成果，鄧火土翻譯日本水產廳編輯的《魚病診斷指針》。[62]

　　1970至1985年左右，彰化縣養鱉面積居全臺之冠，該地自清代以來即有鹹水養殖，且日治時期設有「鹿港水產試驗場」，戰後設有「臺灣省水試所鹿港分所」，在鹹水、淺海與淡水等養殖領域皆相當出色。[63]1970年代初期，國內鱉食市場仍然有限，

---

60 許可，〈養鱉經驗談〉，《聯合報》，1965年5月1日，16版；許可，〈高縣養鱉副業鼎盛〉，《聯合報》，1963年8月3日，6版；何凡，〈養鱉〉，《聯合報》，1964年10月5日，7版。

61 余廷基，《臺中甲魚養殖調查》（基隆：臺灣省水產試驗所印行，1961），頁1-8；應德壽，〈甲魚（鱉）養殖調查〉，《中國水產》122期（1963年2月），頁18-22；毛正方，〈新興家庭副業，農家養鱉〉，《豐年》15卷12期（1965年6月），頁21-25。毛正方是江蘇連雲人，畢業於連雲水產學校，來臺後任職於相關水產機構。

62 余廷基，〈養鱉〉，《漁牧科學》3卷11期（1976年4月），頁33-34；余廷基翻譯，〈甲魚（鱉）之養殖（一）〉，《漁牧科學》5卷1期（1977年6月）頁29-31；余廷基翻譯，〈甲魚（鱉）之養殖（二）〉，《漁牧科學》5卷3期（1977年8月），頁72-73；余廷基翻譯，〈甲魚（鱉）之養殖（四）〉，《漁牧科學》5卷5期（1977年10月），頁38-40；鄧火土，〈鱉的疾病〉，《漁牧科學》4卷6期（1976年11月），頁47-48。

63 余廷基，〈臺灣省水產試驗所鹿港分所簡介〉，《漁牧科學》4卷2期（1976年7月），頁89-93；江麗英，〈彰化縣沿海地區養殖漁業的發展過程〉（臺北：國立師範大學地理研究所碩士論文，1991），頁15-104。

因為家庭主婦不諳料理方式，購買意願不大，加上鱉價不穩定以及政府輔導有限。[64] 在此情況下，「彰化縣養鱉合作社」積極尋求出路，強調「鱉甲」、「鱉血」與「鱉膽」皆可提煉成中藥，股東亦在臺北開設「臺灣名鱉館」專售鱉食料理。[65] 臺灣業者更一度想將鱉銷往日本，遺憾的是，1980年代中期臺灣鱉曾集體感染沙門氏菌與霍亂弧菌，重挫養鱉業，連帶影響外銷市場。[66]

　　總結來說，1950至90年代臺灣養鱉發展可歸納成下列幾點：第一，彰化縣居重要地位，其中「彰化養鱉合作社」與「鹿港水試所」扮演關鍵推手。第二，臺灣省水試所水產專家一方面調查養鱉事業，另一方面翻譯日文養鱉研究，推廣養鱉知識。第三，臺灣鱉以內銷為主，部分外銷日本，但發生細菌感染導致外銷受挫。

2. 鱉的魔力：「馬家軍效應」與1990年代養鱉業

　　1980年代中期，臺灣養鱉業受霍亂弧菌重挫，養殖數量漸少，以1993年為例，該年養殖總面積僅22.68公頃（其中屏東最多，佔13.5公頃）。然而，90年代初期受到中國「馬家軍效應」

---

64 黃渝洲，〈甲魚銷路打不開價格提不高　這一新興行業亮紅燈　業者分析原因提出四點自救之道〉，《經濟日報》，1971年11月15日，9版。

65 不著撰人，〈養鱉臺灣是最理想的地區　成本不高而利潤行厚〉，《經濟日報》，1971年9月13日，6版；不著撰人，〈臺灣名鱉館九折優待〉，《經濟日報》，1971年12月21日，8版。

66 不著撰人，〈大家不要再吃鱉！〉，《聯合報》，1985年3月10日，3版；不著撰人，〈合乎衛生條件的鱉之生產與外銷〉，《養魚世界》8卷6期（1984年6月），頁12。

影響，臺灣養鱉業逐漸回溫。1995年，養殖總面積成長至108.59公頃（屏東縣佔76.41公頃），[67]到了1998年，養殖總面積已高達352.08公頃（屏東縣佔203.96公頃），攀上戰後最高峰。爾後雖逐年下降，但仍維持在200公頃左右。

　　影響1990年代臺灣養鱉業發展的關鍵因素是「馬家軍效應」。1990年代初期，中國剛歷經天安門事件，政治氣氛保守，來自東北遼寧的馬俊仁教練率領女子長跑田徑隊屢在國際比賽獲獎，中國大肆宣傳，藉此轉移政治焦點。當被問及為何有如此佳績，馬家軍成員宣稱長期服用鱉肉、鱉精、海馬、人參與鹿茸酒等補品，導致體力大增。此消息一出，中國各地對於鱉隻需求遽增，鱉價也水漲船高，但養鱉技術未臻成熟，因此中國業者將眼光轉向臺灣，希望從臺灣進口鱉隻填補消費市場。受到中國市場的刺激，臺灣原本沉寂已久的養鱉業逐漸活絡起來。由於中國對鱉隻需求量遽增，許多養鰻業者與政治人物也紛紛投入養鱉行列，造成養鱉事業一片大好。[68]不過，到了2000年左右，「馬家軍」被揭發其實是服用禁藥，而非藉由「傳統動物性漢藥」增強體力。

　　1995年，《聯合晚報》報導「中華鱉征服對岸，身價翻兩番。馬家軍效應，去年大陸同胞吃了400萬台斤。冬令腳步近，現在

67　臺灣省農林廳漁業局編，《中華民國臺灣地區漁業年報》（1993），頁259-304、335。該年度鱉苗數量28,000尾，價值約新臺幣193,000元；臺灣省農林廳漁業局編，《中華民國臺灣地區漁業年報》（1995），頁250-295、326。該年度鱉苗數量3,213,000尾，價值約新臺幣229,915,000元。

68　蕭衡倩，〈曾振農：只是看看而已。帶人參觀養殖業，鱉苗是朋友託他打聽的〉，《聯合晚報》，1995年6月6日，3版。

每斤850，預計會漲破千元」，[69]同年，《中國時報》報導宜蘭礁溪受到大陸馬家軍吃鱉養生影響，許多人投入養鱉，帶動銷路長紅。[70]當時臺灣初期以「成鱉」與「鱉苗」（幼鱉）運送至中國，但考量運送過程折損率高，遂改以運送「鱉苗」與「鱉蛋」，其中在中國孵化的鱉蛋稱爲「當地苗」。

鱉價具體反應鱉隻熱銷情況，1995年《中國時報》報導屏東潮州與內埔等地受到「馬家軍」影響，鱉苗與鱉肉價錢均創歷史新高，一顆鱉苗從10元漲55元，市面上「鱉爐」（鱉火鍋）每台斤高達1280元。[71]根據「臺灣甲魚協會」秘書長張中信表示：1995到2000年之間鱉價最高，成鱉每台斤約800元，一顆鱉苗約80元。彰化魚苗寮養鱉業者李益水也說明：戰後臺灣鱉價最高點落在1995到2000年，一顆鱉苗約85至90元。[72]「馬家軍效應」造成鱉價狂飆，部分業者走私鱉隻到中國販售，高屏地區業者也發生多起震驚社會的偷鱉事件。[73]

簡言之，從漁業統計、報紙雜誌與訪談資料均顯示：1990年代中國「馬家軍效應」意外刺激臺灣養鱉業復甦。在此事件之前，「成鱉」（又稱「菜鱉」）是臺灣鱉食消費主流；此事件之後，臺灣業者積極培育「鱉苗」與「鱉蛋」，銷售改以中國市場爲主。

---

69 邱佩玲，〈中華鱉征服對岸，身價翻兩番。馬家軍效應，去年大陸同胞吃了400萬台斤，冬令腳步近，現在每斤850，預估會漲破千元〉，《聯合報》，1995年9月19日，5版。

70 不著撰人，〈大陸馬家軍養身傳聞，帶動銷售一路旺〉，《中國時報》，1992年2月22日，13版。

71 曾俊彰，〈鱉苗價格創新高〉，《中國時報》，1995年4月8日，15版。

72 訪談張中信先生，2017年5月28日；訪談李益水先生，2017年5月28日。

73 吳豔紅，〈台灣鱉浮沉錄〉，《中國時報》，1996年10月20日，18版。

3. 群聚效應：1990年代至今的養鱉環境

　　1990年代之前，臺灣養鱉重鎮是「彰化縣」，爾後養鱉重心轉移到「屏東縣」（以屏北爲主）。主要原因有二：第一，當地先天條件優良，氣候溫暖日照充足，日治時期已有水產發展，戰後政府成立「東港生技研究中心」。第二，美濃鍾家扮演屏北地區養鱉發展的關鍵推手。1960年代，美濃鍾兆龍與鍾麟發叔姪二人將捕獲野生鱉進行人工繁殖，十分成功，一天可售3000隻左右，當時全臺鱉苗約有八成來自美濃鍾家，而鍾家養鱉事業成功也吸引業者投入養殖。[74]美濃與屏北里港、九如、萬丹與內埔距離甚近，「馬家軍事件」發生前，屏北業者即向美濃鍾家購買鱉苗養殖，「馬家軍事件」發生後，鱉苗需求量遽增，美濃與屏北兩地業者在養鱉發展上相互合作，成爲目前臺灣養鱉業最重要的地區。

　　「馬家軍效應」也帶動屏北其他行業者投入養鱉。屏東市謝明財於1970年代投入養鰻相當成功，受馬家軍事件影響轉成養鱉，目前由第二代謝育諮經營，仍以鱉蛋銷售中國爲主，但鱉價高峰已過，轉向研發生技補品，包括鱉粉、鱉膠囊、狗啃骨頭（鱉甲製成）以及鱉隻生態教育。原本經營高爾夫球具的林文明也受到馬家軍影響投入養鱉，早期以鱉苗輸出中國，目前以鱉蛋爲大宗，近來中國養鱉技術成熟，臺灣優勢不再，林文明改與嘉南藥理大學合作開發「顧力多」甲魚飲品。「馬家軍效應」也造

---

74 訪談鍾瑞松先生，2017年5月28日。鍾瑞松爲鍾麟發家族第三代。鍾兆龍與鍾麟發投入養鱉甚早且相當成功。目前鍾兆龍家族由第二代鍾源鳳經營「加捷生技公司」（鱉生技研發），鍾麟發家族由第二代鍾錦源經營養鱉。

福早期投入養鱉的業者，來自里港的胡擇東與美濃鍾家熟識，早在1977年即投入養鱉，第二代胡國裕亦受到馬家軍影響投入養鱉，在內埔、新園與美濃均有鱉池。屏東萬丹陳金木家族於日治時期種植煙草與稻作，以養鱉與養鰻為副業。90年代初期，第二代與第三代投入養鱉，第二代陳國川與友人合資在廣東海豐購地養鱉，由於土質過鹹，結束鱉業回到臺灣。第三代陳志遠曾赴廈門經營鱉業，將臺灣鱉苗銷售至中國各地，目前回到萬丹從事鱉業。[75]

簡言之，1990年代「馬家軍效應」劇烈改變臺灣養鱉生態，一方面刺激養鱉業復甦，另一方面也創造出戰後臺灣鱉黃金時期（1995-2000）。就養殖區域而言，高雄美濃與屏北地區受益於優渥的天然環境，在養殖技術上亦相互學習，形成群聚效應，是目前臺灣最重要的養鱉地區。

4. 回歸食療：戰後臺灣的鱉消費

戰後臺灣鱉兩度外銷，首次是1980年代輸往日本，後因「霍亂弧菌」終止；第二次是1990年代「馬家軍事件」銷往中國。除此之外，業者養鱉多供國內消費。相較於其他水產，鱉在戰後臺灣的消費光譜上一直處於模糊角色，既無法如經濟水產（魚蝦貝類）提供多功能消費（一般消費、加工與外銷），一般民眾對鱉的認識也僅停留在「昂貴滋補」的刻板印象。不過，可確定的

---

75 訪談謝明材先生、謝育語女士，2017年5月27日；訪談林文明先生，2017年5月27日；訪談胡國裕先生，2017年5月27日；訪談陳志遠先生，2017年5月29日。

是，戰後臺灣的鱉食消費回歸漢人食補文化，與日治時期烹飪方式大相逕庭。

戰後初期，雖有報導強調「鱉性滋陰涼血，為肺病特效藥，也是高級滋補食品。」[76]但當時鱉隻量少價昂，日常生活不容易嚐到。到了1970年代，「彰化縣養鱉合作社」積極推廣鱉消費，股東親自開設「臺灣名鱉館」，推出「紅燒炒鱉」、「雞肚鱉」、「清燉補鱉」、「四物補鱉」、「鱉血加膽」與「鱉血」，[77]鱉食多搭配中藥入饌。此外，「彰化縣養鱉合作社」也開發「酒浸鱉蛋」，強調「天然鱉蛋經過洗潔、乾燥，然後放在玻璃瓶內，浸高梁酒，經過兩個月以上而製成」，且「豐富營養，可以強身。」[78]遺憾的是，鱉食消費雖有「彰化縣養鱉合作社」與相關單位持續推廣，但長久以來缺乏產銷平臺，再加上家庭婦女不諳宰殺與烹飪，因此，鱉食甚少進入家庭飲食，多出現於坊間鱉食專賣店。

鱉食專賣店提供鱉肉、鱉血與鱉膽，部分店家甚至結合蛇與特殊山產一起販售，以「現場宰殺」的方式吸引顧客，既可滿足顧客好奇心，亦強調新鮮鱉食進補強身。位於臺中的「勝林鱉大王」就屬「鱉食專賣店」，料理包括「藥膳燉鱉」、「十全鱉」、「香菇鱉」、「紅燒鱉」與「三杯鱉」等品項。宰殺後，立刻取出

---

76 先孚，〈供不應求養鱉談（上）〉，《徵信新聞報》，1964年12月5日，7版。

77 不著撰人，〈商場百景燒燉甲魚定價供應名牌鏡片七折優待〉，《經濟日報》，1971年11月15日，9版。

78 不著撰人，〈彰化縣養鱉合作社供應加工天然鱉蛋，徵香港及新加坡總經銷〉，《經濟日報》，1979年12月27日，9版；不著撰人，〈天然鱉蛋，陽奇代理〉，《經濟日報》，1981年1月18日，9版。

圖4-8　清酒鱉蛋，圖片來源：郭忠豪拍攝。

圖4-9　清燉鱉湯，圖片來源：郭忠豪拍攝。

鱉血與鱉膽加入米酒生飲。[79]

　　1976年成立於華西街的「亞洲鱉蛇專賣店」亦屬專賣性質，老闆娘吳佩芬說明，開業初期鱉食不普遍，80年代日本觀光客是主要客群。為了吸引顧客，該店也曾現場宰殺鱉蛇，近來因政府制訂「動物保護法」，表演性質的宰殺已不復見。此外，有相當比例的顧客相信吃鱉具「滋陰補陽」效果，該店生意興旺與寶斗里娼妓業關係緊密，1990年代末期臺北市長陳水扁大力掃黃，寶斗里娼妓業每下愈況，連帶也影響鱉食生意。在鱉食消費上，該店強調鱉可「涼血、滋陰、強肝與降火」，烹飪時加入當歸、川芎、黨參與熟地等藥材，製成藥燉鱉、生炒三杯鱉與漢藥鱉火鍋。[80]

　　另有店家以「野生鱉」為賣點，龔詩源於1991年在臺北正氣橋下（現已拆除）開設「臺灣野生鱉」，強調野生鱉捕自宜蘭員山，並以「燉鱉」料理為主流。[81] 1990年代，「馬家軍」不僅活絡養鱉業，同時亦帶動食鱉風氣。過去鱉食消費多局限在「專賣店」，此後坊間海產店也可見到鱉食，例如，花蓮玉里海產店提供鱉食，價錢高昂與龍蝦不相上下。[82]臺中豐原「漁村平價海鮮」也提供藥膳鱉雞、三杯鱉、鱉血與鱉膽等料理。[83]

---

79 鄭文正，〈中華鱉美食飄香到東瀛〉，《聯合報》，2004年1月16日，B4版。

80 訪談吳佩芬女士，2017年7月17日。

81 訪談龔詩源先生，2017年7月17日。

82 不著撰人，〈鱉價高漲，後市看好，飼養人準備繁殖大撈一筆〉，《中國時報》，1995年5月11日，14版。

83 游振昇，〈好吃的店，吃鱉，內行人上「漁村」，現宰現煮三杯鱉肉質嫩藥膳鍋味道鮮〉，《聯合報》，2006年2月25日，C3版。

圖4-10　鱉食消費廣告，圖片來源：郭忠豪拍攝

　　1990年代後，鱉食進補趨向多元，除了專賣店與海鮮店，坊間出現藥膳專書介紹鱉有滋陰潛陽、益腎健骨與涼血等功效，亦可搭配中藥製成煎劑、散劑與成藥。[84]藥膳書籍結合傳統中醫與現代營養學，說明鱉食成分（包括蛋白質與氨基酸）與禁忌（不宜與莧菜、兔、鴨、芥子與薄荷同食），並附上料理食譜簡介，將鱉食推廣到一般家庭。[85]此外，為使鱉食烹飪更加便利，農委

84 不著撰人，〈甲魚的食療〉，《養魚世界》16卷5期（1992年5月），頁138。

85 家庭百科叢書編譯組編著，《中國補品大全》（臺北：國家出版社，1990），頁233-240；彭銘泉主編，《藥膳食譜》（臺北：莒光印刷事業有限公司，1988），頁315-316。

會、臺灣甲魚養殖協會與業者共同研發「冷凍鱉調理包」，以鱉肉搭配中藥包開發家庭市場。[86] 此外，養鱉業者亦結合江浙餐館提倡鱉菜餚，[87] 知名飯店也推出「日式鱉料理」，強調「日本食鱉堅持原味，只用火鍋料理。」[88] 近來懷

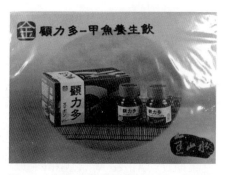

圖4-11　顧力多鱉精，圖片來源：郭忠豪拍攝。

舊風盛行，傳統酒家菜餚「雞仔豬肚鱉」也出現在臺菜餐館。[89]

　　由於中國養鱉技術成熟，臺灣優勢不再，促使業者思考轉型，屏東謝家研發的「鱉粉膠囊」，屏東林文明與嘉南藥理大學一起研發「顧力多甲魚養生飲」（鱉精），以及美濃鍾祥鳳家族與外資合作的「穆拉德加捷生技股份有限公司」，也積極開發鱉食生技產品。此外，屏東的龍丞科技公司也針對鱉的營養成分開發出一系列的養生產品，包括甲魚精、甲魚油、甕中鱉活力飲、鱉鹿二仙精、甲魚精粉、甲魚料理包、甲魚蛋釀以及甲魚相關化妝品。值得強調的是，今日業者除了強調鱉具有傳統食補效

---

86 不著撰人，〈冷凍加工甲魚營養衛生，歡迎民眾多加食用〉，《漁友》24期（1997年12月），頁7。

87 王淑瑛，〈冬令進補，大家來吃鱉，冷凍申魚上市，一般家庭也能享用，據說能滋補養生的美食〉，《民生報》，1997年12月22日，41版。

88 錢嘉琪，〈醋動味蕾炸開春食欲日本料理菜單甲魚、醋酢都迷人〉，《民生報》，2000年2月25日，35版。

89 陳景寶，〈雞仔豬肚鱉補喔〉，《聯合報》，1999年12月18日，20版。

用外，透過醫學分析鱉的營養成分，包括胺基酸、磷脂質、泛酸、葉酸、蛋白質、維他命群、鐵與磷等。[90]

五、小結：鱉在東亞飲食的重要性

　　經過長時間的變遷與跨域交流，更能彰顯出食物的多元性，克羅斯比（Alfred W. Crosby）以「哥倫布大交換」（Columbian Exchange）說明歐洲舊世界與美洲新世界之間，食物、動物、植物與疾病跨域交流的複雜性。[91]敏茲（Sidney W. Mintz）透過「大西洋三角貿易」（西非人力、加勒比海產地、倫敦消費市場）的考察，論證「糖」從歐洲皇室奢侈品轉為近代普及消費品的過程。[92]西班牙帝國將「菸草」和「可可」從美洲運回歐洲，日後成為全球性重要的消費產品。[93]「鱉」在東亞世界的特殊性雖不若「哥倫布大交換」那麼廣泛，也不像「糖」、「菸草」與「巧克力」等食品曾在全球歷史上扮演重要角色，但本文認為「鱉食進補」也是跨域交流的一個有趣例子，透過中國、日本與臺灣的發展脈絡，彰顯了鱉在近代臺灣的重要性與特殊性。

　　傳統中國醫書在「以形補形」與「陰陽五行」邏輯下，記載

90　訪談康惠哲先生，2021 年 12 月 10 日。

91　Alfred W. Crosby, Jr. *The Columbian Exchange: Biological and Cultural Consequences of 1492.* Westport, CT: Praeger Publishers, 2003.

92　Sidney W. Mintz. *Sweetness and Power: The Place of Sugar in Modern History.* New York: Penguin Books, 1986.

93　Marcy Norton. *Sacred Gifts, Profane Pleasures: A History of Tobacco and Chocolate in the Atlantic World.* Ithaca, NY: Cornell University Press, 2008.

鱉屬極陰，可滋陰潛陽、涼血、健骨、補氣與補肺，可治療男女久痢、脫肛與婦女漏下等疾病，上述觀念影響中國、日本與臺灣的食鱉進補習俗。傳統日本受中國本草影響，視鱉爲補氣強身的珍貴食物，然而數量有限，僅少數人得以享用。明治政府提倡「殖產興業」，總督府致力於臺灣鱉的人工養殖，寄望填補日本鱉食市場。戰後國府遷臺，過去「臺灣養殖，日本消費」的供需鍊斷裂，臺灣鱉業陷入低迷，僅以農家副業形式存在。1980 年代曾一度開拓日本市場，卻因霍亂弧菌導致輸日計畫失敗。1990 年代，中國「馬家軍」強調食鱉補氣強身，意外地刺激臺灣養鱉業的全面復甦。

臺灣社會一直存在「鱉食進補」觀念，但實踐方式趨向多元發展。清代臺灣僅有零星鱉食消費，日治時期鱉屬珍貴料理，多在酒樓宴席出現，烹飪方式以清淡湯煮呈現，坊間相信鱉可入藥治療眼疾與婦疾。二次戰後，鱉食回到漢人藥補脈絡，以藥燉、四物與十全方式出現於專賣店、海產店與小吃店。爾後業者研發「鱉食冷凍包」，並配合藥膳書籍，逐漸打開消費人口。近來臺灣步入高齡社會，保健議題受到重視，業者又研發鱉粉、鱉精與鱉油，開發更多消費者。

總結來說，作爲食品的鱉雖屬漢藥食療文化範疇，然而日人的喜好、資金與技術的介入，以及中國的「馬家軍效應」改變了臺灣鱉的生產與消費方式，進而改變了漢藥傳統中固有的食補風貌。

● 鱉肉菜餚食譜

栗子甲魚

■ **材料**：活甲魚（約一斤半）一隻、油 五湯匙、豬肉（前腿）三兩、蔥屑 二湯匙、薑屑 一湯匙、冬菇 五朵、酒 二湯匙、乾栗子二十粒、清湯 三杯半、醬油 四湯匙、冰糖 二湯匙 醬色 一茶匙、胡椒粉 少許、麻油 半湯匙 青蒜（或蔥）一支

■ **烹飪方式**：

1. 將整隻殺好之甲魚投入滾水中燙約三分鐘，取出後，用刀刮淨表皮與邊沿之白色部分，並加以刷洗乾淨。剖開甲魚肚皮挖出內臟，連殼斬切成十二塊，再在開水中川燙一次，並用冷水沖淨，摘除甲魚肉縫及腳部之黃油，並斬棄指甲，裝在小盆中，注入一湯匙酒及清湯一杯半蒸半小時。

2. 在炒鍋內燒熱四湯匙油後，炒一下肉片與冬菇，並放蔥、薑屑爆香，再將甲魚塊落鍋，淋下酒與醬油，另注入清湯二杯，蓋上鍋蓋燒煮二十分鐘，加入已泡過又煮軟之栗子並放下冰糖與醬色，再燒煮至湯汁僅剩半杯為止（約十分鐘）。

3. 用濕太白粉少許勾芡並淋下一湯匙熱油及麻油拌云，撒下切絲之青蒜（或蔥絲），慢慢推入大盤中上桌即可。

> 註：殺甲魚之方法—將活甲魚腹部朝上放置在菜板上，用一隻筷子插在甲魚嘴裡，當其咬緊筷子時，用力向外拉出，見甲魚之頭頸全部伸出來時，即用刀由頸根處斬下，並將甲魚之血接入一個飯碗內留用。

> 資料出處：傅培梅編著，《培梅食譜》第三冊，（臺北：傅培梅，1979），頁42。

冰糖元菜

- **食材**：甲魚一隻（約一斤半重），冬筍一隻，大冬菇一個，冰糖二兩，青蒜一隻，蔥、薑、醬油、酒、生抽等酌量。

- **烹飪作法**：

  1. 甲魚殺好後，在開水中燙過，趁機刮去外衣，刮開腹部挖除內臟，再行洗淨。

  2. 冬筍切滾刀塊，大冬菇以溫水泡軟，去蒂、切小塊，青蒜切絲備用。

  3. 起油鍋燒熱三、四湯匙油，先爆蔥薑，即放下整隻甲魚及筍塊、冬菇等，淋下酒一湯匙及冰糖胡椒粉等落鍋，並注入約兩碗水，用中火燒半小時左右，至汁將收乾時，淋下麻油，撒下青蒜絲，即可裝盤。

- **附註**：

  1. 殺甲魚有特殊方法，不是一般家庭主婦都會，故買時可請賣甲魚者殺好，取回自行燙煮刮洗。唯據說甲魚血很滋補，可帶一小杯取回甲魚血飲用。

  2. 此菜由方國忠示範。

  資料出處：傅培梅，《電視食譜 增訂合編本》（臺北：電視周刊社，
  　　　　　1972），頁208。

第 **5** 章

傳說與滋味：追尋臺灣
「三杯雞」之變遷

一、「三杯雞」的歷史之謎

　　「三杯雞」是今天臺灣街頭巷尾耳熟能詳的家常菜餚，舉凡便當、自助餐、臺菜餐廳、土雞城，甚至大飯店均可嘗到它的滋味。三杯雞的食材與製法相當簡單，將生雞肉川燙後，再以蒜頭、薑片、辣椒與九層塔等配料炒香，添加醬油、米酒與麻油烹調，最後以特製砂鍋端出，鍋蓋打開之際香味四溢，食客莫不爭相舉箸一嘗。

　　坊間普遍將三杯雞視為臺灣料理，海外的臺菜餐館也都提供三杯雞菜餚，例如紐約法拉盛（Flushing）的「北港臺菜」、「故鄉臺菜」與「66海之味」等臺菜館都提供道地的三杯雞，但中餐館卻甚少出現三杯雞，顯示不論是臺灣或是海外，「三杯雞」確實被認為是臺灣菜。

　　不過，若追尋「三杯雞」的由來，戰後臺灣的報章雜誌與飲食書寫多認為該菜餚源自中國，有的說是江西，有的說是山東，也有人認為是北方菜。然而，如果三杯雞真是中國菜餚，為何演變成今日大家所熟悉的臺灣料理呢？又或者，三杯雞其實是道地的臺灣本土菜餚，只是過去沒有人對其由來與發展脈絡進行釐清與書寫？

　　2014年美國上映一部非常有趣的紀錄片 *The Search for General Tso*，該片考察美式中餐「左宗棠雞」的出現脈絡，經過抽絲剝繭的尋訪，原來這道菜餚是戰後臺灣「彭園餐館」的老闆彭長貴先生所創造，爾後在美國中式餐館大受歡迎。本章以「追尋三杯雞」為名，帶領讀者來一趟考察三杯雞來源與變遷的旅程。

1. 來自江西的「三杯雞」？

　　就三杯雞的來源，戰後臺灣相關之記載首次出現於1956年，由金少玉主編的《中菜集錦》食譜第十一類「燜」範疇下，有一道名為「三杯雞」的菜餚，但未說明源自何處。烹飪專家黃淑惠在其編纂的《中國菜》食譜內，將「三杯雞」列為「北方菜」，作家唐魯孫則認為「三杯雞」來自「山東」。[1]

　　如果查閱戰後報章文獻有關三杯雞起源，最多人提到來自江西，並與南宋文天祥相互嫁接，其說法是文天祥（江西吉水人）被元軍俘虜後，宋朝百姓感念文氏忠心，烹飪雞肉送至獄中給他補身，成為三杯雞的由來。[2]上述說法大抵是紀念文天祥的忠孝節義，再加以杜撰虛構。事實上，中國不乏將特定菜餚與名人連結的例子，藉此增加菜餚的傳奇性，例如南宋名將宗澤率兵抗金並發明了「金華火腿」，但這類說法缺乏考證，可信度不高，只能添加餐桌上的趣味性。

　　另有一些文獻提到三杯雞來自江西，但未提到文天祥，也未提供相關佐證資料，例如1961年《徵信新聞報》（《中國時報》前身）有一篇〈白椒魚與三杯雞〉的文章，署名「波」的作者提到這兩項菜餚均來自江西。作家焦桐在《味道福爾摩莎》提到「三

1　金少玉，《中菜集錦》（宜蘭：金少玉出版，1956），頁99-100；黃淑惠，《中國菜》第二冊（臺北：味全出版社，1974），頁76；唐魯孫，《大雜燴：唐魯孫系列》（桂林：廣西師範大學 出版社，2004），頁174。

2　梁迎詳，〈祭奠英雄的三杯雞〉，《中國食品》1期（1985年），無頁碼；張彩平，〈寧都三杯雞〉，《藥膳食療研究》6期（2000年），頁6；不著撰人，〈名菜來歷：三杯雞與文天祥有關〉，《女性天地》4期（2002年），頁54；葉青，〈三杯雞的來歷〉，《食品與健康》2期（2002年），頁12。

杯雞」是「一道經典的贛菜」，作家朱振藩也提及曾在嘉義縣鹿草鄉的「和樂食堂」嚐到「三杯田鼠」，該菜餚是從江西名菜「三杯雞」演變而來。[3] 不過，上述文獻都沒有提供佐證資料。

再進一步調查，倘若三杯雞真源自江西，那麼「地方志」應有所記載，但使用《中國方志庫》電子資料庫搜尋明代以降至民國時期的資料，並沒有看到任何有關「三杯雞」的記載。因此，從以上幾個面向來看，若說這道菜餚源自江西確實令人存疑。[4]

2. 元、明、清食譜中的雞肉菜餚

傳統中國食譜多由文人撰寫，內容包括食材種類、烹飪方式、菜餚特色與飲食評論。倘若三杯雞真與南宋文天祥（江西吉

3　波，〈「白椒魚」和「三杯雞」〉，《微信新聞報》，1961 年 1 月 17 日，8 版；焦桐，《味道福爾摩沙》（臺北：二魚出版社，2015），頁 371-373；朱振藩，〈食鼠趣〉，《聯合文學》279 期（2008 年 1 月），頁 44-49。

4　檢索愛如生數據庫的《中國方志庫》，包括：明代嘉靖《東鄉縣志》、《豐乘縣志》、《贛州縣志》、《贛州府志》、《廣信府志》、《江西通志》、《九江府志》、《南康縣志》、《寧州志》、《鉛山縣志》、《瑞金縣志》、《武寧府志》、《永豐府志》、《江西省大志》，正德《瑞州府志》與《袁州府志》。清代康熙《瑞金縣志》，乾隆《蓮花廳志》與《石城縣志》。道光《浮梁縣志》與《瑞金縣志》，光緒《撫州府志》、《吉水縣志》、《江西通志》，同治《安義縣志》、《安遠縣志》、《德安縣志》、《德化縣志》、《定南廳志》、《東鄉縣志》、《都昌縣志》、《分宜縣志》、《豐城縣志》、《奉新縣志》、《贛縣志》、《贛州府志》、《高安縣志》、《廣昌縣志》、《廣豐縣志》、《廣信縣志》、《貴溪縣志》、《湖口縣志》、《建昌府志》、《進賢縣志》、《九江府志》、《樂安縣志》、《樂平縣志》、《臨川縣志》、《臨江府志》、《南安府志》、《南昌府志》、《南城縣志》、《南康府志》、《彭澤縣志》、《萍鄉縣志》、《鉛山縣志》、《饒州府志》、《瑞昌縣志》、《泰和縣志》、《萬安縣志》、《武寧縣志》、《峽江縣志》、《新淦縣志》、《新建縣志》、《新喻縣志》、《星子縣志》、《興國縣志》、《弋陽縣志》、《玉山縣志》，民國時期《大庾縣志》、《德興縣志》、《分宜縣志》、《南豐縣志》、《萬載縣志》、《宜春縣志》與《重修婺源縣志》。擷取日期：2018/7/1-7/5。

水人）有關，這道菜餚應該會出現在宋代以後的食譜中。不過，搜尋了元代、明代與清代的食譜文獻，卻未發現「三杯雞」記載。

值得注意的是，雖然元明清食譜沒有記載「三杯雞」，但從烹飪方式來看，有幾道菜餚的製法與其頗為相似，包括：「川炒雞」、「爐焙雞」、「蔣雞」與「唐雞」等。

首先是元代《居家必用事類全集》的「川炒雞」，記載：「每隻洗淨，剁做四件。煉香油三兩，炒肉，入蔥絲、鹽半兩。炒七分熟，用醬一匙，同研爛胡椒、川椒、茴香、入水一大碗，下鍋煮熟為度。加好酒些小為妙。」[5]這道「川炒雞」使用的調味料有香油、蔥絲、鹽、醬、胡椒、川椒與茴香，其烹飪方式類似三杯雞的重口味，但調味料種類與三杯雞不盡相同。其次是明代高濂《遵生八箋》的「爐焙雞」，記載：

> 用雞一隻，水煮八分熟，剁做小塊。鍋內放油少許，燒熱，放雞在內，略炒，以錠子或碗蓋定；燒極熱，醋酒相伴，入鹽少許，烹之。候乾再烹。如此數次，候十分酥熟，取用。[6]

這道「爐焙雞」的製法跟三杯雞頗類似，以「候乾再烹。如此數次，候十分酥熟」，強調炒乾雞肉水分。清代也有食譜記載「爐焙雞」作法，朱彝尊的《食憲鴻秘》提到「肥雞，水煮八分熟，

5　無名氏編，邱龐同注釋，《居家必用事類全集》（北京：中國商業出版社，1986），頁100。

6　高濂，《飲饌服食箋》（成都：巴蜀書社1985），頁36。

去骨，切小塊。鍋內熬油略炒，以盆蓋定。另鍋極熱酒、醋、醬油相伴，香料並鹽少許烹之。候乾，再烹。如此數次，候極酥極乾取起。」[7]內容與明代《遵生八箋》雷同，強調炒乾雞肉。

　　清代袁枚在《隨園食單》也羅列相似雞肉菜餚，包括「生炮雞」、「灼八塊」、「蔣雞」以及「唐雞」等，其中「蔣雞」的製法是「童子雞一隻，用鹽四錢、醬油一匙、老酒半茶杯、薑三大片，放砂鍋內，隔水蒸爛。去骨，不用水，蔣御史家法也。」另外還有「唐雞」，烹飪方式為「雞一隻，或二斤，或三斤，如用二斤者，用酒一飯碗，水三飯碗。用三斤者，酌添。先將雞切塊，用菜油二兩，候滾熟，爆雞要透。先用酒滾一、二十滾，再下水約二、三百滾，用秋油一酒杯，起鍋時加白糖一錢：唐靜涵家法也。」[8]上述製法與今日三杯雞極為類似。

　　上述食譜的雞肉菜餚烹飪方式不一，但仔細觀察，大多包含「油、酒與醬油」，再加上「薑、蒜、蔥」提味，烹飪出口味較重的菜餚，這類菜餚的出現脈絡可能是傳統中國缺乏冷藏設備，為了延長肉類食用時間，甚至是掩蓋不甚新鮮的肉質，因此歷代食譜會有「川炒雞」、「爐焙雞」、「蔣雞」與「唐雞」等口味較重的菜餚。不過，上述食譜中仍然沒有看到「三杯雞」的具體記載。

7　朱彝尊撰，邱龐同註釋，《食憲鴻秘》（北京：中國商業出版社，1985），頁115。

8　袁枚著，王英中校點，《隨園食單》（南京：江蘇古籍出版社，1993），頁36-41。

3. 民國時期的「三杯雞」？

　　倘若三杯雞菜餚源自江西地區，其地理位置位處長江南岸，周遭省分的食譜可能也會有相關記載，因此進一步找尋民國時期長江地區代表性食譜。首先，反映南京地區飲食生活的《白門食譜》提到「雞酥」、「鹽水鴨」與「烤鴨」等，但沒有三杯雞資料。1930年代陶小桃編纂的《陶母烹飪法》反映上海地區的飲食，在〈雞鴨的調製法〉一章記載「紅燒栗子雞」、「炒雞片」、「白切雞」與「炒雞雜」，但不見三杯雞。1940年代由廚師李克明編纂的《美味烹飪食譜秘典》是一本內容齊全的食譜，分成「炒部」、「蒸部」、「燻煨部」、「炸烤部」、「煮部」、「醬部」、「糟部」、「糖部」、「酒部」、「醃部」、「西菜部」等，禽類菜餚包括「烤竹雞」、「煮炸雞片」、「烤鴨」、「煮雞鬆」、「炒雞」、「炒鴨」以及「炒野雞野鴨」等，亦無三杯雞記載。[9]

　　值得注意的是，1940年代日人在上海出版一本《冠珍酒樓食譜》，食譜內關於雞肉菜餚有「嫩雞類」與「信豐雞類」兩類。「嫩雞類」包括「五香雞球」、「杏仁雞丁」與「雲腿雞片」等；「信豐雞類」包括「脆皮廣雞」（油炸）、「蠔油焗廣雞」（蠔油炸）、「炸子廣雞」（油炸）、「抽油廣雞」（醬油炒製）與「雲腿廣雞」（雲腿）。「信豐縣」是江西省贛州所轄之縣，位於贛南與廣北交界處，當地雞隻品質良好，後由廣東廚師將之烹製成名菜，「信豐

9　李海榮主編，《隨園食單、白門食譜、冶城蔬譜、續冶城蔬譜》（南京：南京出版社，2009），頁111-136；陶小桃編著，《陶母烹飪法》（臺北：臺灣商務印書館，1975），頁100-105；李克明，《美味烹飪食譜秘典》（上海：大方書局，1941）。

圖5-1　冠珍酒樓食譜封面，圖片
來源：日本國會圖書館電子資料庫

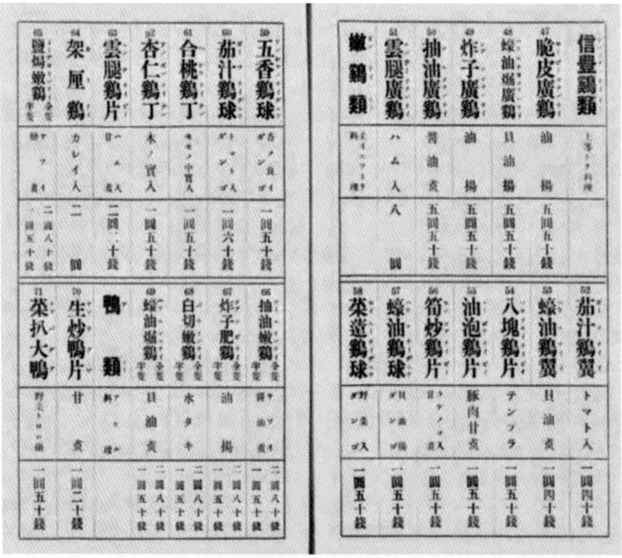

圖5-2　冠珍酒樓食譜內的「信豐雞類」菜餚，圖片來源：日本國會圖書館電子資料庫

雞」遂成爲民初上海「粵菜館」著名的雞肉菜餚系列。[10]

　　有趣的是，「信豐雞類」當中以醬油炒製的「抽油廣雞」與今日臺灣「三杯雞」的味道頗爲相似。若我們回到歷史脈絡，二次戰後外省族群多經由上海來臺，或許有些人曾在上海嚐過「信豐雞」，爾後當他們在臺灣品嚐到相似的雞肉菜餚（三杯雞），很可能將之視爲江西菜餚，再透過報章與食譜而流傳，逐漸演變爲「三杯雞來自江西」的說法。[11]

二、臺灣社會脈絡下的「三杯雞」

　　前文是從中國歷史脈絡下討論「三杯雞」的來源，搜尋資料包括江西的地方志、元明清以及民國時期的食譜。綜合來說，雖有「爐焙雞」、「蔣雞」、「唐雞」與「信豐雞」（抽油廣雞）等類似「三杯雞」作法的菜餚，但並未明確看到「三杯雞」名稱。爲了進一步瞭解三杯雞在臺灣的起源，本節將考察近代臺灣社會脈絡下的三杯雞菜餚。

1. 日治時期的雞肉料理

　　1895年日本領臺，臺灣總督府推廣現代化農漁牧業，同時

---

10 冠珍酒樓，《冠珍酒樓食譜：支那料理》（上海：冠珍酒樓，1940）。

11 關於「信豐」一詞，也有另一種說發。廣州沿江街有一個稱為「杉木欄」的地方，當地有一家名為「信豐」的商號，由於餵養方式特別，肉質鮮美，爾後逐漸出現「信豐雞」的名稱。上述說法缺乏明確的考證資料，可信度不高。劉碩甫，〈談信豐雞〉，《家庭（上海1937）》2卷2期（1937年），頁32。

也大力推展養雞事業，1937年全臺雞隻數量已達700萬隻，養雞成為農家副業之一。就雞種而言，日人引進美國的「陸島紅兼用種」與「白色來克亨卵用種」，之後又引進日本愛知縣三河地區的「三河種」、名古屋地區的「名古屋種」與來自歐洲的「洛花雞種」，並從事品種改良。[12] 養雞業的成果也反映在雞肉消費上，1909年《臺灣日日新報》刊登「雞料理百種」，較具特色的菜餚包括「朝鮮燒」、「味噌漬雞」、「延命雞」、「八寶煮」、「胡麻燒」、「燻雞」與「雞饅頭」，烹飪方式如下：

1. 「朝鮮燒」：雞肉以味淋與酒浸泡之後再烤。

2. 「味噌漬雞」：以胡椒、味噌與味酥調味。

3. 「延命雞」：將雞肉切成細狀，與銀杏、木耳與蛋一起烹煮，再以昆布捆裹。

4. 「八寶煮」：把雞肉切細，油煎加上菌類、竹筍、銀杏與鮑魚。

5. 「胡麻燒」：雞肉塊加上醬油、味酥與糖浸泡入味，灑上胡麻油煎。

6. 「燻雞」：一般家庭可以製作，用柴火燻製。

7. 「雞饅頭」：雞肉切細、胡椒、芹菜葉與蕎麥粉打成球狀蒸煮。[13]

---

12 李伯年，〈臺灣之家禽〉，收錄於《臺灣研究叢刊第十七種：臺灣之畜產資源》（臺北：臺灣銀行，1952），頁23-25。

13 てには，〈雞料理百種（二）朝鮮燒〉，《臺灣日日新報》，1909年1月10日，5版；てには，〈雞料理百種（四）味噌漬雞〉，《臺灣日日新報》，1909年1月12日，4版；てには，〈雞料理百種（六）延命袋〉，《臺灣日日新報》，1909年1月13日，4版；

此外，日治時期著名酒樓「江山樓」主人吳江山也介紹多道雞肉料理，包括「馨油小雞」、「生炒小雞」、「豆仁雞丁」、「清湯雞片」、「鹹菜雞片」與「白炊酥雞」，烹飪方式如下：

1. 「馨油小雞」：用豬油加上雞肉、豬肉與豆粉爆香。
2. 「生炒小雞」：雞肉加上豆粉炒熟。
3. 「豆仁雞丁」：豆仁、雞肉、蛋白、豆粉、醬油與蔥一起烹調。
4. 「清湯雞片」：雞塊、馬鈴薯、蔥與醬油一起烹煮。
5. 「鹹菜雞片」：以鹹菜加上雞肉煮成湯品。
6. 「白炊酥雞」：豬肉、雞肉、蝦等食材切細，加上蛋白一起烹調。[14]

上述雞肉料理的烹飪方式涵蓋炙燒、鹽漬、油炸、燉湯與快炒等，顯示日治時期雞肉料理已相當多元，不過，在報紙或食譜上均未見到「三杯雞」的記載。

てには，〈雞料理百種（二十）八寶煮〉，《臺灣日日新報》，1909年2月19日，4版；てには，〈雞料理百種（二十一）胡麻燒〉，《臺灣日日新報》，1909年2月22日，4版；てには，〈雞料理百種（六十二）雞スモーク〉，《臺灣日日新報》，1909年2月22日，4版；てには，〈雞料理百種（七十八）雞饅頭〉，《臺灣日日新報》，1909年3月14日，5版。

14 江山樓主人述，〈臺灣料理の話（六）〉，《臺灣日日新報》，1927年12月16日，3版；江山樓主人述，〈臺灣料理の話（七）〉，《臺灣日日新報》，1927年12月19日，3版。

2. 戰後臺灣「三杯雞」的出現

　　「三杯雞」的菜餚名稱首次出現在1956年《中菜集錦》第
十一類「燜」項目下：

> 材料是肥嫩雞一隻。調料：醬油、料酒、白砂糖（各十湯
> 匙），大茴香十餘枚。作法：雞去毛破後腹除臟洗淨。醬
> 油、料酒、砂糖置碗中調勻以三分之一與大茴香同填雞腹
> 中，其餘三分之二置砂鍋中，隨將雞下鍋，加溫水二飯
> 碗，用文水燜，並時時將雞轉動，待湯汁將盡時（約一小
> 時半）即熟，取起分切十餘塊，盛盤仍併如雞伏盤之狀，
> 趁熱上桌。附註：宜用砂鍋、嫩雞、文火。[15]

上文以「大茴香」填入雞腹，且未使用麻油，其調味料與烹飪方
式與今日的三杯雞明顯不同，而且也未說明三杯雞的來源。

　　《中菜集錦》主編是金少玉女士，她是戰後隨國民政府來臺
的外省人，熱衷廚藝，與夫婿侯若愚曾在宜蘭與臺中等地的電
力公司服務，居住過臺灣不少地方，他們可能也有軍方背景，
因為食譜內有陸軍上將以及官方要員的勉勵詞，包括陸軍一級
上將何成濬（曾任總統府資政與國策顧問）、陸軍上將秦德純、
內政部政務次長鄧文儀以及立法委員徐源泉等人。該食譜涵蓋
大江南北中式菜餚，應是彙整各種食譜編纂而成，旨在宣揚中

15　金少玉，《中菜集錦》，頁99-100。

華飲食文化，而非反映戰後初期臺灣飲食情況。[16]至於「三杯雞」
爲何出現在食譜內，極可能是金少玉將在臺灣聽聞的「三杯雞」
名稱並結合傳統中國的烹飪方式。

　　爾後，1961年1月17日由署名「波」的作者在《徵信新聞報》
撰寫〈白椒魚與三杯雞〉，提到這兩道菜餚均來自江西，文中提
到三杯雞作法爲：

> 選用一斤四兩到一斤半未生蛋的母雞，把雞切成小塊後，
> 放入沙鍋烹調，再加入一杯豬油、一杯醬油與一杯米酒
> （江西米酒，或者紅露酒與普通料酒）烹飪而成，用火爐
> 碳火煨一個半鐘頭左右，便可完成。味道勝過煎、炒、炸
> 與煮等方式，味道香濃可口。[17]

上篇報導目前所知，戰後臺灣最早提到「三杯雞」源自江西的紀
錄。

　　到了1969年10月11日，李綜一在《中國時報》刊登〈原盅
雞與三杯雞〉，提到三杯雞製法是取未生過蛋的嫩母雞一隻，以
酒一杯、醬油一杯與水一杯，再搭配蔥、蒜、薑、鹽等佐料烹飪，
但並未說明三杯雞源自何處。[18]從上面三則記載來看（金少玉、
波與李綜一），1950至60年代的「三杯雞」製法與今日不同，並

---

16 不著撰人，〈伉儷同心建立模範家庭　五十多對產業夫婦昨天受表揚〉，《經濟日
　　報》，1970年3月3日，8版；不著撰人，〈中市婦女領袖昨舉行座談會　何珍叔校
　　長主持　包一民專題演講〉，《民聲日報》，1971年9月16日，4版。

17 波，〈「白椒魚」和「三杯雞」〉。

18 李綜一，〈原盅雞與三杯雞〉，《中國時報》，1969年10月11日，10版。

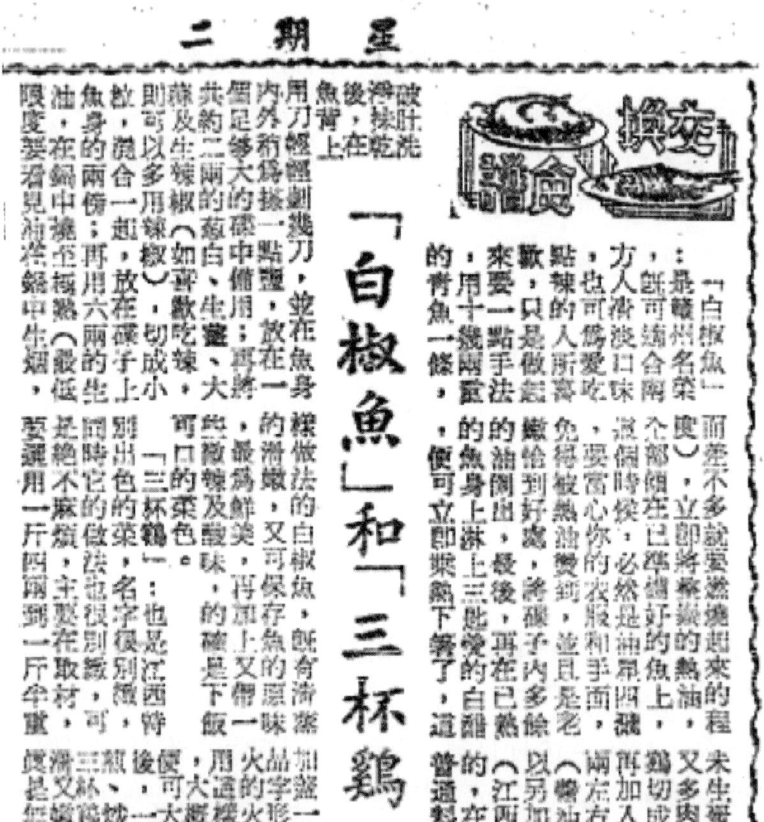

星　期　二

「白椒魚」和「三杯雞」　波

圖5-3　1961年《徵信新聞報》撰寫〈白椒魚與三杯雞〉報導，圖片來源：《徵信新聞報》，1961年1月17日，8版。

未使用「麻油」與「九層塔」這兩項傳統臺灣的重要調味料。

　　到了1970年代，食譜出版更加普及，但撰寫者幾乎都是外省族群，包括醫師楊步偉（著名語言學家趙元任之妻）、作家黃媛珊、作家徐櫻、著名廚師傅培梅與馬均權等人。其中，段鳳閣的《食用食譜》（1970）有記載「三杯雞」，她來自北平，曾擔任「臺北市基督教女青年會」以及「味全烹飪班」的老師，其「三杯雞」食材包括嫩光雞、冬菇、薑、大蒜、清酒、麻油、醬油與糖，烹飪程序是：將雞剁成小塊並放入滾水中川煮，瀝乾後與冬菇放入砂鍋，盛入酒、醬油、糖、蒜、薑片等一起煮。[19]值得注意的是，段鳳閣的「三杯雞」食譜已出現「麻油」。此外，黃淑惠出版的《中國菜》（1974），其「三杯雞」食譜也使用「麻油」，不過她將「三杯雞」歸納為「北方菜」。[20]

　　綜合上述，1956年「三杯雞」首次出現在戰後臺灣的食譜，一直到1970年代為止，這道菜餚呈現下列特徵：第一，三杯雞的「來源」各有說法，包括山東、江西與北方菜，但均未提供任何佐證資料。第二，三杯雞的「烹飪方式」不一，雖然都使用「醬油」與「酒類」調味，但「麻油」要遲至1970年代的食譜才出現。另外，各食譜的食材和佐料也不盡相同，有的添加大茴香，有的添加冬菇等，而且均不見「九層塔」。第三，關於三杯雞的「書寫」多由「外省籍」作家與廚師執筆，他們掌握中文書寫能力，在宣揚中菜或是描述臺灣飲食現象時，多與原鄉的飲食文化進行比較或嫁接，對臺灣在地飲食環境與菜餚的認識較少。

---

19 段鳳閣，《實用食譜》（臺北：段鳳閣出版，1970），頁9。

20 黃淑惠，《中國菜》，頁76。

　　由於戰後外省族群掌握了飲食的話語權，因此「三杯雞來自江西」的觀點成爲主流。不過，在缺乏論證資料的情況下，眞實性不高。接著我們將嘗試從臺灣在地觀點出發，找尋「三杯雞」的出現與變遷過程。

三、在地的聲音：臺籍廚師談「三杯雞」

　　戰後報章媒體所記載的三杯雞，主要反映外省族群的飲食觀點。相對於此，筆者訪談臺籍資深廚師與臺菜館業者，他們見證近代臺灣菜餚的變遷，但其聲音過去長期被忽略，本節透過訪談呈現本土在地的觀點。

　　第一位是國寶級臺菜廚師黃德興，他曾在日治時期著名酒家「蓬萊閣」擔任廚師，戰後也服務於多家著名餐館與飯店，非常熟悉近代臺灣飲食變遷。[21] 就「三杯雞」的起源，黃德興提出兩種說法：第一種是「節儉說」，戰後初期臺灣農家多以養雞爲副業，當時衛生條件較差，季節轉換時雞隻容易生病，當健康亮起警訊時，農家基於惜物的考量會迅速宰殺雞隻，再用醬油、米酒與麻油等味道較重的佐料烹飪，以便蓋過新鮮度不足的肉質。黃德興表示，烹製「三杯雞」的佐料，初期使用蒜頭、薑片、蔥與香菜，爾後才加入「九層塔」與「辣椒」。調味料多使用西螺地區的手工釀製醬油及公賣局米酒，至於「麻油」則是本省人相

---

21 關於黃德興廚師的餐飲經驗與從業歷史，詳見黃德興口述、曾品滄訪問、陳瑤珍與陳彥仲整理，〈黃德興師傅的料理人生：臺灣菜蓬萊百味〉（臺北：玉山社，2019）。

當倚重的調味品，多由農家自己榨製。[22]

　　黃德興提出的第二種說法是「乾式麻油雞」。1970年代他的好友林漢章到南部吃「滿月酒」，初次嚐到「三杯雞」，香氣濃郁，詢問之下得知這道菜餚是麻油雞的「乾式作法」。傳統臺灣婦女產後「做月子」慣以「麻油雞」進補，但因酒精成分較高，有些婦女不敢嘗試，因此烹飪時將麻油雞改成「乾式」，降低米酒成分並以醬油增添味道，依舊具有進補功效，成為日後「三杯雞」菜餚的雛

圖5-4　黃德興廚師與筆者合照，郭忠豪提供

形。林漢章在南部嚐過「三杯雞」後，覺得味道極好，爾後與黃德興的徒弟一起在北投「大觀旅社」研發「三杯雞」菜餚，逐漸打出名號。

　　第二位訪談對象是服務於臺北長春路「雞家莊」餐廳資深廚師洪蒼海。「雞家莊」於1974年開業，是超過四十年的著名餐館，洪師傅於1977年到此服務至今。他提到開業之初菜單上就有「三杯雞」，這道菜餚來自嘉南地區農村，基於愛物惜物而產生。在烹飪方式上，他表示傳統中國雖有類似「三杯雞」的烹調（炒雞加上醬油與酒類），但未添加「九層塔」，也未使用本省人倚重的

22 訪談黃德興先生，2018年8月6日。

「黑麻油」，因此，他認為三杯雞源自臺灣本地。[23]

圖5-5　臺北「雞家莊」的三杯雞，圖片來源：郭忠豪提供

　　第三位訪談對象是臺北六條通「雞家莊」的李姿俐，她對於「雞家莊」創業過程相當熟悉，提到老闆李雪玉最初在臺北後火車站華陰街市場販售雞肉，1974年在長春路創辦「雞家莊」，後來又在六條通開業。李姿俐表示，「雞家莊」開業時就有「三味雞、三杯雞、麻油雞、白菜滷、雞角筍絲、雞家豆腐」等菜餚。關於「三杯雞」來源，李姿俐的看法與黃德興一樣，主要源自「節儉說」與「乾式麻油雞」。[24]

　　第四位訪談對象是「欣葉台菜」資深廚師陳渭南（阿南師）。阿南師曾在北投公共食堂、北投金都飯店、黑珍珠飯店、黑美人酒家、新碧華飯店、泉樂莊飯店，亞述園等餐館擔任廚師，資歷豐富且熟悉臺菜變遷。關於「三杯雞」起源，阿南師也提出「節儉惜物」與「乾式麻油雞」的說法，與前述幾位臺菜師傅相同。他補充說明：臺灣婦女「做月子」多以「麻油雞」補身，初期並非使用公賣局米酒，而是使用「太白酒」（以蕃薯與樹薯發酵後再加上酒精釀製）。阿南師也說，「三杯雞」最初僅是一般農家

---

23 訪談洪蒼海先生，2018年8月9日。

24 訪談李姿俐女士，2018年8月10日。

菜餚，1980年代「土雞城」盛行之後才成爲家喻戶曉的臺菜。[25]

　　第五位訪談對象是資深廚師施建發（阿發師），他曾在李安導演的電影《飲食男女》擔任廚師郎雄的替身。1978年阿發師服務於北投「華南大飯店」，菜單上有一道名爲「烏鼎雞」的菜餚，「烏鼎」是臺語發音，意指黑色炒鍋，就是「三杯雞」。阿發師表示，這道菜餚是北投某位廚師到南部嚐過之後帶回北部。[26]阿發師的說法與黃德興師傅不謀而合，皆認爲三杯雞源自臺灣南部鄉下。

　　除了上述資深廚師與餐館業者，我也訪談年輕世代廚師黃景龍，他是臺北「儂來餐館」負責人。黃景龍提到，1988年儂來餐館開業時就有「三杯雞」，這道菜以蒜頭、老薑、米酒與黑麻油一起炒製，其中「黑麻油」多來自中南部，他認爲中式菜餚很少使用黑麻油，因此推斷「三杯雞」源自臺灣本地。[27]

　　爲了更廣泛蒐集在地的聲音，我也訪談餐飲教育的資深教師，第一位是「高雄餐旅大學中餐廚藝系」的陳嘉謨教授，年少時他就跟隨父親學習「辦桌」廚藝，爾後也曾到福州、深圳、廈門、廣東、廣西、上海、北京、曼谷與新加坡等地推廣臺菜。陳嘉謨回憶：第一次嚐到「三杯雞」是1970年代後期，在臺北縣三重自強路一帶海產店。[28]「海產店」是臺灣特有的飲食場所，多以熱炒爲主搭配啤酒，提供臺式炒飯炒麵、各式海產（炒海瓜

---

25 訪談陳渭南先生，2018年8月12日。

26 訪談施建發先生，2018年10月23日。

27 訪談黃景龍先生，2018年8月9日。

28 訪談陳嘉謨先生，2018年10月18日。

子、炸花枝丸、炸蚵仔酥、煎土魠魚）、蔬菜（炒空心菜、炒高麗菜與澎湖絲瓜）以及燒烤（小卷與雞翅），晚近以來也提供「三杯」菜餚，包括三杯雞、三杯中卷與三杯杏鮑菇。

　　第二位也是「高雄餐旅大學」的陳正忠教授，1970 年代他曾在臺北的湘菜館與川菜館服務，當時菜單上並沒有「三杯雞」。陳師傅表示：1990 年代以前，由於缺乏交流管道，餐飲界廚師們彼此互動甚少，菜系分類相當清楚，「三杯雞」多出現在臺菜餐廳，很少出現在外省餐館。[29]

　　上述訪談對象多為本省籍廚師，年齡橫跨資深與青壯派世代，他們來自不同地區，在北中南各地的餐館與學校服務，共通點是對於臺灣在地的飲食知識與生活經驗相當熟悉。有趣的是，上述師傅們對於「三杯雞」菜餚的變遷歷程看法非常接近，都認為這道菜源自臺灣南部農村，並提出「節儉惜物」與「乾式麻油雞」的說法。而且，多位師傅也指出「黑麻油」這項調味料是區分「臺菜」與「中菜」的一個關鍵。很明顯地，其說法與戰後外省族群在食譜與報章雜誌上提到的「三杯雞源自江西」的觀點非常不同，反映了臺灣本土在地的聲音。

四、「三杯雞」關鍵食材：雞肉、黑麻油與九層塔

　　本節討論烹飪三杯雞的關鍵食材，分別是「雞肉」、「黑麻油」與「九層塔」。首先，雞肉是近代臺灣重要肉類之一，日治時期殖民政府大力發展養雞業，陸續引進「三河種」、「名古屋

---

29 訪談陳正忠先生，2018 年 10 月 19 日。

種」、「洛花雞種」以及「陸島紅兼用種」等，積極從事品種改良。戰後臺灣的雞種，除了土雞之外，還包括自國外引進的「來亨蛋雞」、「橫斑蘆花雞」以及「紐漢西雞」等，種類頗多。[30]

　　1960年代是臺灣養雞業發展的關鍵時期，過去農家多飼養土雞作為副業，尚未出現專業養雞場，也無法大量生產雞肉與雞蛋，雞農缺乏充分的養雞知識與疾病預防觀念。[31]爾後因雞肉營養價值高，政府大力發展養雞業，分別在1960年成立「臺北養雞協會」與1963年成立「中華民國養雞協會」，協助雞農之間進行交流，並改善雞隻品質與疾病防治。[32]

　　值得一提，1960年代農復會鼓勵雞農赴美學習養雞並引進新雞種，當時彰化縣雞農張錕釗赴美學習並引進「美式雞籠」，另一位雞農鄭仕潮也赴美「金馬農場」學習並引進「金馬系蛋種雞蛋」。此外，由汪國恩於1953年創立的「東盈實業公司」對臺灣養雞事業貢獻甚大，率先引進美國「萬得力士」肉雞、美式架床式養雞法、新式養雞飼料以及雞瘟疫苗等，爾後陸續有畜牧場引進國外雞種，包括海蘭、金馬、卡馬、希望山、愛納、甯爾遜與史通等，養雞場的規模也從「數百隻」成長到「數萬隻」。[33]

　　從國外引進的「肉雞」品種雖然成長快速且肉量多，但肉質

30 李伯年，〈臺灣之家禽〉，頁17-49；陳敦芳，〈臺灣的肉種雞飼養業概況〉，收入於臺灣的養雞事業編輯委員會，《臺灣的養雞事業》（臺北：現代畜殖雜志社，1983），頁125-132。

31 不著撰人，〈艱苦的臺灣養雞業〉，《豐年》10卷9期（1960年5月），頁3。

32 參閱「中華民國養雞協會」網站，2018年9月1日檢索，http://www.poultry.org.tw。

33 黃子謙，〈臺灣的養雞事業概況〉，收錄在臺灣的養雞事業編輯委員會，《臺灣的養雞事業》，（臺北：現代畜殖雜誌社，1983）；鍾兆玉，〈起飛中的臺灣養雞業〉，《豐年》14卷7期（1964年4月），頁3。

較乾澀，國人接受度較低。有鑒於此，部分雞農將臺灣公土雞與進口黑色蛋雞交配，培育出具有土雞特徵的「仿土雞」，其特徵是成長期短且肉質佳，甚受消費者喜愛。[34]到了1969年，當時「中華民國養雞協會」理事長謝金波強調，臺灣雞農的養雞知識漸趨成熟，產卵雞數量超過六百萬，在亞洲僅次於日本。[35]

　　到了1990年代初期，臺灣市場上的雞種已有「白肉雞」、「半土雞」（仿土雞）、「蛋雞」（來亨雞）、「種雞」（白蘆花）和「烏骨雞」五大類，依市場佔有率分別為：肉雞（45％）、半土雞（40％）、蛋雞（8％）、種雞（2.5％）和烏骨雞（2.5％）。[36]根據訪談資料，餐館主要以「肉雞」與「仿土雞」做成三杯雞，自助餐、團膳與便當業者多用「肉雞」，部分土雞城業者強調使用土雞。不過1960年代以降，由於雞隻配種繁複，真正土雞數量甚少，有些業者聲稱臺灣已無真正的「土雞」了。

　　除了雞肉之外，三杯雞的另一項關鍵佐料是「麻油」。麻油以黑芝麻榨製而成，不僅可產生香味，亦可增加熱量補身，傳統臺灣社會許多進補菜餚均以麻油入饌，例如麻油雞、麻油雞飯、麻油腰子、麻油豬肝和麻油麵線，婦女產後或是冬令進補也多用麻油。值得注意的是，戰後初期外省族群記載的三杯雞食譜均無「麻油」，反之臺籍資深廚師與餐飲業者多強調「麻油」是臺菜烹飪的特色之一，中式菜餚相對少見。

---

34 簡明龍，〈市場寵兒　仿土雞〉，《豐年》33卷11期（1983年6月），頁44-45。

35 謝金波，〈推展臺灣蛋雞事業　首重輔導調節滯銷　外銷需先減免飼料稅款〉，《豐年》19卷23期（1969年12月），頁3。

36 不著撰人，〈因雞制宜　燒出好味道　烹雞高手　先識雞〉，《民生報》，1994年8月1日，27版。

　　三杯雞菜餚另一項關鍵食材是「九層塔」，它源自印度與南亞地區並傳至世界各地。清代臺灣地方志在「物產」與「土產」的「藥之屬」中，紀錄「九層塔」可治療「跌打損傷」，顯示傳統臺灣社會以九層塔爲藥用。[37]到了戰後時期，九層塔主要用於「藥補」與「調味」，1954年《聯合報》提到「本地人」稱九層塔爲「九棧插」，將它作爲補藥和調味品，例如青少年轉大人時，母親就會殺公雞配上九層塔給孩子吃。[38] 1965年《聯合報》也報導「有腰骨酸痛的婦女用九層塔燉豬骨髓煮湯，具有療效。」[39]此外，九層塔也可去除腥味，用於炒田雞、田鼠、溪魚、蛤蚓與旗魚肚時，多與蒜頭、薑、辣椒與麻油一起入饌。[40]到了1970年

37 屠繼善，《恆春縣志》(臺北市：台灣銀行經濟研究室，1960)，頁160；柯培元，《葛瑪蘭志略》(臺北市：台灣銀行經濟研究室，1961)，頁106；王必昌編輯，《重修臺灣縣志》(臺北市：台灣銀行經濟研究室，1961)，頁421；范咸，《重修臺灣府志》(臺北市：台灣銀行經濟研究室，1961)，，頁523-524；王瑛曾，《重修鳳山縣志》(臺北市：台灣銀行經濟研究室，1962)，，頁313；連橫，《臺灣通史》(臺北市：台灣銀行經濟研究室，1962)，頁692；陳淑均，《葛瑪蘭廳志》(臺北市：台灣銀行經濟研究室，1963)，頁287；陳培桂，《淡水廳志》(臺北市：台灣銀行經濟研究室，1963)，頁328；林豪，《澎湖廳志》(臺北市：台灣銀行經濟研究室，1964)，頁337。

38 天方，〈九層塔〉，《聯合報》1954年11月7日，6版。

39 不著撰人，〈小常識〉，《聯合報》1965年12月18日，15版。

40 不著撰人，〈雲林田雞上市量少價錢貴〉，《經濟日報》，1978年7月24日，7版；林明裕〈冬至當令吃老鼠進補 高屛「山河肉」的來龍去脈〉；唐魯孫，〈饕餮專欄 吃山河肉！〉，《聯合報》，1981年12月22日，12版；韓尚平，〈又鮮又嫩山河肉〉，《民生報》，1983年10月24日，8版；不著撰人，〈除農害 老饕的「貢獻」蔗園田鼠胖嘟嘟〉《民生報》，1987年1月19日，13版；陸豐專訪，〈先生釣 太太煮 小溪哥三吃〉，《民生報》，1980年10月5日，3版；葉春暉，〈如何製作苦花乾？〉，《民生報》，1981年2月4日，3版；不著撰人，〈魚肉行情 魚鮮市況平穩〉，《民生報》，1983年5月26日，5版；林明裕，〈北海岸撿珠螺〉，《民生報》，1983年7月17日，3版；林明裕，〈鹿港海產別有特色〉，《民生報》，1983年11月22日，8版；林明裕，

代，九層塔的使用更加廣泛，作爲食品加工、藥用和工業用途，
既可添加在西點麵包上，也可加入香皂與香水等美容用品。農
復會認爲九層塔是甚具潛力的作物，國貿局也輔導食品工業研
究所，進行九層塔的加工與外銷。[41]

　　「雞家莊」洪滄海師傅與高雄觀音山「綠野山莊」老闆黃永
松皆表示，1950 至 1970 年代，九層塔在南部鄉下相當普遍，不
少家庭前後院均種植九層塔，既可擣碎作爲青春期孩童的「轉骨
湯」，亦可入饌提味，南部的虱目魚湯、牛雜湯、牛肉湯、炒牛
肉與煎蛋多加入九層塔。到了 1980 年代，將九層塔加入三杯雞
已相當普遍，1986 年《民生報》刊登的「微波爐食譜」中，「三
杯雞」已添加九層塔；1988 年《民生報》刊登「現代人的飯盒」，
推薦上班族可準備「三杯雞飯盒」，亦有九層塔。[42]作家蔡珠兒在
〈九層香塔〉一文提到，1980 年代她在臺北的啤酒屋已嚐到添加
九層塔的三杯雞。[43]

　　總結來說，「三杯雞」在戰後臺灣有兩個發展脈絡，一個是
以外省族群爲主的食譜與報章書寫，除了「醬油」（第一杯）與
「米酒」（第二杯），「第三杯」多爲糖水或豬油，而非臺菜慣用的

〈旗魚肚脆 旗魚腸更脆 蜇腸更是海味中的海味〉，《民生報》，1984 年 3 月 21 日，
　　8 版。

41 不著撰人，〈貿局補助六種新發展的農產外銷〉《經濟日報》，1973 年 9 月 2 日，2 版；
　　不著撰人，〈貿局撥款補助研究八種新興外銷農產品〉，《經濟日報》，1974 年 5 月
　　23 日，2 版；呂一銘，〈生產線上 九層塔在台灣頗易種植 煉製經由外銷很有前途
　　專家認為值得推廣生產〉，《聯合報》，1975 年 1 月 30 日，5 版。

42 不著撰人，〈微波爐食譜〉，《民生報》，1986 年 10 月 22 日，8 版；錢嘉琪，〈現代
　　人的飯盒 為上班人準備的三杯雞飯盒〉，《民生報》，1988 年 5 月 16 日，24 版。

43 蔡珠兒，〈九層香塔〉，收錄於《花叢腹語》（臺北：聯合文學出版社，1995），頁
　　211-212。

「麻油」；第二個脈絡是臺灣民間社會的飲食實踐，「三杯雞」是從南部農村發展出來，再擴展至其他地區，「第三杯」是臺灣普遍使用的「麻油」，而且會添加「九層塔」，也就是今日我們熟悉的「三杯雞」樣式。

五、1970年代以後的「三杯雞」與土雞城興起

1. 1970年代的「三杯雞」與「土雞城」

1970年代以後，隨著臺灣養雞環境漸趨成熟，雞肉來源充裕，菜餚中出現「三杯雞」的比例逐漸提高。1972年「中華民國養雞協會」舉辦肉雞推廣活動，邀請輔仁大學家政系學生烹飪雞肉菜餚，包括「鳳梨雞塊、三杯雞、滷雞、雞片生菜沙拉、辣子雞丁、香菇燉雞、蔥油雞、炸雞塊、黃燜雞、炒四色、鴛鴦蛋等。」44 坊間餐館也提供三杯雞，《經濟日報》（1972）報導「今天的四菜一湯，是茄裝肉、三杯雞、鍋貼豆腐、醬爆雞丁與蛋糕湯，真是肉、蛋、雞俱全。」45臺北「廣東好鴨庄」推出「燒鴨、臘味、三杯雞、鐵板燒（豬排、牛排、豬肝、豆腐）及各式廣東正宗名菜。」46此外，南部農村辦桌有下列菜餚：「大拼盤、明蝦、

---

44 不著撰人，〈四百公斤雞肉 二千四百個雞蛋 款待嘉賓 准學士掌廚 五千人試吃 介紹肉雞作法〉，《經濟日報》，1972年5月29日，9版。

45 不著撰人，〈四菜一湯 鍋貼豆腐 醬爆雞丁 兩百塊錢 可請六人〉，《經濟日報》，1972年3月26日，9版。

46 不著撰人，〈好鴨庄代辦謝師宴 南海酒樓辦九折優待〉，《經濟日報》，1977年6月19日，4版。

圖5-6　高雄大社區觀音山翠湖土雞城，圖片來源：郭忠豪提供

清蒸鱉、蔥油雞、紅燒鴨、魚翅湯、三杯糖虱魚（或三杯雞）、紅燒蹄膀、清蒸鱸魚等」，三杯雞名列其中。[47]「日寶食品工業公司」也將三杯雞製成罐頭銷售。[48] 換言之，三杯雞已出現在臺灣各種飲食場合。

　　「三杯雞」從家庭餐桌到坊間餐館，最後變成家喻戶曉的菜餚，「土雞城」在推展過程中扮演關鍵角色。土雞城多出現在郊外或山坡地，相較於城市拘謹的用餐環境，土雞城提供佔地甚大且開放式的飲食場所，以獨立包廂、涼亭以及小木屋吸引顧客，

47　韓銘，〈擺下「自燴」宴　農家請客〉，《聯合報》，1977年3月10日，9版。

48　不著撰人，〈檢驗局公布　優良罐頭食品工廠名單〉，《經濟日報》，1973年6月3日，6版。

有些涼亭座落湖中，荷花與蓮葉環繞，提供一個遠離塵囂的遊憩空間。土雞城也以雞肉品質著稱，多強調使用土雞、放山雞與仿土雞，與市場販售的肉雞不同，並且提供多元的雞肉菜餚供顧客選擇。

　　就土雞城出現時間，以高雄大社「觀音山」一帶較早。1961年《聯合報》報導：來自高雄市的謝屋人到大社買地養雞，後來發生雞瘟，謝將碩果僅存的雞隻放回山區，偶然機會宰殺土雞宴請朋友，遂成立「檳榔山莊」。之後陸續有其他業者來此開設餐館，逐漸形成群聚效應。「土雞城」提供各種雞肉菜餚，湯品包括燒酒雞、鳳梨苦瓜雞、菜脯雞、竹筍雞、蒜頭雞、香菇雞、麻油雞、金線蓮雞、半天筍雞、瓜仔雞與人參雞，以及乾式的蜜汁雞、鹽酥雞、白斬雞以及三杯雞等。[49] 高雄大社「綠野山莊」在1986年開業，老闆黃永松來自臺南北門，提到當地最早土雞業者就是「檳榔山莊」，1970年代之後陸續出現「巧巧園」、「翠湖」、「翠園」、「邱仔舍」、「孔雀山莊」、「來來山莊」、「翠城園山莊」與「駱駝園山莊」等，1970年代三杯雞」就是土雞城最受歡迎的菜餚之一。黃永松強調：長久以來甚受顧客喜愛的雞肉菜餚包括燒酒雞（特別是十月天氣轉涼後）、三杯雞、鹽焗雞與苦瓜雞。近來菜餚呈現多元發展，湯品的雞肉菜餚有雞仔豬肚鱉、鮑魚干貝雞、龜鹿二仙雞、金線蓮雞、何首烏雞、剝皮辣椒雞與鮑魚燉水鴨。乾類菜餚包括鹽焗雞、烏骨雞、茶油雞、蜜汁雞與三杯雞。其中「三杯烹飪」受到大家喜愛，菜餚包括「三

---

49 陳景寶，〈檳榔山莊 不賣檳榔〉，《聯合報》，2000年4月1日，39版。

杯中卷」、「三杯鴨舌」與「三杯泥鰍」。[50]

　　高雄田寮與燕巢一帶也是知名的土雞城。田寮「月世界」餐廳眾多，包括「月球土雞園」、「見和土雞山莊」、「開基土雞莊」與「興隆土雞城」，上述餐廳均在1970年代開業，其中又以1973年開業的「月球土雞園」最早，老闆林永元的媳婦表示：開業初期以「山產」為主，某日有位顧客自己帶土雞來請他們宰殺，並要求以「三杯雞」方式烹飪，這是老闆第一次知道「三杯雞」作法，之後將之列入菜單販售。如今，「月球土雞園」的菜餚相當多元，湯類計有麻油燒酒雞、鳳梨苦瓜雞、蒜頭雞、香菇白菜雞、梅子雞、涼補金線蓮雞。乾類計有三杯雞、蜜汁雞、鹽酥雞、豆腐乳雞、鹽烤雞、白斬雞、蔥油雞、荷香雞與菜脯雞等。[51]高雄澄清湖附近也有土雞城，菜餚包括草魚多吃（鹽酥、清蒸與味噌）、燒酒雞、三杯雞與蒜頭雞。小港大坪頂地勢高，不少人飼養土雞，因此也出現土雞城，並推出「三杯雞、人參雞、鳳梨苦瓜雞及烏骨雞湯」等。[52]

　　1980年代臺南關廟一帶也出現土雞城，到了1990年代，店家包括「青龍山、阿輝、阿財、秋達」等。「青龍山」業者原本飼養土雞，後改經營土雞城，提供三杯雞、筍絲雞與鳳梨苦瓜雞等菜餚，以小橋流水造景吸引顧客。彰化縣社頭鄉與二水鄉

---

50 訪談黃永松先生，2018年10月28日。

51 訪談林永元媳婦，2018年10月19日。

52 林秀美，〈區運外一章　選手篇　今宵何處去　草魚土雞莊　青蛙泰國蝦　大戰之後先打牙祭〉，《民生報》，1984年10月25日，10版；謝龍田，〈浪漫百點　吃雞喝咖啡　山風漁火相伴　高雄大坪頂千餘坪土雞城　視野延伸到高雄沿海　看遍萬家燈火〉，《聯合晚報》，2003年1月3日，23版。

也有土雞城，冬天專賣狗尾雞與帝王何首烏雞，其他季節有鹽
焗雞、蒜頭雞、麻油雞、三杯雞、燒酒雞以及悶燒雞等。新竹
縣新埔鎮民邱昌發原本經營放山土雞農場，之後改成餐廳，也
提供羊奶雞、桶仔雞、三杯雞與白斬雞等。[53]

　　1970年代，臺北陽明山、北投紗帽山、木柵、八里觀音山
等地都有土雞城，提供包含「三杯雞」的各式雞肉菜餚。例如：
八里觀音山的「鴻興土雞城」以「竹筍雞」和「三杯雞」最出名，
老闆李海明也研發「蜜汁雞」與「來燉雞」等新式菜餚。[54]

　　上述訪談與報章資料顯示：1970年代以降，三杯雞菜餚「普
及化」的重要推手是臺灣各地的「土雞城」，它是出現在城市郊
區與山坡地的新型飲食空間，具有群聚效應，且提供多種雞肉
菜餚，其中「三杯雞」味道香濃可口，許多餐館爭相推出，逐漸
成為大眾熟悉且喜愛的雞肉菜餚。

2. 漸趨普及的「三杯雞」

　　隨著各地土雞城將三杯雞推廣到社會大眾，政府機構也將
三杯雞列入健康菜餚，1982年「臺灣省歸幼衛生研究所」推出「梅

---

53 邱馨儀，〈到關廟吃土雞　齒頰留香〉，《經濟日報》，1991年11月17日，8版；湯
　文忠，〈來鍋狗尾雞〉，《聯合晚報》，2001年11月2日，22版；張柏東，〈發哥放
　山土雞　打響知名度　自己抓了煮了賣　餐廳沒招牌生意好得不得了〉，《聯合報》，
　2000年2月24日，20版。

54 訪談黃德興先生，2018年8月6日；不著撰人，〈冬日少雨好做冬山行　珍蔬野味
　吃法真不少〉，《民生報》，1983年1月2日，5版；錢嘉琪，〈木柵茶藝館　野味飄
　香　現採現炒　原味十足　吸引上山人〉，《民生報》，1992年2月22日，24版；趙惠
　群，〈小吃搖滾　觀音山竹筍雞　是季節〉，《聯合報》，1995年4月22日，34版；

花餐食譜」，其中「保健梅花餐」菜色包括「三杯雞、豆豉生蠔、砂鍋豆腐、紅燒鯽魚、麻辣黃瓜、淡菜排骨湯。熱量八百五十三卡，蛋白質五十八公克。」[55]

　　1990年代「三杯雞」也受到高級飯店青睞，臺中長榮桂冠酒店的臺菜海鮮自助餐推出「金瓜米粉、三杯雞、紹興醉鵝、菜脯炒飯等。」臺北福華飯店也提供「三杯雞」烹飪教學，推廣該菜餚。[56] 1990年代出國旅遊逐漸普遍，航空公司考量消費者口味，也將「三杯雞」納入選項，1993年美國西北航空公司推出臺式餐點，包括「菜脯蛋、三杯雞、涼拌豆腐、炒年糕、地瓜粥、滷肉飯、紅燒獅子頭。」加拿大航空公司也推出國人喜愛的「稀飯、三杯雞、炒牛肉與清蒸魚。」[57]

　　隨著國人赴海外求學與就業人數增加，海外臺菜餐廳也提供「三杯雞」，倫敦唐人街臺灣餐館提供「三杯雞、三杯中卷、炒米粉、小籠包與牛肉麵等。」[58]紐約曼哈頓唐人街與皇后區法拉盛的臺菜餐館均有三杯雞與三杯菜餚。相對於此，紐約中菜餐館鮮少提供三杯菜餚，「左宗棠雞」反而是中菜普遍的雞肉菜餚。[59]

---

55 不著撰人，〈好吃　保證不胖！省婦研所製成現代「梅花餐食譜」〉，《民生報》，1982年8月26日，11版。

56 阮佩芬，〈餐飲換季　清爽口味出擊　正餐、沙拉吧、下午茶都做了些變化〉，《經濟日報》，1993年5月25日，14版；錢嘉琪，〈名廚的雞肉紙上秀　三杯土雞〉《民生報》，1993年6月2日，22版，。

57 不著撰人，〈西北航空本土化服務　機上推出中式餐飲〉，《民生報》，1993年7月6日，19版；黃彩絹，〈經溫哥華飛美國　加航提供優惠價〉，《民生報》，1998年2月9日，18版。

58 鍾雲蘭，〈正宗臺湘菜〉，《聯合報》，1995年3月25日，39版。

59 筆者蒐集的臺菜餐館與中菜餐館的菜單包括「故鄉臺菜」、「101臺菜」、「人人江

由於三杯雞逐漸成為臺菜代表菜餚之一，海外諸多餐飲活動均可見到，嚴長壽曾任「臺灣觀光協會」會長，赴香港與新加坡宣傳臺灣美食，提到「基隆廟口的甜不辣、臺北鼎泰豐小籠包、新竹貢丸、鹿港蚵仔煎、臺南蝦捲及三杯雞、席捲亞洲的珍珠奶茶等全數出場」。廚師施建發曾赴海外宣傳臺灣美食，烹飪菜餚包括「三杯雞、三杯小卷、小魚花生、烏魚子、蝦卷、小香腸、甜不辣、擔仔麵、蚵仔煎、貢丸湯與蝦仁羹。」有趣的是，名廚陳鴻也將三杯雞改成法式口味，以「法式三杯雞」參加法國美食節。[60]

3. 邁向多元的「三杯料理」

1990年代以後，三杯雞已成為臺灣常見佳餚，主要原因是「三杯」之名通俗好記容易流傳，特別是華人喜愛透過「數字」命名菜餚，例如清代食譜《食憲鴻秘》記載「八珍糕」、「十香菜」、「五美薑」與「八寶醬」；《隨園食單》記載「八寶肉」、「八寶肉圓」與「灼八塊」（雞肉菜）。[61]臺灣則有「四神湯」、「五柳枝」、「八寶丸」與「九層塔」等，數字可能反映真實食材種類，

浙海鮮小館」、「北港臺菜」與「海之味臺菜」。中菜菜單包括「東湖海鮮酒家」、「龍騰食坊」、「賦潤」、「湘水山莊」、「魯香園」、「三人百姓」與「新文華閣酒家」等。

60 羅建怡，〈端出臺灣風情小吃　色誘大食客　臺灣代表團十九日前往香港、新加坡〉，《聯合報》，2001年11月17日，35版；羅建怡，〈臺灣走出去／炒手篇　名廚連手　超級美食力道強〉，《聯合報》，2001年11月25日，32版；李達義，〈中國菜香挑戰洋嘴　陳鴻下月底赴法掌廚〉，《聯合報》，1998年12月17日，26版。

61 （清）朱彝尊，《食憲鴻秘》，頁35、75、163，（清）袁枚，《隨園食單》，頁26-27、40。

但也可能只是象徵豐盛或取其諧音。

　　其次，三杯雞味道濃郁，以醬油、麻油與米酒加上佐料薑片、蒜頭、辣椒與九層塔烹飪出的獨特味道，深受消費者喜愛。有生意頭腦的業者與廚師將「三杯」烹調方式延伸至其他肉類、蔬菜以及海鮮，發展出特殊的「三杯料理」，例如中南部甘蔗園有許多田鼠，當臺糖採收甘蔗之際，許多田鼠跑出被補而成為餐桌佳餚，嘉義鹿草鄉「和樂食堂」就提供「三杯鼠肉」，嘉義太保也有「三杯田鼠」，往南的屏東來義也有「三杯田鼠」（又稱為山河肉），甚至有些消費者認為田鼠味道更勝土雞。[62]

　　除了田鼠外，很多食材也以「三杯」方式烹調，例如新北市屈尺的餐館推出「三杯鹿筋」，是一道下酒好菜；桃園「雞同鴨講」餐館推出「三杯龍尾」，就是以「三杯」方式烹調豬尾巴。此外，南部餐館推出「三杯虱目魚肚」、埔里「方正古」餐廳推出「三杯鰻」（韭黃鰻）、屏東恆春「阿利海產店」推出「三杯鯖河豚」、桃園平鎮店家以「三杯鱉」吸引顧客、苗栗餐館推出「三杯茶樹菇」，「三杯茄子」也是受歡迎的家常菜。[63]上述報導顯示，臺灣

62 朱振藩，〈食鼠趣〉；雷顯威，〈冬令進補 饕客新選擇 三杯田鼠 比雞肉來嫩〉，《聯合報》，1999 年 12 月 22 日，20 版；溫筆良，〈山區部落 秋末流行吃田鼠 熱炒「山河肉」一盤要兩百多元 比牛、豬肉還貴〉，《聯合報》，1999 年 11 月 2 日，20 版。

63 潘秉新，〈海釣高手 端出鮮味 生魚片鮮甜 紅燒無骨魚入味 鹿筋也是一絕〉，《聯合晚報》，2001 年 8 月 31 日，21 版；潘秉新，〈雞同鴨講 吃雞餐 聽民歌演唱 柑米苔目冰 一碗裝滿滿〉，《聯合晚報》，2001 年 6 月 30 日，34 版；不著撰人，〈虱目魚分列式 頭、背、腹各有妙滋味〉，《聯合晚報》，1999 年 8 月 1 日，16 版；余炎昆，〈方正谷餐館 鄉村披薩 蛋皮打底 鋪上豆腐香菇 夠健康〉，《聯合晚報》，2001 年 11 月 17 日，14 版；朱振藩，〈美食之旅 訪恆春古城 呷鮮找阿利〉，《經濟日報》，1998 年 8 月 23 日，18 版；游文寶，〈鱉血傳可壯陽 鱉肉鮮嫩可口 年節滋補嘗嘗甲魚〉，《聯合報》，2000 年 2 月 2 日，20 版；不著撰人，〈白帶魚九層塔湯 鮮美

各地均出現「三杯菜餚」，相當受到歡迎。

六、小結：「三杯雞」菜餚的反思

就「三杯雞」在戰後臺灣的出現與變遷，經過本文抽絲剝繭的分析與討論，可歸納出以下幾個面向。

首先，三杯雞反映了「一道菜餚，各自表述」。戰後初期，當外省族群在臺灣嚐到「三杯雞」，其味道與中菜的「醬油炒雞」或是「信豐雞」類似，將三杯雞與原鄉菜餚進行連結與嫁接，因而有三杯雞來自「江西」、「山東」或「北方」等地的說法，但並未提供任何佐證資料，實際的烹製方式也不盡相同。由於戰後外省族群掌握了中文話語權，「三杯雞源自中國」的觀點多見於食譜與報章雜誌上，逐漸發展成一種說法，這是「第一種表述」。

然而，經過訪談多位臺籍資深廚師與餐飲業者，他們都認為「三杯雞源自臺灣南部農村」並提出兩種說法，分別是農家「節儉惜物」與婦女做月子的「乾版麻油雞」。上述受訪者來自臺灣不同地區，年齡橫跨不同世代，具有豐富的實務經驗，相當瞭解近代臺灣飲食的變遷，他們的觀點是有別於外省族群的「第二種表述」，同時也是在食譜與報章雜誌上無法彰顯的「另一種聲音」。

「第一種表述：三杯雞源自江西」的說法有許多存疑之處。第一，就文獻而言，倘若「三杯雞」真是江西名菜，它應該被記

西濱花園餐廳〉；楊藍君，〈錦囊妙廚　三杯茄子〉，《聯合晚報》，2001 年 9 月 7 日，21 版。

載在飲食資料內，中國許多名菜例如「東坡肉」與「南京板鴨」均可溯其起源，但遍察明清時期到民國時期江西地方志與食譜，均未發現任何「三杯雞」資料。

第二，就傳播方式而言，戰後國民政府遷臺，中式菜餚以「區域性菜系」的方式傳至臺灣，包括「川菜」、「粵菜」、「江浙菜」、「北方菜」等，每個菜系各有一系列菜餚，例如：「川菜」有麻婆豆腐、樟茶鴨與銀絲卷，「粵菜」的柱侯牛肉、飲茶點心與煲湯，「江浙菜」的小籠包、獅子頭與龍井蝦仁，以及「北方菜」的北平烤鴨、炸醬麵與各式餅類。假若三杯雞真源自江西，這道菜餚應該依附在「贛菜」系統內，但臺灣很少看到江西餐館，沒有足夠多的江西人口作為其消費族群，也無法找到其傳播管道，基於上述理由，「三杯雞來自江西」的說法很難成立。

總結來說，隨著戰後臺灣養雞技術的進步，以及1970年代「土雞城」在臺灣各地的出現，「三杯雞」已成為社會大眾耳熟能詳的一道料理。不僅在臺灣受到歡迎，海外的臺菜館也將「三杯雞」列為故鄉菜餚之一，「醬油」、「麻油」與「米酒」再加上「九層塔」等佐料，「標準化」烹製的三杯料理已成為道道地地的臺灣菜餚。

「三杯雞」食譜一

- **材料**：雞腿2支、大蒜7-8粒、薑10片、九層塔3支
- **調味料**：黑麻油1/2杯、米酒1杯、醬油1/4杯、糖1茶匙
- **作法**：
  1. 將雞腿洗淨，斬剁成小塊。大蒜小粒的不切，大粒的切兩半。

2. 鍋先燒熱，再加入麻油燒至七、八分熱，放下大蒜及薑片（最好用老薑）爆香。再將雞塊入鍋，以大火煸炒，炒至雞塊變白沒有血水時，才由鍋邊到入米酒與醬油，加入糖和一整支的紅辣椒，大火煮開。

3. 蓋上鍋蓋，改以小火燜至雞塊熟透且湯汁僅剩不到半杯為止，關火，加入另一支切段的紅辣椒與九層塔，略拌即可上桌。

資料來源：程安琪，《廚房新鮮人》（臺北縣：旗林文化出版社，2003），頁 16-17。

「三杯雞」食譜二

- **材料**：棒棒腿2支、九層塔15克、薑50克、辣椒1/4條、蒜6顆
- **調味料**：醬油膏2大匙、糖2小匙、米酒3大匙
- **作法**：

1. 薑洗淨去皮切片；蒜洗淨去皮削去兩邊；辣椒去籽切片；九層塔洗淨摘去老梗備用。

2. 熱鍋：加入2大匙沙拉油，放入蒜仁、薑片以小火炸至金黃，再加入剁塊的雞腿，以中火煎至兩面略焦黃。

3. 於作法2的鍋中加入所有的調味料，用中火炒約2分鐘後，轉小火，蓋上鍋蓋，燜煮約5分鐘（中途需掀蓋翻炒兩次），起鍋前再加入九層塔、辣椒片，以大火炒至九層塔變軟即可。

資料來源：康鑑文化編輯部，《經典家常菜料理王》（新北市：人類文化事業股份有限公司，2018），頁 70-71。

第 **6** 章

結論：東亞飲食文化的流變

　　本書討論了近代東亞中國、日本與臺灣特殊的食物，分別是「鱘魚」、「河豚」、「鱉」與「三杯雞」，除了論述個別食物的特殊性外，也說明了東亞地區的飲食文化與區域間的互動關係。本章結論提出以下觀察，與讀著們一同思考東亞飲食文化的流變。

一、東亞區域間「飲食文化」間的交互影響

　　人類的歷史本身就是文化交互影響的過程，飲食自然不免於外。透過遷移、貿易、宗教與戰爭，不同區域間的飲食互相接觸、衝突與融合，進而發展出新樣貌。最著名的例子莫過於1492年開始的「哥倫布大交換」（The Columbian Exchange），促成歐洲舊世界與美洲新大陸在食材與飲食型態交互影響，持續至今。

　　以「番茄」來說，它原本產自中南美洲的安地斯山區，西班牙人將它帶回歐洲，直到十八世紀番茄才成爲義大利飲食重要食材，今日許多人已經將「番茄」與義大利菜餚連結一起。另外，如同歷史學家Brian R. Bott 強調：「辣椒」產於美洲大陸，1570年左右經由東南亞、福建與朝鮮等地傳入中國，初始傳播甚快，因其符合「陰陽五行」與「寒熱溫涼」之屬性，不僅具有緩和身體病痛、腹瀉與治療疾病的療效，同時也可提升菜餚味道。有趣的是，明清士人的飲食偏向溫和，剛開始對辣椒接受度不高，且宗教修行者以五辛爲戒，因此辣椒未受青睞，但隨著時間改變，逐漸融入中菜系統。到了近代中國，辣椒的紅色意象與辣

嗆味道也被賦予政治和社會運動「熱情」與「活力」的意涵。[1]

　　近來歷史學者重視不同地區之間文化交流對於飲食的影響，例如歷史學家 Hyunhee Park 在 *Soju: A Global History* 以韓國「燒酒」爲例，說明「燒酒」與蒙古帝國、朝鮮王朝、日本以及墨西哥等國的文化互動均有關係，強調「跨文化交流」（Cross-cultural Exchange）對於飲食的影響。[2]

　　本書的研究課題頗能與 Park 教授的論點相互呼應，第三章〈危險的逸樂：近代日本河豚的解毒過程與消費文化〉彰顯了傳統中國對日本飲食文化的影響。長久以來，日本積極學習中國的飲食知識，包括茶道、佛教素食以及漢藥本草等。到了宋代，蘇東坡與梅聖俞等文人提倡「吃河豚值得一死」，該飲食風尚也傳至日本，導致江戶時期出現眾多讚詠河豚美味的詩文。顯而易見地，中國的「河豚」飲食文化對於日本有深遠的影響。然而，我們卻又看到，日本不僅只是學習和模仿，十九世紀明治維新以後，透過醫學研究的努力，成功化解了河豚飲食最令人害怕的中毒危機，造就了日本飲食中非常特殊的「河豚料理」。

　　「河豚料理」顯示了日本擅長吸收並改良他國飲食，加以內化之後創造出獨樹一幟的風格。除了河豚之外，「南蠻料理」、「洋食」以及我們熟悉的「拉麵」，都是日本與他國飲食交流、融合再創新的例證。

　　本書第四章〈滋血液、養神氣：日治到戰後臺灣的養鱉知

1　Brian R. Dott. *The Chile Pepper in China: A Cultural Biography*. New York: Columbia University Press, 2020.

2　Hyunhee Park. *Soju: A Global History*. Cambridge: Cambridge University Press, 2021, pp. 234-244.

識、養殖環境與食補文化〉，也反映了「跨文化交流」對於飲食的影響。日本的「漢藥食補」知識源自中國，傳統本草的「陰陽五行」與「以形補形」觀念界定了「鱉」的食補療效，這套「鱉補」知識從中國傳至日本，透過日本醫書的記載，使得日本視鱉為滋補聖品。1895 年日本領臺後，在殖民地臺灣發展養鱉事業，並傳入養殖技術，奠定臺灣養鱉產業的基礎。二次戰後日人離臺，臺灣養鱉市場萎縮，1990 年代中國發生「馬家軍事件」，臺灣養鱉產業再度活絡，提供中國鱉食市場消費。鱉的故事橫跨中國、日本與臺灣，文化交流對於鱉補飲食的影響不言而喻。

二、東亞飲食中的「政治性」

　　「食物」最初是維持生命所需，但隨著人類社會發展日趨複雜，食物的意義已從單純地滿足生理需求延伸至宗教與政治層面，例如傳統中國帝王以「太勞」（多指全牛）祭祀日月與祖先，基督教「聖餐」儀式中以葡萄酒和麵包象徵耶穌的血與肉，皆顯示了食物代表的政治與宗教意涵。歷史上更有許多為了爭奪食物資源與貿易機會衍生的政治事件，1773 年身處英國殖民地波士頓的人們，反對英國課稅與壟斷茶葉貿易而進行抗議（史稱「波士頓茶葉事件」），最後竟然引發了 1775 年的「美國獨立戰爭」，改寫了英國與美國的歷史。

　　本書第二章〈權力的滋味：明清時期鰣魚的賞賜與品饌文化〉就是彰顯食物「政治性」的最佳例子。「祭祀」是傳統中國皇室最重要的儀式之一，藉此確立帝王的統治與國家的威望。明清時期「鰣魚」不僅是祭祀「南京孝陵」與「北京太廟」的祭

品，同時也由皇帝賞賜給大臣，彰顯王權與尊貴。換言之，鰣
魚已從尋常魚類轉變爲兼具宗教性與政治性的象徵。此外，「鰣
貢制度」勞民傷財，其沈痼也引起江南士人的批判，他們透過詩
文，從鰣魚的魚性（惜鱗與多刺）以及鰣魚的珍貴性，衍伸爲處
事哲學與爲官之道，充滿了濃厚的政治意涵。

　　食物與政治力的關係，在本書第三章〈危險的逸樂〉一文也
可看到。「河豚」飲食不僅反映了傳統中國與日本的文化接觸，
也顯示「政治」如何改變了食物消費。十九世紀晚期日本的「明
治維新」，不僅改變了政府組織、軍事體制與外交型態，同時也
推動衛生、醫學、文化與社會的創新。日本醫學研究者透過實
驗與現代科學方式釐清「河豚」毒素，促使日本發展特殊的「河
豚料理」（pufferfish cuisine），包括河豚生魚片、河豚鍋物、河豚
雜炊、炸河豚與河豚酒等。換言之，若沒有「明治維新」的政治
改變，日本也無法形成獨樹一幟的「河豚料理」。

　　第四章〈滋血液、養神氣〉關於「鱉補」的故事也彰顯了「食
物」與「政治」之間的緊密關係。臺灣的養鱉事業是在日治時期
發展起來的，受到「殖產興業」政策影響，日本在殖民地臺灣投
入大量資金與人力技術，進行鱉隻養殖試驗，並將鱉運回日本
國內消費。在此階段，臺灣總督府政治力的介入是臺灣養殖業
的重要推手。另一方面，二次戰後日人離臺，國民政府水產政
策的改變導致臺灣養鱉業每下愈況，直到1990年代，中國「馬
家軍事件」意外地讓「鱉食進補」風靡一時，深具經驗與技術的
臺灣業者成爲中國鱉食市場的主要供應者。爾後中國養鱉技術
成熟，對臺灣依賴大幅下降，又促使臺灣業者走向轉型，發展
出傳統鱉食以外的商品（鱉粉、鱉精等）。簡言之，近代臺灣養

鱉技術的發展與變遷，其實與明治時期、臺灣總督府、國府遷台以及中國等政治力息息相關。

三、飲食菜餚的「在地化」

前文提到飲食文化之間時常交互影響，譬如韓國「燒酒」的形成受到蒙古等外來文化的影響。然而，當某一項飲食進入當地之後，便與該地區的自然環境、風俗習慣與飲食知識相互交融，透過「在地化」的過程，發展出特殊的樣貌。

「河豚」在傳統日本並非水產飲食的主流，其毒性讓不少人望之卻步。然而，當河豚毒素被成功解析之後，自然地融入了日本的飲食脈絡，發展出迥異於中國的河豚菜餚。中國烹飪河豚的方式以「煎炒」和「羹類」為主，多加入豆腐、火腿與冬筍提味。然而，日本的「河豚料理」展現完全不同樣貌。首先，最著名的是「河豚刺生」，將河豚魚片切薄後擺放在精美的花紋器皿上，不論是「菊盛り」（菊花擺盤）或者「鶴盛り」（白鶴擺盤），皆搭配「橙醋」與「藥味」一起入饌。其次，日本以油煎、炸烤、煮物與湯類等方式烹飪河豚，其技法與佐料皆與傳統中國的河豚菜餚不同。另外，日本還有「河豚鰭酒」與「白子酒」供顧客享用。換言之，日本的河豚料理雖然受到中國影響，但經過時代變遷、技術的改變、在地食材與飲食習俗的融合，日本發展出獨一無二的「河豚料理」，使其成為日本在地的菜餚。

另外一個飲食「在地化」的例子是「三杯雞」，誠如第五章所述，「三杯雞」的來源展現了戰後臺灣「外省」與「本省」族群對此菜餚的「各自表述」以及「飲食話語權」的更迭。就食材

與烹飪方式而言，三杯雞並非特殊菜餚，風味類似傳統中國的
「炒雞」或「醬油雞」（使用醬油、酒、油等調味料）。然而，多
位資深本省籍廚師透過他們的經驗，不約而同地提出「三杯雞」
來自臺灣南部鄉下的觀點，特別指出「麻油」、「米酒」和「九層
塔」是臺灣人慣用的調味品。有趣的是，不論「三杯雞」是否源
自中國，經過時代變遷與諸多因素，包括「土雞城」的出現、廚
師之間的交流等，這道菜餚確實經歷了「在地化」或是「本土化」
的過程，不僅全臺知名，也有固定的烹飪模式（醬油、麻油、米
酒再加上九層塔），同時發展出「三杯」系列菜餚，例如三杯中
卷、三杯杏鮑菇等，成為我們熟悉的臺灣菜餚。

四、研究方法的省思：「口述歷史」與「在地知識」

　　作為一名食物史研究者，需要借重大量的歷史資料，包括
地方志、詩文集、食譜、醫書與報刊雜誌等，透過分析比對與
考察，儘可能呈現食物發展的歷史脈絡。然而，我們也應注意
文字紀錄有其限制，無法呈現所有的故事。不論東西方，過往
的歷史紀錄多以王公貴族為對象，普通百姓以及女性的聲音往
往被忽略，因此會有「大眾史觀」（history from below）的提出。
在進行東亞食物研究的過程中，我認為「口述歷史」與「在地知
識」相當重要，可呈現文字史料的不足。

　　在〈滋血液、養神氣〉一文，除了史料文獻的分析，臺灣養
鱉業者的口述訪談資料也非常關鍵。他們熟悉日治到戰後臺灣
的養鱉歷史，同時具有豐富的實務經驗，見證了臺灣養鱉技術
與養殖環境的變化，提供了非常寶貴的知識。此外，當養鱉環

境面臨挑戰，業者也思索如何進行轉型，陸續開發出鱉精、鱉粉與鱉粉丸等商品，賦予「鱉食進補」新的型態與樣貌。

在〈傳說與滋味〉一文，為了考察「三杯雞」的變遷，除了查閱地方志、食譜與報章雜誌等資料外，本文相當倚重資深廚師與餐飲業者的經驗。他們對於臺灣在地的飲食知識非常豐富，特別是黃德興師傅見證了日治與戰後的飲食變遷，其觀點值得重視。如果缺乏了「口述歷史」與「在地知識」的運用，我們就無法追尋「三杯雞」的變遷過程，亦即這道菜餚如何從臺灣鄉村的日常飲食實踐，轉變為揚名海內外的「臺菜」，再發展出一系列的「三杯菜餚」。

然而，相較於外省族群，本省籍廚師在中文書寫與表達論述上較為弱勢，其觀點（「節儉說」與「乾式麻油雞」）無法呈現在主流媒體上。因此，關於「三杯雞」的來源，戰後臺灣的報章文獻只呈現了一種聲音，即三杯雞源自江西（或中國）的聲音，本文同時也是彰顯一道菜餚，其背後的論述是如何被建構、解釋與實踐。

在飲食文化中，「廚師」是很重要的一群人，他們是第一手接觸食材與烹飪料理的人員，對於食材變遷與品饌知識相當瞭解，近來學界對於廚師的訪談與研究日益增多，其重要性與日遽增。就西方廚師而言，著名的廚師茱利亞・柴爾德（Julia Child）貢獻畢生心血在廚藝與飲食文化上，因此學界也成立 The Julia Child Foundation for Gastronomy and Culinary Art，同時也有 The Julia Child Award 獎助飲食文化研究。在中國飲食方面，廚師地位甚早受到重視，庖人伊尹與易牙被稱為廚師之祖，歷代飲食發展過程中，廚師也扮演關鍵性的推動角色，然而近代以來

中菜廚師的研究相對匱乏，值得再進一步研究。

　　總結來說，臺灣即將邁入超高齡社會，隨著健康意識的提高，「養生」、「惜食」、「有機栽培」與「永續經營」成為大家追求的目標，為了更瞭解我們的每日飲食，「產銷履歷」或是「從產地到餐桌」已成為耳熟能詳的詞彙。若回到食物研究本身，「從產地到餐桌」的每個環節確實都蘊藏著有趣的故事，包含產地的環境與生態、栽培與養殖技術、消費市場與文化、烹飪方式、品味的形塑等，上述各面向不僅與臺灣在地社會有關，也可能涉及外來品種、國際貿易以及文化交流。食物議題的探討不僅是學術研究，也與我們的日常生活息息相關，帶領我們思索每個地方的在地知識與區域性飲食的變遷。

評瑞秋·勞登（Rachel Laudan），《食物與帝國：世界史中的烹飪》

書名：*Cuisine and Empire: Cooking in World History*

作者：Rachel Laudan

出版地：Berkeley

出版者：University of California Press

出版時間：2013

頁數：464

　　近年來食物研究（food studies）在西方學術界不同學科的討論上相當熱門，議題新穎且多元，相當程度上反應了食物議題在當今社會的重要性與複雜性。在食物研究回顧的脈絡中，若以鳥瞰方式觀察，大抵可發現食物研究逐漸從單一議題的研究方式，[1] 朝向更寬廣多元的討論面相，例如食物技術、飲食哲學、烹飪品味、環境變遷、社群移民、食物安全以及文化認同等。[2]

1　受到人類學家 Sidney W. Mintz 討論糖與權力的重要著作（*Sweetness and Power: The Place of Sugar in Modern History*），以及 Arjun Appadurai 提供甚具說服力關於物質文化的研究方式（*The Social Life of Thing: Commodities in Cultural Perspective*）的影響，不少學術著作討論單一特殊食物的歷史，同時也論及這些特殊食物背後的文化影響，例如殖民主義、國族主義和哥倫布大交換的影響。管見所及，這些作品包括：Pierre Laszlo, translated by Mary Beth Mader. *Salt: Grain of Life*. New York: Columbia University Press, 1998; Judith A. Carney. *Black Rice: The African Origins of Rice Cultivation in the Americas* Cambridge, MA: Harvard University Press, 2001; Patricia Herlihy. *The Alcoholic Empire: Vodka and Politics in Late Imperial Russia*. London: Oxford University Press, 2002; Yangwen, Zheng. *The Social Life of Opium in China*. Cambridge: Cambridge University Press, 2005; John Soluri. *Banana Cultures: Agriculture, Consumption, Environmental Change in Honduras and the United States*. Austin: the University of Texas Press, 2005; Christine M. Du Bois, Chee-beng Tan, and Sidney Mintz eds. *The World of Soy*. Illinois: University of Illinois Press, 2008; John Reader. *Potato: A History of the Propitious Esculent*. New Haven: Yale University Press, 2009; Carol Benedict. *Golden-Silk Smoke: A History of Tobacco in China, 1550-2010*. Berkeley: University of California Press, 2011.

2　晚近以來食物研究主要趨勢是：地域上主要以國家或者特定地區為主，研究議題則相對多元。管見所及，這些作品包括：James Walvin. *Fruits of Empire: Exotic Produce and British Taste: 1660-1800*. London: Macmilllan Press, 1997; Amy Bentley. *Eating for Victory: Food Rationing and the Politics of Domesticity*. Urbana: University of Illinois Press, 1998; Jeffrey M. Pilcher. *¡Que vivan los tamales! Food and the Making of Mexican Identity*. Albuquerque: University of New Mexico Press, Author, 1998; Ken Albala. *Eating Right in the Renaissance*. Berkeley: University of California Press, 2002; Melitta Weiss Adamson ed. *Regional Cuisines of Medieval Europe*. New York: Routledge, 2002; Priscilla Parkhurst Ferguson. *Accounting for Taste: The Triumph of French Cuisine*. Chicago: Chicago University Press, 2004; Paul Freedman, Joyce E. Chaplin, and Ken

　　本書作者Rachel Laudan教授目前是德州大學奧斯丁分校訪問研究員，繼1996年出版T*he Food of Paradise: Exploring Hawaii's Culinary Heritage*之後，2013年又出版*Cuisine and Empire: Cooking in World History*。本書與前述食物研究書籍的研究取徑相當不同，在時間討論上，本書從遠古時期進行到二十一世紀，在區域範圍上，本書討論地球上曾經出現帝國統治的區域，如此長時間與大範圍的研究方式是學者極少觸及的。此外，本書主標題是*Cuisine and Empire*，副標題是*Cooking in World History*，若要具備合理且具有說服性的論點串起不同歷史與不同帝國的飲食發展，作者顯然掌握特定且關鍵的研究論點與論述方式貫穿此書。

　　這本探討世界飲食歷史的專著，除導論之外，主體分為八章。在〈導論〉部分，Rachel Laudan（以下以作者稱之）提出她的主要論點：「飲食哲學」（culinary philosophy）對於人類飲食文明的發展極其重要。[3]作者強調：除了關注烹飪技術的不斷創新，以及可食用之動植物種類陸續增加的事實，研究「食物史」（food history）的學者尚需注意到深植於人類社會，卻不容易具體呈現的「飲食哲學」。具體而言，「飲食哲學」包含社會的政經因素、宗教信仰、人類本身與生活環境的互動，並經常受到上層菁英的影響。所謂的上層菁英包含哲人、宗教領袖和改革者。例如：

Albala eds. *Food in Time and Place: The American Historical Association Companion to Food History*. Berkeley: University of California Press, 2014.

3　Culinary 該字在中文翻譯上並沒有意義完成等同的詞彙，意義約略是：烹飪的、廚房的、用餐的，並可衍生形容準備食材、烹飪食材與品饌食物等活動。culinary philosophy 在本書的使用脈絡上貼近於人類歷史上不同社群所有外在與內在飲食活動的思考方式，包括食材取得方式、食物烹飪與保存方式、營養與衛生知識，以及食物品饌方式，因此筆者在本文使用「飲食哲學」討論。

哲人孔子、柏拉圖、蘇格拉底；宗教領袖有釋迦摩尼、耶穌基督與穆罕默德；另外還有社會各領域的改革者，例如：希波克拉底（希臘醫學之父）、帕拉賽爾蘇斯（歐洲中世紀占星士與醫師）、馬丁路德、喀爾文以及馬克思等人（頁6）。

　　作者從自己居住過的夏威夷開始，討論「飲食哲學」對於夏威夷當地不同移民社群的重要性。夏威夷匯集了西元前5至3世紀，波里尼西亞原住民帶來的食物（芋頭、雞、狗、豬等）、18世紀英國移民（Anglo, British and Americans）帶來牛肉與小麥飲食，以及19世紀遷移而來的東亞移民（米食、火爐與炒鍋）。作者論證夏威夷移民社群的飲食文化皆與其獨特的「飲食哲學」緊密結合，此乃作者討論「飲食哲學」如何在世界各地發展的原點。此外，本書另一個重要論點是，作者比較世界各主要帝國內人員流動與物質交換，並觀察各地區的飲食文化如何在「高階飲食」（high cuisine）與「低階飲食」（humble cuisine）之交互激蕩下形成。[4]作者在導論也申明：由於飲食歷史牽涉範圍過廣，在無法面面俱到情況下，她未能討論災荒、饑荒以及部分農業問題（頁5）。

　　第一章〈學習穀物烹飪，20,000-300B.C.E.〉討論早期人類以狩獵與遊牧爲主，「火」的使用使人類從「生食」跨越到「熟食」，這是一個重大的飲食變遷。廚房的作業環境也改變了食物的外觀：食物可經由發酵（fermenting）、浸泡（soaking）、過濾

4　本書作者對high　cuisine與humble　cuisine沒有提出特殊解釋，但這兩個詞彙主要形容傳統世界不同帝國內統治階層與非統治階層的飲食概況。這兩個詞彙在中文翻譯上並沒有完全準確的對照翻譯，爲了貼近作者討論不同帝國內的飲食概況，筆者以高階飲食形容傳統帝國內統治階層（菁英階層）在飲食方式上強調食材講究、細緻費時的烹飪方式與高尚典雅的用餐禮儀。反之，筆者以低階飲食形容傳統帝國內統治階層以外的飲食方式，例如食材普通、烹飪方式簡單與平庸的飲食方式。

（leaching）與切磨（cutting）等過程，呈現不同的外觀。早期人類主要居住地區包括美索不達米亞平原、尼羅河流域、印度西北部與黃河流域。這些地區皆以大小麥（barley and wheat cuisine）和粟黍（millet cuisine）為主食。美洲熱帶地區以則木薯飲食為主（cassava cuisine），包括蕃薯、豆類、藜麥與玉米，尤以玉米最為重要。簡言之，早期人類的糧食系統分為「穀類食物」（grain cuisine）與「根莖食物」（roots cuisine），這類糧食的優點是卡路里高、容易繁殖與採收。作者認為，當時可能出現數十種大小不一的飲食系統，但只有「穀類食物」與「根莖食物」足以支撐城邦、階級社會與國家發展。「獻祭儀式」（sacrificial ritual）與「高階飲食」皆在此環境下產生，出現了職業廚師、大廚房、豐盛食材與菁英消費階級。相對於此，「低階飲食」缺乏特色，食材簡單，百姓三餐甚至缺乏保障。簡言之，作者認為此時期「飲食哲學」的實踐就是人類的「獻祭」活動，神提供穀類食物並教導人類烹飪，人類則以食物獻祭回饋神。

　　第二章〈古代帝國的大小麥獻祭飲食，500 B.C.E.-400 C.E.〉說明此時期數個歐亞帝國的飲食基礎為大小麥。這幾個帝國若依照時間先後順序為：阿契美尼德王朝（Achaemenid Empire，波斯第一帝國），希臘化時代（Hellenistic period）、羅馬帝國（Roman Empire），往東到今日印度的孔雀王朝（Mauryan empire, 322-185 BCE），東亞的漢帝國（296BC-220 AD）等。上述帝國的飲食各具特色：波斯帝國的主要範圍是今日的伊朗，他們信仰拜火教，強調稅收與朝貢，主食有大麥、肉類、乳酪和雞蛋；希臘化時代（Hellenistic period）結合希臘、波斯與馬其頓地區的飲食；孔雀王朝的高階飲食以食材多元著稱；羅馬帝國以軍事強大著稱，

有完善的食物政策，軍隊食物完備，高階飲食簡單不奢華。值得注意的是，羅馬帝國的「飲食哲學」講究餐具和專業廚師烹飪，這項特色後來受到14世紀西歐教會神學家的提倡，盛行於18世紀的歐洲與美洲。東亞的漢帝國在飲食上與羅馬帝國頗為相似，以大小麥為主食，將其製成餅食用，賈思勰的《齊民要術》是了解漢帝國飲食的重要參考著作。此外，當時美洲原住民婦女以玉米（maize）製成今日的墨西哥薄餅（maize tortillas），以此為主食，也食用火雞、狗、鹿與鴨。簡言之，西元前2世紀的全球食物地圖是以大麥、小麥與小米為主流，由於食物製作與加工技術的提昇，城市商業化，這些因素均促使歐亞帝國穩定發展。然而，此時期帝國內的哲學家與宗教領袖也開始批判階級制度與獻祭文化帶來的陋習。

　　第四章〈中亞與西亞的伊斯蘭飲食，800-1650 C.E.〉討論伊斯蘭飲食繼承部分波斯帝國與希臘時代的飲食，主要食物為麥製麵包、香料食物、辣味食物、精緻的油酥麵團以及糕餅等。伊斯蘭飲食分布範圍非常寬廣，往西到達西班牙，往南到達撒哈拉沙漠南端，也遍及部分東南亞國家與中國邊界。伊斯蘭的飲食發展與幾個帝國歷史緊密相關，包括拜占庭帝國（Byzantium empire, 330-1204）、薩珊帝國（Sassanid empire, 224-651）、鄂圖曼帝國（Ottoman empire, 1299-1923）以及蒙兀兒帝國（Mughal empire, 1526-1858）。其中特別重要的是鄂圖曼帝國受到波斯、拜占庭與伊斯蘭飲食影響甚深，著名食物有羊肉、雞肉與牛肉（以燒烤方式處理）、優酪乳、抓飯（pilau rice）以及麥製麵粉製成的食物，乃今日土耳其飲食的前身。此外，蒙兀兒帝國領土包含今日印度大陸大部分地區，該帝國善於吸收征服地區的飲

食文化，重要食物有香料、米、瓜類水果、羊製酥油等。該帝國統治眾多人口，農業與灌溉系統發達，是今日印度北部的飲食文化前身。簡言之，可蘭經對飲食持正面態度，但禁止食用豬肉與動物的血，屠宰方式必須依照可蘭經宰殺，以小麥製成的皮塔餅（pita）是主食。又，伊斯蘭飲食在糖的使用以及酒類蒸餾兩項相當著名，其「飲食哲學」乃強調享受美好食物為人類生活的一大樂趣。

　　第五章〈歐洲與美洲的基督教飲食，100-1650.C.E.〉論述基督教飲食（Christian cuisine）從羅馬與猶太飲食中發展出來，「飲食哲學」著重聖餐儀式（麵包象徵耶穌身體，酒象徵耶穌血液，以及五餅二魚的故事）。相較於其他宗教的飲食限制，基督教的飲食限制不多，喜好發酵的小麥麵包、肉類與酒。基督教飲食以西歐和昔日巴比倫帝國內部分地區為主，之後隨著16世紀西班牙帝國（Iberian empire）的擴張傳至美洲新大陸，再經由大航海路線傳到非洲與亞洲部分港口。作者強調：到了17世紀，佛教、伊斯蘭與基督教影響下的飲食文化已成為當時世界飲食的三大主流。

　　第六章〈現代飲食的前奏：1650-1800的北歐〉探討西北歐現代飲食出現前的重大歷史事件與影響。當時西歐歷經不少政治與宗教運動洗禮（共和主義、社會主義、宗教改革與科學革命等），宗教改革者主張人人有資格追求宗教救贖，並強調個人與家庭飲食的重要性，貴族宴會與高階飲食逐漸沒落，不再強調階級準則（hierarchical principle）的飲食觀念。重要國家如法國、荷蘭與英國皆從傳統飲食邁向現代飲食，共通點是喜愛麥製白麵包、牛肉、糖和新式非酒精飲料。此外，因為農作技術提

昇以及穀物收成穩定的影響下，以普羅大眾為主的「中階飲食」
（Middling cuisine）出現，[5]此時食物價格不若昔日昂貴，社會大眾
有更多消費食物的機會。

　　第七章〈現代飲食：普通飲食的擴張，1810-1920〉討論
19世紀以降，大英帝國的「英式中階食物」（Anglo Middling
Cuisine）隨著英國殖民主義擴張到世界各地。其特色為以小麥
麵包與牛肉食品為主，以工業化方式大量生產，以及縮小了傳
統社會「高階飲食」與「低階飲食」的距離。作者認為，中階飲
食（middling cuisine）的發展過程是從資產階級（bourgeoisie）傳
到受薪階級（salaried middle classes），再傳到勞工階層（working
class）。其中「白麵包」（white bread）因為方便攜帶，特別適合英
國工業革命背景下的礦工階層。進入20世紀，大小戰爭改變了
全球的飲食結構，例如兩次世界大戰使得大量歐洲與亞洲移民來
到美國，帶入新的飲食文化。戰爭也意外地帶來軍事方面的糧
食改革，例如罐頭食品、食物標準化、長時間保存等。另一方面，
雖然社會崇尚攝取蛋白質攝取、偏好牛肉，以及講究營養理論，
但也有不少團體強調傳統飲食價值，提倡素食主義的健康觀念，
以及強調食用肉類可能帶來的動物傳染疾病。

　　第八章〈現代飲食：普通飲食的全球化：1920-2000〉討論
美國速食工業（以麵包與牛肉製成的漢堡為主）如何在全球化的
潮流下擴張到世界各個角落，同時也討論帝國主義瓦解後產生
許多新興的民族國家（nation-state），而現代國家飲食（national

5　作者強調：當傳統社會內的「階級準則」式微之後，middling cuisine在高階飲食與
　　低階飲食中產生。筆者以「中階飲食」描述該詞彙在近代早期世界出現的意義，
　　並有別於傳統社會的高階飲食與低階飲食。

cuisine）就是此歷史潮流下的產物。此外，未開發、開發中以及已開發國家的地區疆界取代了傳統社會「高階食物」與「低階食物」的界線，衍生出新的食物問題，例如區域性公平貿易失衡（糧食過剩與糧食供給）以及傳染病與食物安全等。

整體而言，本書在取材與撰寫方式上饒富新意，作者具備飲食歷史的專業知識，利用不同時代的帝國歷史及其飲食哲學來理解世界食物史。此外，作者利用特殊詞彙來解釋飲食在世界歷史上的變化，例如根莖飲食、穀類飲食、大小麥飲食、飲食哲學、高階飲食、中階飲食以及低階飲食等。透過上述詞彙的掌握，讀者得以迅速地掌握作者在書中的關鍵論點。

然而，本書也有值得商榷之處，例如作者使用高階飲食、中階飲食與低階飲食是否可以準確的描述傳統世界特定地區或者特定帝國社會不同階層的飲食方式呢？以筆者較熟悉中國歷史而言，至少從宋元以降到明清時期，不少士人階層可以優遊不同地區，品嚐平庸無奇卻新鮮殊異的地方食材，享受無拘無束的飲食環境，並能以詩文創作方式將再尋常不過的烹飪行為寫成饒富詩意的文學作品，進而提昇飲食文化層次。在此意義上，中國士人的飲食方式可能同時包含上述三種飲食方式的元素，卻很難歸類屬於哪一種？換言之，當作者描述傳統帝國不同社會階層內的飲食方式時，可能需要更彈性的飲食詞彙來說明特殊情況。即便有此些微疑義，總地來說，本書在內容撰寫上條理分明，論證具說服性且徵引資料豐富，再加上作者深厚紮實的飲食歷史專業知識，使得本書成為有志於世界史與食物史研究者值得一讀的專著。

本文原刊於《新史學》第27卷第3期，2016年9月，頁 243-252

評 喬治・索爾特（George Solt），《拉麵的未知歷史：日本的政治危機如何釀成一項世界食物狂熱》

書名：*The Untold History of Ramen: How Political Crisis in Japan Spawned a Global Food Craze*

作者：George Solt

出版地：Berkeley

出版者：University of California Press

出版時間：2014

頁數：xv+ 222

　　近年來日本食物（Japanese cuisine）的研究議題，不論在東亞或者西方英文學術界受到相當重視。的確，日本料理經常呈現四季分明的季節感受，訴諸簡單樸素的烹飪方式，以及追求自然和諧的用餐氣氛，這些飲食現象經常吸引消費者注目甚至嘖嘖稱奇！如果將上述飲食現象放在學術研究脈絡，許多研究議題可能源源出現：例如賞心悅目的日式高級餐飲「懷石料理」與「精進料理」其實源自於日本中世紀僧侶寺院。此外，受限於日本天武天皇的「禁食肉令」，明治維新之前的日本在肉食消費上比例甚低。在悠久的歷史長河中，日本料理與中國食物有哪些交流？此外，明治維新之後，日本食物在「富國強兵」的口號下出現哪些改變？甚至「便當文化」在日本家庭主婦與快速變動的戰後日本具有哪些特殊意義？

　　不同領域的學者已經關注到上述議題並研究出具體成果。以英文學術界為例，Eric C. Rath 在 *Food and Fantasy in Early Modern Japan* 討論食物在近代早期日本（大約從 15 世紀到 18 世紀）如何從「象徵性」與「裝飾性」的食物演變成「實用性」為主的日本料理。又，Theodore C. Bestor 在 *Tsukiji: The Fish Market at the Center of the World* 討論日本東京築地（世界最大魚貨拍賣市場）的歷史、水產海鮮的經營策略，以及築地水產海鮮在大東京地區食物消費上的重要性。此外，Katarzyna J. Cwiertka 在 *Modern Japanese Cuisine: Food, Power, and National Identity* 論證近現代日本食物的形成與明治維新的成功以及二十世紀日本頻繁對外戰爭息息相關。

　　George Solt（以下以作者稱之）的專書 *The Untold Story of Ramen: How Political Crisis in Japan Spawned a Global Food Craze* 改寫

自畢業於加州聖地牙哥大學歷史系的博士論文，討論近年來在東亞以及世界大城市相當受到歡迎的拉麵，關注它在近代日本飲食文化呈現的複雜性與多元性，並如何成爲日本人喜愛的「國民食物」(national food)，甚至在海外成爲象徵日本「軟實力」的文化表現。在本書內容討論上，除了前言與結論外，一共分成五章。在導論「國民食物」(National Food)，作者論證如何以「拉麵」作爲研究方法與議題，進一步討論它在二次戰後日本社會的重要性。書中研究議題包括：中國麵食文化（移民與廚師）對拉麵的影響、二次戰後美援（麥類援助）對日本消費拉麵的提倡、拉麵在日本戰後經濟起飛的重要角色（迅速提供食物能量，並扮演上班族宵夜充飢角色）、拉麵消費造成日本糧食改變（麥類超過米）、日本重新定義拉麵角色（除去中國因素，並加入日本歷史元素）、日本慢食文化的提倡（慢工熬煮拉麵高湯）、以及藉由拉麵在海外消費市場重新提倡日本精神的「軟實力」。

　　爲了深入討論上述議題，作者具體簡介「什麼是拉麵」？（麵條加上特殊食用蘇打粉增加口感、高湯製作方式與種類，以及日本拉麵種類），拉麵從中國傳入日本的歷史脈絡（十九世紀從中國傳入日本，最初在橫濱出現，二十世紀初期日本人開始消費，拉麵名稱的改變，以及日本不同地區拉麵的差異），拉麵在日本如何發展（二次戰後糧食短缺、美國經濟援助影響、日本經濟起飛、以及八零年代大眾媒體提倡），並提到安藤百福的日清泡麵對日本拉麵的推波助瀾，以及晚近以來拉麵文化如何在海外（特別是北美與西歐大城市）形成日本特殊的軟實力展現（速度、風尚與新的日本精神）。簡言之，作者把拉麵議題放在日本飲食文化與政治變遷的大環境下討論。

　　第一章〈街頭生活：日本工人的中國麵食〉(Street Life: Chinese Noodles for Japanese Workers) ，該章討論日本拉麵的三大起源說：第一說法從明代中國逃至日本避難的儒者朱舜水將中國麵食傳給江戶時代水戶藩主德川光　，這可能是日本最早消費麵食的記錄。第二種說法是十九世紀日本受到西方飲食習慣影響以及鴉片戰爭後中國移民定居在橫濱、神戶、長崎與北海道等城市，將麵食文化傳入日本。第三種說法是日人尾崎貫一(Ozaki Kenichi)在東京淺草經營「來來軒中華料理」，雇用來自中國廣東地區的廚師，並以醬油、豬肉片、魚板與海苔等食材作為拉麵（當時稱「支那麵」）的基本元素。之後在「來來軒」工作過的中國廚師將烹煮拉麵經驗帶到日本不同地區，擴大麵食消費階層。明治維新之後工業迅速發展以及人口往城市集中，便宜但含有卡洛里的「支那麵」(Shina Soba) 快速獲得工人階層青睞。然而，到了二十世紀初期，日本在東亞頻繁發動戰爭，在政府糧食管制政策影響下，外食活動迅速減少，「支那麵」消費也受到影響。

　　第二章〈艱難的道路：黑市拉麵與美軍佔領〉(Not an Easy Road: Black Market Ramen and the U.S. Occupation) 討論二次大戰前受到糧食管制政策的拉麵消費在戰後逐漸回升，主要原因是：二次戰後美國為了幫助遠東地區戰後重建工作，並防堵共產主義在東亞擴張，以經濟援助（項目龐大，糧食援助只是其中一部分）幫忙日本經濟復甦（戰後台灣也受到美國援助）。在此情況下，作為糧食援助項目之一的麥類對拉麵消費影響甚大。在1944到1947年期間，日本受到戰爭與糧食欠收雙重影響，導致食物短缺並引起黑市刻意貯藏哄抬糧食價格。上述問題在美國經濟援助下逐漸解決，也使得拉麵重返日本消費市場。有趣的是此時

拉麵名稱已經從「支那麵」變成「中華麵」。

第三章〈向前吧！拉麵持續成長〉(Move On Up: Fuel for Rapid Growth) 討論日本拉麵消費的上升與戰後日本經濟成長密切相關。有趣的是，以麥製成的拉麵麵條挑戰了傳統日本以米飯為主食的飲食觀念，此時麵食與米食各自擁有支持者。二次戰後日本經濟逐漸復甦，當時單身男性往大城市找尋工作（以拉麵作為宵夜），簡易電子烹飪器材問世（方便烹調麵食），以及安藤百福創造的「日清速食麵」(Nissin Foods) 等環境將日本麵食消費帶上高峰。然而，當日本麵食消費（拉麵與泡麵）一片欣欣向榮之際，也有知識分子與專欄作家提出警告：過度消費速食產品可能導致日本傳統飲食文化喪失（米食文化、和食烹飪並擔憂美式速食文化入侵日本）。更嚴重的是，速食產品可能導致味覺品味的喪失甚至衍生食品安全的疑慮。當時社會不同階層紛紛對速食麵消費提出批評（威脅日本傳統飲食並導致營養攝取上的失調），但速食麵具有省時、迅速以及方便性等因素加持，迅速在日本國內與海外市場打開市場（特別是安藤百福的日清麵食以「杯麵方式」成功地打開美國市場）。

第四章〈像現在，像過去：重新塑造拉麵〉(Like It Is, Like It Was: Rebranding Ramen) 討論拉麵角色在 1980 年代後的日本獲得飲食文化上的重新詮釋，主要原因是：第一，日本政府鼓勵民眾到日本鄉村或者不同地區旅遊，多認識不同地區的地方特色。受此影響，拉麵成為上述地區彰顯地方特殊性的食品。第二，書籍與雜誌扮演拉麵知識傳播的重要角色，甚至有「拉麵達人」建立拉麵消費的權威。第三，橫濱成立「拉麵博物館」，詳細訴說拉麵歷史、拉麵店鋪經營方式、以及不同區域的拉麵文化。值得

關注的是，不少拉麵店鋪的經營者開始提昇拉麵消費層次，包括嚴選拉麵食材、鼓勵採用在地食材，以「嚴格訓練」與「創意思考」來經營拉麵店鋪，形成一種嶄新的拉麵飲食文化。此外，拉麵店鋪開始改變廚師服裝，傳統含有中華拉麵元素的服飾遭到淘汰，反之換上與日本傳統文化（與佛教有關）的服飾。更有趣的是，經營者在拉麵店鋪內外寫上日本傳統詩詞，企圖將拉麵與日本歷史傳統結合。在經營策略上，爵士、藍調與美式街頭音樂也出現在拉麵店鋪，一改過去單調的用餐環境。簡言之，1990 年代之後拉麵在日本的三大系統逐漸確立（北海道的味噌拉麵、東京的醬油拉麵與福岡的博多拉麵）。

第五章〈舌尖上的味道：美國拉麵與酷日本〉(Flavor of the Mouth: American Ramen and "Cool Japan") 提到西元 2000 年之後，當拉麵以嶄新形象出現，迅速在北美大城市受到歡迎。此時拉麵與過去象徵日本飲食的壽司不同，成功地展示新一代的「日本精神」（以嚴謹認真工作態度來區別美式速食與工作態度）。作者在結論〈時間會說話：拉麵的雙面性〉(Conclusion. Time Will Tell: A Food of opposition) 分析拉麵如何從中國傳到日本，並藉由中國籍廚師進一步散播，之後在日本深耕並成為具有日本特殊食物意涵的食品。

整體而言，該書具有下列幾項優點：第一，這本專書在史料使用上相當豐富且多元，包含作者親自進行的田野調查與口述訪問，中文、日文與英文一手資料（雜誌、文集、影視資訊與食譜），以及拉麵最新的網站資訊。第二，作者將「拉麵」放在日本歷史脈絡下考察，並著重分析二次大戰後的日本在美援影響與經濟快速成長下，拉麵如何被日本社會不同階層接受（勞工階

層、上班族群、學生階層與外國消費者），並意外地開創出許多
新的飲食議題（挑戰傳統米文化、拉麵競賽的提倡與區域認同、
以及向歐美世界重新展現日本文化的軟實力）。第三，該書的英
文撰寫十分清晰且論述甚具說服力，對研究日本與東亞飲食文
化的讀者是一本不可或缺的學術專書。

　　除了上述正面肯定之外，如果要提出建議，筆者認為作者
可在日本「國民食物」(national food or national cuisine) 議題上多
些討論，例如象徵日本年輕一代的拉麵國民食物，它與日本不同
世代的飲食認同有哪些差異處？此外，與拉麵相比，日本其他
麵食例如蕎麥麵與烏龍麵在日本飲食文化的重要性為何？或許
可以稍作比較。又，就拉麵在海外消費市場的討論，除了美國
之外，拉麵在東亞地區也受到相當歡迎，尤其是受日本飲食文
化影響深遠的台灣，如果作者再花些許篇幅討論拉麵如何反應
台灣對日本飲食的崇尚文化，那本書的論點絕對更加具體完整。
總地來說，這本討論日本拉麵飲食文化的專書論證嚴謹、史料
豐富多元，而且內容扎實有趣，是有志於日本與東亞飲食文化
研究的學者不可或缺的學術專著。

本文原刊於《中國飲食文化》第 12 卷第 1 期 ，2016 年 4 月，頁
273-279

評 陳勇（Yong Chen），《雜碎，美國：美國的中餐故事》

書名：*Chop Suey, USA: The Story of Chinese Food in America*

作者：Yong Chen

出版地：New York

出版者：Columbia University Press

出版時間：2014

頁數：ix+292

　　十九世紀以降不少華工（契約勞工或苦力）來到北美尋求工作機會，初始主要以加州地區為主，多在舊金山從事淘金並且協助建造鐵路，中菜也隨華工飄洋過海來到北美洲，從西岸逐漸傳到美國東部。從昔日到今天，中菜已不再是中國城內廉價的雜碎、芙蓉蛋以及炒麵炒飯，二十世紀隨著海峽兩岸華人陸續移民美國，他們帶來大江南北不同佳餚，以道地、精緻與富有地方特色等方式呈現中國食物的博大精深。在學術書籍方面，筆者所知目前有三本英文專著討論中國食物（菜餚）在北美發展的歷史，第一本是 Andrew Coe 的 *Chop Suey: A Cultural History of Chinese Food in the United States*，討論中菜在美國歷經不同時期的轉變，從白人帶有種族歧視與批評角度的陌生菜餚，逐漸變成不同族群均可接受的大眾食品。第二本是 Hai-Ming Liu 的 *From Canton Restaurants to Panda Express: A History of Chinese Food in the United States*，除了討論華人移民帶來中菜的背景，也注意到 1960 年代以降台灣移民對美國中菜多元化的貢獻，例如江浙與川揚菜餚的引進與台式料理的普及，最後說明 1990 年代以降「熊貓快餐」(Panda Express) 在美國迅速擴展的影響力。第三本是筆者在下文討論的專書陳勇（Yong Chen）的 *Chop Suey, USA: The Story of Chinese Food in America*，雖然也是討論「美式中餐」在美國的變遷，但書中論點與研究方法與前兩本書大有不同。

　　陳勇（以下以作者稱之）目前任職加州大學爾灣分校歷史系，在 2000 年出版第一本英文專著 *Chinese San Francisco, 1850-1943: A Trans-Pacific Community*，2015 年出版這本「美式中餐」在美國變遷的著作。在本書內容，除了前言、導論、結論與後記之外，主體一共分成八章。在導論中，作者提出一個貫穿全書

的重要疑問：「爲何中國食物（美式中餐）在美國（從十九世紀末到今天）受到如此歡迎呢？」爲了回答這個問題，作者論證「大衆消費」（mass-consumption）是美國現代社會相當重要的現象，而「物質充裕」（material abundance）恰恰支撐「大衆消費」體系的運作。十九世紀正值美國擴張之際，當時華工（洗衣工、家管以及最重要的廚師）肩負社會底層工作，初始歷經「排華法案」限制並遭遇社會歧視，最後被美國社會肯定。華工群居並建立大小規模不等的「中國城」（Chinatown），從西岸來到中西部並擴張到美東，當時「美式中餐」以便利與價錢低廉著稱，迅速獲得中下階層（特別是貧民、非裔與東歐猶太移民）青睞而穩定發展。作者強調：「美式中餐」在美國之所以能夠成功，依靠的並非美國社會對中國飲食文化的認識與喜愛，而是「美式中餐」的「便利迅速」與「低廉價錢」符合美國社會強調「大衆消費」的特質。換言之，「移民飲食」在異地土壤上的發展，必須要符合當地的社會環境與經濟條件。

　　第一章是〈爲什麼中國食物如此受歡迎？〉（Why is Chinese Food so Popular?），作者回顧「中國食物」在美國的發展概況，從家庭式的小本經營擴展到遍及美國大小城市的中國城。歷史悠久的中國飲食與法國飲食其實不相上下，然而十九世紀美國對中國認識相當有限情況下，誤解華人大啖珍禽野獸，甚至連老鼠也端上餐桌成爲菜餚，這些錯誤飲食觀念成爲美國社會對中國食物的基本認識。第二章是〈帝國與帝國食物〉（The Empire and Empire Food），作者認爲「帝國食物」（Empire food）泛指從亞非地區傳入歐美國家的食物，包括巧克力、糖、咖啡、茶以及「中國食物」。傳入美國的「中國食物」並非幾項特定食物，而是一

套飲食系統（包括食材、佐料以及烹飪方式）。十九世紀以降美
國社會開始出現中產階級，不同移民族群成爲新興中產階級的
管家，美東是愛爾蘭移民，美國南方是非裔美國人，美西則是
華人，他們共同協助美國發展成爲二十世紀的「消費帝國」。

　　第三章是〈華人廚師作爲帝國的管理員〉（Chinese cooks as
Stewards of Empire），延續第二章論證美式消費帝國的興起，作
者指出歷史上各個帝國以不同方式征服世界：羅馬帝國以軍隊征
服歐洲，英國以海軍打造「日不落國」，美國以「大衆消費」著
稱於世，當今中國則以「廉價勞工」征服全球。回到十九、二十
世紀的美國，排華政治氣氛依舊濃厚，但華人工作辛勤，除了
擔任家管幫傭以及洗衣工外，也相繼投入廚師工作，種類涵蓋
小本經營的店家、私人家庭、公司行號，甚至成爲軍隊廚師。
華人廚師除了自己熟悉的中國菜餚，也學習烹飪美式菜餚與法
國菜，在此情況下，華工與華人廚師的價值逐漸被美國社會肯定。

　　第四章是〈中國食物的搖籃〉（The Cradle of Chinese
Food），作者討論中國城的發展從加州開始，主要是馬里思
維爾（Marysville）、沙加緬度（Sacramento）以及舊金山（San
Francisco）三個城市，之後往中西部城市遷移，最後來到美東的
紐約、費城與華盛頓特區。中國城的出現帶給華人諸多便利，
彼此聚會互換訊息，也可購買到來自東方的食材、藥材與佐料。
中國城內販售的鹹魚、皮蛋、各式醃菜以及中菜雖然造福華工，
但美國社會對此味道不熟悉，甚至產生厭惡感，也造成不少負
面看法。

　　第五章是〈中式餐館的增多〉（The Rise of Chinese
Restaurants），作者指出二十世紀初期華人在製造業與掏金工作

遭到排斥，此時各地中國城初具規模，吸引華人轉向中菜館的經營。當時中國城為人詬病的髒亂環境獲得改善，鴉片館與色情業也遠離當地，逐漸成為安全且有特色的觀光景點，尤其中國城內建有廟宇、戲院、鴉片館以及東方意象的慶典活動，吸引不少美國人參訪。當時美國經濟發展促成旅遊業興起，平民百姓與政要領袖也相繼來到中國城參觀。然而，作者提醒我們：美國社會不少人來到中國城的目的不全然只是觀光，相當程度上他們想要展現「文化優越感」，藉此彰顯西方的現代衛生凌駕東方髒亂，西方的道德優越征服東方的罪惡落後。

　　第六章是〈美式中餐的製作者〉（The Makers of American Chinese Food），作者提出三大類消費群支撐美式中餐的最初發展。第一類消費群是「貧民」，他們經常聚集中國城內的鴉片館或者吸毒場所，由於中餐館價格低廉且營業時間相當長，貧民經常到此消費刺激中餐發展，這些現象尤其出現大城市的中國城，例如紐約、費城與華盛頓特區。第二類消費群是「非裔美國人」，當時不少華人到非裔社區開設中餐館並提供價格低廉的餐點，但彼此之間交流有限，因此存在種族偏見。第三類消費群是移民到美國的「猶太人」，他們到了週末經常造訪中餐館，甚至把不少中餐菜餚的製作方式寫進猶太人食譜，由於熱愛中餐緣故，猶太人社區四處可見中餐館。作者特別強調：猶太人之所以熱愛中餐有四項關鍵因素：第一是猶太人利用假日到中餐館消費，在華人無法仔細辨別猶太人與美國人（當時以盎格魯薩克遜民族為主）差異時，猶太人在內心上認為自己「更像」美國人。第二點是中餐館沒有歐洲社會的「反猶太主義傳統」，因此他們在餐館內消費自在舒適。第三點是大部分餐館在美國重要傳統節

日（聖誕假期與新年）均休息，但中餐館依舊營業，成為猶太人上餐館消費的一大福音。第四點是中餐館價格低廉且可口美味，再加上華人提供外送服務，因此深受猶太人喜愛。在推展「美式中餐」上，餐館老闆與廚師以可口菜餚征服顧客的胃，不少有志之士協助中餐館爭取工作福利與保險，反駁美國社會對中餐的誤解（吃鼠肉），積極推展中菜飲食進入美國主流社會，也善加利用華人節慶宣傳中國傳統文化，相當程度上平反了美國社會對中國食物與「美式中餐」的錯誤印象。

第七章是〈美式中餐與正宗雜碎〉（"Chinese-American Cuisine" and the Authenticity of Chop Suey），作者考證十九世紀以降中國食物在美國發展情況，除了「美式中餐」外，不少中餐館也保留正宗道地的「中國食物」，例如以海參、魚翅、鮑魚與燕窩等珍貴食材烹飪出的精緻菜餚，然而上述菜餚在準備與烹飪上耗時費工，比較適合傳統中國的士紳消費，卻無法吸引美國講究效率與價格便宜的消費者。有鑑於此，中餐館大多備有兩份菜單，一份給華人參考，另外一份給美國人點餐。美式中餐菜餚中最值得注意的就是「雜碎」（Chop Suey），它從廣東話直接翻譯成英文，許多中餐館均以此命名，同時也出現在美國的華人餐飲與廣告中。關於「雜碎」（Chop Suey）如何出現，華人圈與美國社會各有不同解釋，綜合來說，它是一項華人移民文化的產物，在形式與內容上沒有標準答案，只要以肉類（豬雞牛均可）加上蔬菜以及佐料，並且以炒鍋（wok）烹飪出來的菜餚均可稱為「雜碎」菜餚。1950年代之前，雜碎（Chop Suey）、炒麵（Chow mein）以及芙蓉蛋（Egg foo young）是美式中餐的三大菜餚，後來隨著菜餚種類更新而逐漸式微。

　　第八章是〈中國的布立雅沙瓦雷〉（The Chinese Brillat-Savarin），布立雅沙瓦雷是十八世紀法國著名的政治家與美食提倡者，作者借此找尋中國食物的提倡者。二次戰後美國出版業興盛，不少華人移民第二代開始撰寫中英文食譜，提倡中國食物的精緻性與多樣性，促使美國社會了解中國食物的博大精深。作者分析中國歷史上不同朝代的食譜，強調這些食譜內容（包含個人修行、宗教信仰、環境變遷、食材種類與烹飪方式）是理解中國菜餚的珍貴文本。當時不少女性作家投入食譜撰寫，讚揚中國食物衍生出來的人生哲學與雋永諺語（例如「治大國如烹小鮮」與「割不正不食」），並且深入淺出地介紹中國食物的烹飪方式、器具、食材與飲饌知識。

　　結論是〈回不去的家〉（The Home of No Return），作者以漢字「家」論證在華人的觀念中，有食物（豕代表食物）的地方才可稱為家，作者感慨當今美國速食（肯德基與麥當勞）以積極迅速的姿態進軍中國餐飲市場，但十九世紀中國食物卻歷經千辛萬苦才在美國立足發展，兩者巨大差異令人不勝唏噓。在本書最後，作者強調食物研究在當今學術界的重要性，尤其食物涉及族群、移民、性別、衛生與環境變遷。

　　閱讀後闔上本書，腦海立即回到筆者熟悉紐約「法拉盛」中菜畫面，令人垂涎三尺！整體而言，這本書具有下列幾項貢獻：第一，作者洞燭先機注意到華人移民與美式中餐的議題，過去學界討論華人移民大多集中「單一議題」或者「區域性研究」，例如華工在加州舊金山的掏金活動，或者華人來到紐約成立華埠。作者以「美式中餐」作為研究議題，並且討論它在美國不同地區的中國城發展，確實令人耳目一新。第二，在史料使用上，

本書利用報紙、雜誌、食譜、口述訪談以及重要二手研究，成功地把「美式中餐」的變遷過程與重要性彰顯出來。第三，本書以「為何美式中餐（中國食物）在美國受到如此歡迎」作為中心論點，分析以「雜碎」（Chop suey）為首的美式中餐利用「廉價」與「迅速」特質獲得貧民、非裔美國人與猶太人喜愛而奠定基礎，之後結合中國城的發展與更新，並配合中國傳統節慶活動，使得「美式中餐」擺脫過去的負面形象，逐漸成為美國社會主流的餐飲之一，論點扎實且甚具說服力。

除了上述貢獻外，若要提出建議補充，筆者認為本書在第八章關於「中國食物」的提倡討論上應該加入「台灣飲食文化」在北美的貢獻。第一點是傅培梅女士對海外中菜的影響。傅培梅來自臺灣，雖然沒有長住國外的經驗，但她的烹飪節目與食譜影響海外華人社群甚廣，不少食譜也翻譯成英文在美國中餐界流傳，如果作者將傅培梅女士的貢獻納入討論，那麼內容絕對更加豐富！第二點是台灣移民對「美式中餐」的貢獻，特別從1950年代到1980年代左右，美式中餐在美國發展歷經一個關鍵轉折期，當時背景是台灣移民美國數量甚多，反之當時甚少中國移民。由於生活文化與飲食習慣不同於先前的廣東移民，台灣移民建立新的居住社區並在該地經營餐館，經過一段時間之後，這些新社區也成為著名的華人社區，同時也以美味飲食著稱，西岸洛杉磯的蒙特利公園（Monterey Park）有別於傳統市區的華埠，東岸紐約的法拉盛（Flushing）也不同於曼哈頓的華埠，而且兩地均被稱為小台北（Little Taipei）。除此之外，台灣移民也美國大小城市開設餐館與超市，從台灣帶來另類的「中餐」與「台式飲食」（牛肉麵、台菜、便當文化與珍珠奶茶冷飲等），這些菜

餚與飲食文化相當程度上影響二十世紀後期美國華人社區的餐
飲發展。總之，台灣移民帶來的飲食文化（台式料理、外省菜餚
與日本飲食影響）對美國中餐發展影響不小，可惜作者在書內沒
有進一步討論

　　整體而言，本書議題新穎且立論扎實，行文流利通暢，作
者在書內發展「美式中餐」的論點時又不忘加上特殊中菜作法，
加深了讀者對中國食物的認識！如果讀者對於華人移民、飲食
文化與近代中國歷史有興趣的話，這是一本不可或缺且相當重
要的好書！

本文原刊於《中國飲食文化》第 12 卷第 1 期，2016 年 10 月，頁
173-181

評 西利希雅・沙羅比梁（Cecilia Leong-Salobir），《帝國的品味：殖民地亞洲的飲食文化》

書名：*Food Culture in Colonial Asia: A Taste of Empire*

作者：Cecilia Leong-Salobir

出版地：London

出版者：Routledge

出版時間：2011

頁數：xi+ 191

近年來討論不同區域間飲食交流的研究相當熱門，議題包括不同移民社群的飲食貢獻，殖民者與被殖民者之間的飲食交流，以及帝國框架內不同社群的飲食互動。

本書作者 Cecilia Leong-Salobir（以下以作者稱之）是澳洲西澳大學人文學院的研究員，研究興趣是歐洲殖民帝國在東亞與東南亞留下的飲食文化。該書 *Food Culture in Colonial Asia: A Taste of Empire* 討論從西元1858到1963年，「僕人」如何在英國殖民地印度、馬來西亞與新加坡扮演飲食交流的重要角色，並論證「殖民地飲食」（Colonial Cuisine）在英國殖民者與印馬新殖民地之間意外形成，其中殖民家庭內的僕人恰恰扮演該飲食形成的關鍵推動力量。除了前言與結論之外，本書一共分成五章，每一章分析一項特殊飲食議題。

作者在導論中提出本書主要論點：過去研究指出英國殖民者在殖民地只有消費歐洲飲食的觀點不正確。實際上，英國殖民者在印馬新殖民地沒有限制僕人從事食物採買與烹飪，而且英國殖民者經常食用由僕人烹調的飲食，兩者之間經常互動並發展出一套「殖民地飲食」。此外，作者強調：居住在印馬新等地的殖民「女主人」（Memsahibs，殖民時期印度人對歐洲婦女的尊稱）是英國文化在殖民地的守護者，經常協助並督導僕人從事食物採買與烹飪，同時也帶來歐洲衛生觀念，要求僕人保持廚房內的清潔與衛生。為了論證上述議題，作者引用二手研究、殖民時期的食譜與家庭手冊，以及進行相當數量的訪談紀錄。

第一章〈帝國建立者吃什麼〉（What Empire Builders Ate），論證殖民時期（大約從19世紀中葉到20世紀中葉）英國人在印馬新等地不僅消費英國與歐洲食物，同時也消費殖民地飲食。透

過英國殖民女主人雇用殖民地僕人，並在監督下進行烹飪，因此出現了結合歐洲飲食觀念（以英國維多利亞時期發展出的飲食文化為主，例如衛生觀念、午餐制度與俱樂部）與本土食材的特殊「殖民地飲食」（Colonial Cuisine），這是透過英國殖民者與本土僕人共同創造出來的特殊飲食。由於英國殖民者與僕人來自不同地區與社會階層，加上該飲食受到殖民地烹飪技術與生活環境影響，因此「殖民地飲食」可視為當今「混搭飲食」（fusion）的前身。作者特別指出：具有特色的殖民地飲食包括Mulligatawny（咖哩肉湯，湯內有米粒並附上檸檬切片），它首創於印度殖民地，之後透過英國商人與行政人員帶回英國。其次是Country Captain（咖哩雞加米飯），也是源自印度並傳入英美等國。第三項是Kedgeree，源自於14世紀印度早餐，一開始可能是素食，之後加上燻魚、蛋、咖哩與米飯成為一道著名菜餚並傳回英國。作者論證英國殖民者在殖民地的飲食並非局限於歐洲食物，相當程度上，英國殖民者也食用混合歐洲飲食觀念與殖民地食材形成的「殖民地飲食」。

　　第二章是〈咖哩的殖民挪用〉（The Colonial Appropriation of Curry）。咖哩源自印度大陸，是當地飲食重要食材，英國殖民者對咖哩也相當喜愛。作者首先討論咖哩在字典內的定義、起源背景以及健康療效。英國人來到印度後發現咖哩好處甚多（咖哩含有薑黃素等有益健康的草本成分，觀察印度人吃咖哩而長壽），並且適度地改造它的角色。在菜餚變化上，一般家庭的剩餘肉類可以搭配不同種類的咖哩烹調，利用咖哩強烈味道蓋過烹調過的肉類，不僅符合經濟效益也節省烹飪時間。在消費品味上，受到法國飲食文化的影響，英國人在殖民地喜歡以法文命名新

菜餚，也包括咖哩在內。面對印度不同地區的咖哩食材，英國人也勤於學習分辨咖哩成分，在肉類食用上也有喜好順序，其中雞肉、豬肉與小牛肉最適合與咖哩烹調，兔肉則被排除在外。在此情況下，不少英國殖民者成為「咖哩鑑賞家」。在商業效益上，英國殖民者一方面將咖哩粉製成罐頭與包裝食品運回英國以供消費，另一方面也利用烹調咖哩之餘指導僕人如何改善廚房清潔與飲食環境。作者強調：透過餐桌上的咖哩菜餚，我們可以瞭解英國殖民者與被殖民者如何藉由飲食認識彼此而互動交流。

第三章〈帝國的僕人〉（Servants of Empire）討論殖民地家庭內僕人角色。僕人包括印馬新居民，也有從海南島與廣東遷徙到南洋的華人，工作種類包括廚師、管家、侍者、運水人、洗衣工與褓母等。過去研究帝國內僕人的觀點大抵強調「二元對立」，即歐洲殖民者扮演文明教化的角色，殖民地僕人則象徵怠慢、不誠實與虛偽（laziness, dishonesty, and falsehood）。作者修正上述觀點，強調殖民者女主人在殖民地扮演帝國文化的守護者，利用食譜與家庭手冊教導僕人如何採買與烹飪食物，清潔廚房並保持居家衛生，使他們成為殖民者家庭盡忠職守的好僕人。作者強調：不少在馬來西亞殖民家庭擔任廚師的海南華人相當勤奮且乾淨，年長華人女性也可擔任褓母照顧殖民者幼小孩童。在女主人與僕人接觸初期，難免有文化隔閡產生誤會與衝突，因此有些「女主人」認為僕人心智發展不夠成熟，需以對待孩童方式與之溝通。此外，受限於氣候、地理環境與衛生條件殊異，女主人要求僕人在準備食物上務必小心衛生，保持廚房乾淨不潮濕。作者認為：帝國殖民者（女主人）與僕人之間在食物烹飪

與家庭管理上確實存在一定程度的差異，但藉由女主人的教導與開化，僕人逐漸熟悉工作內容並取得女主人信賴。

第四章〈休閒與隔離〉（Leisure and Segregation）分析英國殖民者在印馬新殖民地建造的休閒設施，包括山丘驛站（Hill Stations）、休憩屋（Rest-Houses）與俱樂部（Clubs），上述設施一方面作為英國殖民者在熱帶殖民地的度假休憩場所（遠離平地的酷暑與濕熱的生活環境），另一方面作為帝國行政人員旅行考察居住之用。殖民者建立山丘驛站的主要考量是殖民地氣候過於炎熱，與歐洲涼爽氣候殊異，殖民者在平地工作一段時間後來到此避暑度假並調養身心，僕人則從平地運送糧食蔬果給殖民者食用。此外，山丘驛站位居丘陵高地，也提供英國殖民者監視印度人在平地的活動。休憩屋由殖民政府出資興建，分布在印馬新等地，提供英帝國行政人員在殖民地內旅行住宿。休憩屋外觀是一層樓，內有居住空間、廚房與衛浴設備，同時配有廚師烹煮簡單菜餚（通常是咖哩雞菜餚）。最後是俱樂部，它是帝國殖民者社交與聯繫感情的公共空間（跳舞、意見交流、網球與餐飲），也開放給殖民地英國婦女參加，不同地區的俱樂部各有擅長的咖哩菜餚，也有來自海南島的華人在俱樂部擔任廚師。

第五章〈骯髒與疾病〉（Dirt and Disease）討論歐洲衛生與清潔觀念如何影響英國殖民地的飲食生活與居家環境。19世紀歐洲社會對亞洲殖民地熱帶氣候產生的「瘴氣理論」相當重視，認為當地氣候與自然環境是霍亂、傷寒與熱帶疾病的潛在溫床。為了避免英國殖民者染上這些疾病，女主人必須貫徹食物烹調、用餐環境與居家生活的清潔，其中廚房最為重要。當時殖民地衛生條件落後，尚未建立自來水系統，霍亂、瘧疾與傷寒等疾

病時有所聞。殖民地的廚房角色看似微小，實則作為大英帝國擴張與進行行政工作的重要後盾，畢竟殖民者的餐飲多由僕人準備。為了確保飲食安全無虞，女主人經常視察廚房工作環境，檢查廚具是否清洗乾淨並確認食材新鮮，以及烹飪過程是否符合殖民者的衛生標準。作者強調：英國殖民者認為亞洲殖民地的濕熱環境容易滋生蚊蟲疾病，唯有建立符合現代衛生的生活環境才能杜絕疾病出現。

　　整體而言，該書具有下列幾項貢獻：第一，透過豐富的史料與口訪紀錄，作者論證英國與印馬新的雙向飲食交流中產生「殖民地飲食」，並藉此反駁過去學界普遍支持的「二元觀點」，即英國殖民者在殖民地僅消費歐洲食物，以此區分殖民者與被殖民者的論點。第二，本書使用的史料相當多元，包括食譜、家庭手冊、旅遊紀錄與不同社會階層的口訪紀錄，成功地討論19世紀中葉到20世紀中葉，英國殖民者與印馬新殖民地的飲食互動不僅出現在廚房內，同時也延伸到戶外的山丘驛站、休憩屋與俱樂部。第三，本書修正過去學者討論英國殖民者在政治、經濟與文化各方面權力均凌駕印馬新殖民者的觀點，提出殖民地女主人與僕人互動良好，特別是英國殖民者願意接受殖民地的飲食文化，進一步利用歐洲飲食觀念與殖民地食物創造出特殊的「殖民地飲食」。第四，作者強調foodways（食物的烹飪技術與消費方式）是食物研究的相當重要的方法論，特別適用於不同社群的飲食互動，從中可以觀察出食物在族群、階級與文化認同之間的重要性。

　　閱讀完本書，筆者發現許多研究方法或許適用於臺灣飲食文化的討論，特別是從19世紀以降臺灣飲食變遷受到日本殖民與戰後國民政府兩者影響甚深，筆者目前聯想到議題包括：從清

代到日治時期乃至於戰後國民政府時期，臺灣社會有哪些食物與飲食方式是透過不同殖民社群合作與協調之下所產生？此外，「廚師」在日治時期與戰後國民政府分別扮演飲食傳播的重要角色，他們一方面繼承漢人的飲食觀念，另一方面又學習日本帶來的飲食現代性，如何進一步研究或者訪談這些廚師可以彰顯臺灣飲食變遷的多重面向。最後，本書也提到不少來自海南島的華人廚師與褓母在英屬殖民地擔任僕人，這條線索可以擴大研究華人移民與東南亞之間的飲食交流，恰恰也符合臺灣政府目前積極推動的「南向政策」。

本文原刊於《中國飲食文化》第 14 卷第 1 期，2018 年 4 月，頁 217-223

評 馬克・史衛斯羅奇（Mark Swislocki），《飲食懷舊：上海的區域性飲食文化與城市經驗》

書名：*Culinary Nostalgia: Regional Food Culture and the Urban Experience in Shanghai*

作者：Mark Swislocki

出版地：Stanford

出版者：Stanford University Press

出版時間：2009

頁數：xvi+304

　　Mark Swislocki 教授目前任職於紐約大學（New York University）阿布達比分校（Aba Dhabi），本書透過「飲食懷舊」（culinary nostalgia）作為研究方法，探討從清末到民國乃至於二十世紀中葉上海在「食物文化」（food culture）與「城市經驗」(urban experience) 的變遷過程。

　　作者在導論〈思考中國歷史中的食物〉提問，研究者應該以哪些研究方法理解中國食物？作者援引學者 Svetlana Boym 關於「懷舊理論」(nostalgia) 的論述，[1] 為該書定調，並提出「回復性懷舊」（restorative nostalgia）與「投射性懷舊」（reflective nostalgia）兩種方式，藉以理解上海的飲食變遷。簡言之，前者代表一種以孔子或儒家思想為基礎的理想世界，例如堯、舜、禹等先聖建立的城邦；後者以陶淵明的〈桃花源記〉為例，比喻一個眾人嚮往卻未曾真正出現過的烏托邦境界（頁3）。此外，作者認為過去學界對「中國食物」（Chinese food）的研究方式過於浮泛，例如以朝代劃分界定食物的研究時期，或約定俗成地以「四大菜系」或「八大菜系」等方式界定中國食物的差異性。相對於此，作者提出「風土觀」（wind and soil）、「食物作為地方性知識」（food as local knowledge）以及「區域性飲食」（regional cuisine）等概念，建構出「區域飲食」的特殊性。換言之，作者認為欲考察某一區域的飲食文化，研究者必須考量該地區在不同時間、空間以及攸關飲食變遷的因果關係（頁11、18）。

　　概略言之，作者在導論中確實為中國食物研究者提出很好的藍圖與研究架構。例如，以「區域性飲食」取代過去將「中國

1　Svetlana Boym, *The Future of Nostalgia*. New York: Basic Books, 2001.

食物」作為整體性的研究方式，畢竟中國疆域遼闊，食物研究無法面面俱到，必須考量區域的特殊性。此外，「風土觀」的提出，使研究者思索特殊區域的飲食文化與生態環境、烹飪方式以及食物知識可能息息相關，形成考察「區域性飲食」不可或缺的要素。再者，過往以「朝代」作為研究分界過於粗糙，無法勾勒出飲食文化的連續性與變遷特點。然而，必須說明的是，作者提出這一系列的研究方法與理論架構，實際上是受益於近代上海歷史的多元性與豐富性，如果研究者欲以這一套方法論考察中國其他時代與地區的飲食文化，恐非易事，一方面可能受限於史料，另一方面可能礙於理論使用是否恰當，這需要更多從事中國食物的研究者提出新的觀點與研究方法。

　　第一章〈只有在上海是可行的〉，討論明清時期「水蜜桃」（honey nectar peach）與上海食物文化之間的定位：在上海缺乏食物認同的情況下，顧家「露香園」的水蜜桃提供士人一個認同契機，並藉由書寫過程，逐漸將上海化身為盛產水蜜桃的樂園。作者在此企圖將上海定位成一個具有「食物傳統」的地方，並藉此與陶潛的〈桃花源記〉以及西漢武帝的上林苑進行文化上的連結。第二章〈雙城記〉，討論開埠通商後的上海吸引各地移民，為上海帶來不同區域的飲食文化，使上海餐館業呈現一個多元飲食環境，特別是夜生活與宵夜飲食的出現，以及青樓文化的盛行。此時上海一方面呈現「蓬萊仙島」般的悠然生活（特別在租界），另一方面因為城市發展，導致「水蜜桃」產量減少，士人對此產生焦慮並回憶昔日文化風采。

　　第三章〈從現代性到傳統〉，轉向晚清與民國時期的上海西式餐館（主要以英、法與俄羅斯菜餚為主）以及廣東人經營的「番

菜館」（*fancaiguan*）。西式餐館帶來新的烹飪食材、西式餐具、用餐禮儀與特殊的餐廳裝潢；「番菜館」則討論「牛肉菜餚」，並說明牛肉食用與傳統中國農耕文化間的衝突，因傳統農業社會以水牛耕種，故甚少吃牛肉，或只吃黃牛肉。當時社會改革者注意到西式食物帶來的正面形象，例如：營養知識與衛生管理，故藉此提倡婦女烹飪與家庭價值的重要性，企圖革除「青樓文化」衍生出的鴉片吸食與衛生管理等負面形象。

第四章〈五方輻輳〉，聚焦在對日抗戰與國共內戰前的上海，作者認爲這段時間是中國食物發展的「文藝復興」（Chinese cuisine Renaissance），因爲該時期具有地方特色的餐館爲上海帶來大江南北菜餚及其飲食文化。第五章〈爲人民服務〉，處理1949年後共產黨控制下的上海，爲了解決當時的通貨膨脹與飢餓貧窮，共產黨積極介入上海餐飲業的經營與管理，以大眾性食品（mass food）取代過去高檔餐飲，以「節儉素樸」一改上海的奢靡風氣。在此影響下，大眾食物重回市場主流，取代了租界過去盛行的高檔餐館與食材；另一方面，共產黨與餐館合作，宣揚「中國食物」的傳統價值，意外成爲上海「食物懷舊」的推手。

結論〈上海飲食的過去與現在：在本幫菜與海派菜之間〉，作者援引學者張旭東與王斑關於後毛時期（post-Maoism）懷舊理論的研究，藉此考察「家常菜餐廳」（本幫菜）和「老上海主題式餐廳」（海派菜）兩者在上海近代歷史形成的背景與文化現象。除了簡介兩種菜餚的歷史背景外，作者認爲：這兩種菜餚在後毛時期的出現，反映了上海市民對自己城市過去歷史與文化的重新認識與評估。舉例來說，「本幫菜」一開始未受重視，但隨著改革開放，它逐漸成爲上海市民對過去歷史的正面肯定。作者

認為，後毛時期「家常菜餐廳」的出現，對上海人來說是一種「回復性懷舊」，意味著上海人在不同時期的變遷環境中，一直保有對昔日歷史文化的重視與認同。其次，後毛時期「老上海主題式餐廳」的出現與1930年代的上海文化（東方／西方、傳統／現代、保守／進步），以及改革開放前上海相對穩定的社會環境息息相關。作者認為，「老上海」主題式餐廳營造出的「摩登文化」，是為了與晚清到1930年代這段時期的上海文化（特別在租界）進行接軌，目的在彰顯當時上海文化呈現的現代性（modernity）、世界主義（cosmopolitanism）以及創新（innovation）。另一方面，「文革型」主題餐廳則營造出毛澤東時期中國人民胼手胝足的景象（例如北大荒與毛家菜），強調今日上海雖已是廣為人知的全球化城市，但上海本地人卻懷念毛時期社會相對穩定的美好日子。作者認為，當今「海派菜」在上海「主題式餐廳」的出現，代表「投射性懷舊」，意味著上海人同時嚮往1930年代曾經出現的「上海文化」（代表和諧、調和與創新，這也是海派文化的特徵）以及毛澤東時期相對穩定的日常生活。

　　這本專著在史料運用上相當豐富，作者利用各種史料，包括地方志、旅遊手冊、官方紀錄、食譜、小說以及訪談紀錄進行研究，並針對不同議題提出新觀點。不過，作者在資料上仍有不足之處：首先，該書沒有提供中文索引，這對讀者欲進一步瞭解上海飲食業相關行號與從業人員的背景相當不便；其次，在晚清與民初上海的討論上，作者沒有充分利用著名的圖像資料，例如《點石齋畫報》與《良友畫報》，這些資料在討論晚清上海的現代性時，或許能提供更完整的觀點。此外，關於上海從1949年之後到後毛時期的討論，筆者對部份資料存疑，例如

近代上海的官方檔案是否全部開放？相關餐飲業經營者與主廚訪談是否客觀？訪談數量是否足夠支撐作者相關論點（例如，第五章討論共產黨介入上海餐飲行業，並與餐館主廚合作提倡中國食物的價值）。另一項疑問在於「解放」後的上海，書中提到共產黨積極介入相關飲食行業，但作者並未討論當時上海一般市民的家庭飲食狀況。舉例來說，毛澤東號稱新中國成立後「婦女撐起半邊天」，那麼讀者或許有興趣知道解放後的上海婦女是否依舊待在廚房內，還是已經走出廚房，她們是否是維持上海「家常菜餚」的重要推手？作者在晚清餐館的討論已處理部份性別議題，例如改革者與婦女烹飪與家庭價值，但性別議題或許還有討論的空間。

誠如前文論及，本書的研究方法已經修正過去對中國食物研究的方向，並提出「區域性飲食」的觀念，強調中國食物的在地性與特殊性，從中找出影響歷史變遷的能動性（agency），例如本書的「風土觀」與「地方性知識」。再者，本書也擺脫過去食物研究過於依賴物質性（materiality）的詮釋方式，並藉由「飲食懷舊」理論的運用，詮釋上海開埠後，新舊移民如何透過飲食活動塑造出上海的城市文化與城市認同。筆者認為本書在「飲食懷舊」的討論上甚具說服力，但這套說法能否真正適用書中每一章節則有待商榷。作者在第一章以顧家「露香園」的水蜜桃為上海的食物文化與城市認同找到定位，並論證食物認同感一直存在上海不同時期的知識分子心中，因為他們具有閱讀能力與歷史意識，在上海劇烈變遷的環境中，確實能將焦慮感與優越感的更迭彰顯出來，因此是「飲食懷舊」想像社群的主體。然而，筆者質疑的是：這個「飲食懷舊」的想像社群是否具有不變的連

續性？誠如所知，上海一直是個移民城市，移民來自四面八方，第一代移民可能藉由「飲食懷舊」憶起故鄉，但第二代與第三代移民可能逐漸認同上海，不再具有「懷舊意識」。換言之，「懷舊意識」可能只是短暫地出現在朝代更迭之中。其次，對士人階層以外的一般百姓而言，「飲食懷舊」是否適用於他們身上也有待商榷。上海百姓的日常飲食源自明清時期的「淮揚飲食系統」，之後融入不同區域菜餚特色而逐漸形成今日上海的「本幫菜」，相較於士人階層，這些百姓才是平常食用上海菜餚的最大群體。他們面對上海劇烈的歷史變遷時，未必有足夠的歷史意識去緬懷上海不同時期的美好時光。就筆者而言，「飲食懷舊」這套論述方式，比較適用於上海不同時期的菁英階層，卻無法涵蓋上海所有市民。

近年來西方學界關於中國食物的研究方向多由人類學者主導，歷史學家的相關著作並不多見，作者能擺脫過去中國食物研究過於依賴「物質性」的解釋方式，並提倡「區域性飲食」的研究架構，來理解特定地方（城市）食物文化與飲食認同，再配合「懷舊理論」，解釋上海不同時期的飲食活動，確實提供讀者耳目一新的觀點。本書在理論上、解釋上或許有值得商榷之處，但瑕不掩瑜，這本資料豐富且立論精闢的著作，值得關心近代上海歷史與飲食文化的研究者參考。

本文原刊於《中央研究院近代史研究所集刊》第 69 期，2010 年 9月，頁 177-183。

附錄六

評 布萊恩・朵特（Brian R. Dott），《辣椒在中國：一個文化生命史》

書名：*The Chile Pepper in China: A Cultural Biography*

作者：Brian R. Dott

出版地：New York

出版者：Columbia University Press

出版時間：2020

頁數：296

　　近來英文學界研究中國歷史的部分學者，受到人類學家敏茲（Sidney Mintz）《糖與權力》以及文化研究學者依果・卡匹妥夫（Igor Kopytoff）與阿帕度萊（Arjun Appadurai）「物的社會生命」（social life of things）研究方法之啓發，開創許多特殊且有趣的物質文化議題，例如鴉片、美式中餐「雜碎」、筷子以及煙草等，帶領讀者認識上述食物或物品在歷史上的變遷過程，以及如何受到社會與文化的影響而成爲今日的樣貌。

　　本書 The Chile Pepper in China: A Cultural Biography，作者考察「辣椒」在中國的變遷過程，包括傳入中國的途徑、在中國境內的傳播方式、辣椒與中國菜餚的融合、辣椒的醫療用途以及辣椒的社會與文化意涵等。在本書的內容上，除了前言與結論之外，主體分成六章。在前言中，作者論證西元1570年代之前，中國並沒有「辣椒」（chile pepper）。然而，當辣椒一旦傳入後，快速地傳播到中國境內各地，並在飲食、醫療、區域性認同以及文化意涵等方面展現其重要性。作者借用依果・卡匹妥夫（Igor Kopytoff）提出的「事物的文化生命史」（the cultural biography of things），論證辣椒如何融入現存的中國飲食文化系統內。

　　第一章是「名字與地方：辣椒如何進入中國」（Names and Places: How the Chile Pepper Found Its Way "Home" to China），本章追尋辣椒從美洲經過東南亞、福建與朝鮮三個地區進入中國，同時也將辣椒與其他美洲作物（玉米與煙草）進行經濟價值上的比較。第二章是「豐富辣椒的鑑賞力」（Spicing Up the Palate），作者考察辣椒傳入中國後，由於符合中國飲食系統中的「五味」、「五行」以及「陰陽」等觀念，因此快速且廣泛地應用在中國飲食上，藉此提昇食物味道。更重要的，辣椒可以取代「胡椒」，

因爲「胡椒」的取得相對困難且價格較昂貴，辣椒甚至也可取代具有專賣性質的「鹽」，作爲菜餚提味的重要佐料。

　　第三章是「豐富藥典內涵」（Spicing up the Pharmacopeia），作者考察中國人如何將辣椒納入本身的醫療系統，不僅可應用於中式菜餚的烹飪上，透過「熱」來幫助人們排汗，同時也能以辣椒緩和身體上的病痛，治療腹瀉、痔瘡與瘧疾等疾病。當然，如果過量的使用辣椒，也會產生負面效果。

　　第四章是「過辣的辣椒：士人階層對於辣椒的態度」（Too Hot for Words: Elite Reticence Toward Chile Pepper），作者論證明清時期「菁英階層」初始抗拒辣椒的味道，只關注辣椒鮮豔的外表。透過明清江南地區菁英階層撰寫的食譜，可發現當時士人偏好味道清淡的飲食，辣椒濃烈且嗆辣的味道不符合其喜好。此外，宗教修行者對於辣椒也採抗拒，就像蔥、蒜、韭、薤、興渠（洋蔥）屬於「五辛」，味道過重的食物會影響修行實踐。不過，到了十八世紀左右，隨著辣椒的普及與食用範疇的擴大，菁英階層也食用辣椒。

　　第五章是「辣椒作爲漂亮之物與文化象徵」（Chile As Beautiful Objects and Literary Emblems，作者論證辣椒的特徵（紅色、強烈與熱情）吸引知識份子與一般民眾，其特徵也常被寫入文學作品之中，甚至成爲中國革命的象徵（東方紅、熱情與活力）。第六章是「毛澤東的紅色小辣椒：辣椒與地方性認同」（Mao's Little Red Spice: Chiles and Regional Identity），作者論證辣椒在中國各地飲食扮演不同角色，特別在湖南與四川地區，辣椒不僅是當地重要的烹飪佐料，同時也成爲當地飲食認同的象徵。

　　在本書結論，作者提出三個原因，說明辣椒爲何在中國可

以快速且廣泛地流傳，並影響到許多地區的飲食文化。第一，
辣椒容易種植，就食材而言容易取得；第二，辣椒在飲食與醫
療上具有多功能用途，例如在西南地區可取代鹽，在福建地區
可作為醫藥，在丘陵地區可提供營養成分；第三，辣椒與某些
中國文化意涵緊密結合，例如男性的積極熱情以及女性的勇敢
活潑。

　　總結來說，本書在資料使用上相當豐富，使用許多一手資
料，包括地方志、食譜以及醫學文本等。此外，本書對於辣椒在
中國的烹飪、醫藥與文化意涵等方面也提供甚具說服力的觀點。
值得一提的是，讀者們也可以搭配曹雨的《中國食辣史》一起閱
讀，增加辣椒的知識廣度。最後，我極力推薦本書給喜愛辣椒、
中國飲食與歷史的讀者們。

本文原刊於 *The Social History of Medicine* 第 34 卷第 1 期，2021 年 2
月，頁 345-347。

▌徵引書目

一、古文獻與檔案資料

《丁文遠集》，丁紹軾（明），北京：北京出版社，1997。

《大明會典》，李東陽撰（明）、申時行修（明），臺北：新文豐出版，1976。

《方齋存稿》，林文俊（明），臺北：臺灣商務印書館，1973。

《方麓集》，王樵（明），臺北：臺灣商務印書館，1972。

《水窗春囈》，歐陽兆熊、金安清撰（清），謝興堯點校，北京：中華書局，1984。

《古今圖書集成》，陳孟雷編（清），臺北：文星書局，1964。

《本草衍義》，寇宗奭（宋），北京：人民衛生出版社，1990。

《本草蒙荃》，陳嘉謨（明），王淑民等點校，北京：人民衛生出版社，1988。

《本草綱目》，李時珍（明），北京：人民衛生出版社，1996。

《本草綱目》，李時珍（明），臺北：國立中國醫藥研究所，1981。

《本草綱目拾遺》，趙學敏（清），北京：中國中醫藥出版社，1998。

《先秦烹飪史料選注》，中國商業出版社著，北京：中國商業出版社，1986。

《有正味齋詩續集》，吳錫麒（清），收入（《續修四庫全書》集部
　　第1468冊，據清嘉慶十三年刻有正味齋全集增修本影印），上
　　海：上海古籍出版社，1995。

《竹嶼山房雜部》，宋詡（明），臺北：臺灣商務印書館，1983。

《竹巖詩草》，邊中寶（清），北京：北京出版社，1997。

《西齋集》，王仲儒（清），收入（《四庫禁燬書叢刊》集部第73
　　冊，清康熙夢華山房刻本），北京：北京出版社，2000。

《邗江三百吟》，林蘇門（清），揚州：江蘇廣陵古籍刻印社，
　　1988。

《宋氏養生部》，宋詡（明），北京：中國商業出版社，1989。

《冷齋夜話》，釋惠洪（宋），王雲五主編，收入（《叢書集成初編》，
　　據津逮本影印），長沙：商務印書館，1939。

《含薰詩》，吳楷（清），收入（《四庫未收書輯刊》第27冊，據清
　　乾隆刻本影印），北京：北京出版社，1997。

《壯懷堂詩初稿》，林直（清），收入（《續修四庫全書》集部第
　　1557冊，據清咸豐六年福州刻本影印），上海：上海古籍出版
　　社，1995。

《志異續編》，青城子（清），收入（《叢書集成三編》第66冊，據
　　筆記小說大觀本影印），臺北：新文豐出版社，1997。

《居家必用事類全集》，無名氏編，邱龐同注釋，北京：中國商業
　　出版社，1986。

《明代職官年表》，張德信，合肥：黃山書社，2009。

《易牙遺意》，韓奕（明），上海：上海古籍出版社，1997。

《知止齋詩集》，翁心存（清），收入（《續修四庫全書》集部第
　　1519冊，據清光　三年常熟毛文彬刻本影印），上海：上海古

籍出版社，1995。

《南京都察院志》，施沛（明），收入（《四庫全書存目叢書補編》第73冊，據日本內閣文庫藏明天啓刻本影印），濟南：齊魯出版社，2001。

《南齋集》，馬曰璐（清），收入（《叢書集成新編》第72冊，據粵雅堂叢書本排印），臺北：新文豐出版社，1985。

《恆春縣志》，屠繼善（清），臺北：臺灣銀行經濟研究室，1960。

《重修臺灣府志》，范咸（清），臺北：臺灣銀行經濟研究室，1961。

《重修臺灣縣志》，王必昌編輯（清），臺北：臺灣銀行經濟研究室，1961。

《重修鳳山縣志》王瑛曾（清），臺北：臺灣銀行經濟研究室，1962。

《食療本草》，孟詵原著（唐），張鼎增補，鄭金生、張同君譯注，上海：上海古籍出版社，2013。

《食憲鴻秘》，朱彝尊（清），邱龐同註，北京：中國商業出版社，1985。

《夏桂洲文集》，夏言（明），收入（《四庫全書存目叢書》集部第74冊，據北京大學圖書館藏明崇禎十一年吳一璘刻本影印），臺南：莊嚴文化事業有限公司，1997。

《宮廷寫本食物本草》，撰繪者佚名，北京：華夏出版社，2000。

《家藏集》，吳寬（明），收入（《景印文淵閣四庫全書》第125冊，據國立故宮博物院藏本影印），臺北：臺灣商務印書館，1983。

《校禮堂詩集》，凌廷堪（清），收入（《圖書集成續編》第174冊，

據安徽叢書排印），臺北：藝文印書館，1971。

《神農本草經》，顧觀光輯，楊鵬舉校著，北京：學苑出版社，
　　2007。

《笏庵詩》，吳清鵬（清），收入（《續修四庫全書》集部第1514冊，
　　據清咸豐五年刻吳氏一家稿本影印），上海：上海古籍出版社，
　　1995。

《翁山詩外》，屈大均（清），收入（《續修四庫全書》集部第1411
　　冊，據復旦大學圖書館藏清康熙刻淩鳳翔補修本影印），上海：
　　上海古籍出版社，2002。

《酒邊詞》，謝章鋌（清），收入（《續修四庫全書》集部第1727
　　冊，據吉林大學圖書館藏清光緒十五年刻賭棋山莊所著書本
　　影印），上海：上海古籍出版社，1995。

《張水南文集》，張袞（明），南京：南京大學出版社，2010。

《梅花草堂筆記》，張大復（清），長沙：嶽麓書社，1990。

《淡水廳志》，陳培桂（清），臺北：臺灣銀行經濟研究室，1963。

《笛漁小稿》，朱昆田（清），上海：上海古籍出版社，2010。

《雪作鬚眉詩鈔》，劉謙吉（清），北京：北京出版社，1997。

《傅天集》，高不騫（清），北京：北京大學出版社，1997。

《溉堂前集》，孫枝蔚（清），收入（《四庫全書存目叢書》集部第
　　206冊，據清華大學圖書館藏清康熙刻本影印），上海：上海
　　古籍出版社，1979。

《飲饌服食箋》，高濂（明），成都：巴蜀書社，1985。

《敬業堂詩集》，查慎行著（清），周劭標點，上海：上海古籍出版
　　社，1986。

《楚紀》，廖道南（明），北京：書目文獻出版社，1988。

《萬曆野獲編》，沈德符（明），北京：中華書局，1959。

《臺灣通史》，連橫（清），臺北：臺灣銀行經濟研究室，1962。

《齊民要術譯注》，賈思勰著（北魏），繆啓愉、繆桂龍譯注，上海：上海古籍出版社，2009。

《廣東新語》，屈大均（清），北京：北京出版社，2005。

《樂志堂詩集》，譚瑩（清），收入（《續修四庫全書》集部第1528冊，據復旦大學圖書館藏清咸豐九年吏隱園刻本影印），上海：上海古籍出版社，1995。

《澎湖廳志》林豪（清），臺北：臺灣銀行經濟研究室，1964。

《穀城山館集》，于愼行（明），收入（《景印文淵閣四庫全書》第1291冊，據國立故宮博物院藏本影印），臺北：臺灣商務印書館，1977。

《調鼎集》，童岳荐編撰（清），張延年校注，鄭州：中州古籍出版社，1988。

《賜書堂詩鈔》，周長發（清），上海：上海古籍出版社，2010。

《賜閑堂集》，申時行（明），（收入《四庫全書存目叢書》集部第134冊），台南：莊嚴文化事業公司，1997。

《鄭侯升集》，鄭明選（明），收入（《四庫禁燬書叢刊》集部第75冊，據明萬曆三十一年鄭文震課本湖北省圖書館藏），北京：北京出版社，2000。

《養小錄》，顧仲著（清），邱龐同注釋，北京：中國商業出版社，1984。

《噶瑪蘭志略》，柯培元（清），臺北：臺灣銀行經濟研究室，1961。

《噶瑪蘭廳志》，陳淑均（清），臺北：臺灣銀行經濟研究室，

1963。

《甌北集》，趙翼（清），上海：上海古籍出版社，1995。

《隨園食單》，袁枚著（清），王英中校點，南京：江蘇古籍出版社，1993。

《隨息居飲食譜》，王士雄撰（清），周三金註釋，北京：中國商業出版社，1985。

《鮚埼亭詩集》，全祖望撰（清），朱鑄禹彙校集注，收入《全祖望集彙校集注》下，上海：上海古籍出版社，2000。

《歸田集》，高士奇（清），北京：北京出版社，1997。

《續耆舊》，全祖望輯（清），收入（《續修四庫全書》集部第1682冊，據北京圖書館藏清槎湖草堂抄本影印），上海：上海古籍出版社，1995。

二、報紙資料

《中國時報》

《民生報》

《民聲日報》

《經濟日報》

《漢文臺灣日日新報》

《臺灣日日新報》

《臺灣皇漢醫報》

《徵信新聞報》

《聯合晚報》

《聯合報》

《讀賣新聞》

三、中文著作書目

Katarzyna J. Cwiertka 著，陳玉箴譯，《飲食、權力與國族認同：當代日本料理的形成》（臺北：韋伯文化，2009）。

不著撰人，〈艱苦的臺灣養雞業〉，《豐年》10卷9期（1960年5月），頁3。

——〈合乎衛生條件的鱉之生產與外銷〉，《養魚世界》8卷6期（1984年6月），頁12。

——，〈甲魚的食療〉，《養魚世界》16卷5期（1992年5月），頁138。

——，〈冷凍加工甲魚營養衛生，歡迎民眾多加食用〉，《漁友》24期（1997年12月），頁7。

——，〈名菜來歷：三杯雞與文天祥有關〉，《女性天地》4期（2002年），頁54。

——，〈三杯雞〉，《保健醫苑》8期（2017年），頁64。

毛正方，〈新興家庭副業，農家養鱉〉，《豐年》15卷12期（1965年6月），頁21-25。

王中奇，〈乾隆朝宮廷的紫檀家具〉（臺北：東吳大學歷史系碩士論文，2013）。

王晴佳著，汪精鈴譯，《筷子：飲食與文化》（北京：三聯書局，2019）。

王錫榮，《鄭板橋集詳注》（長春：吉林文史出版社，1986）。

王賽時，〈中國古代食用鱘魚的歷史考察〉，《古今農業》第3期

（1997年），頁40-46。

石崎昭二著，余廷基譯，〈甲魚（鱉）之養殖（一）〉，《漁牧科學》
　　5卷1期（1977年6月），頁29-31。

皮國立，《虛弱史：近代華人中西醫學的情慾詮釋與藥品文化
　　（1912-1949）》（臺北：臺灣商務印書館，2019）。

安勤之，〈論中藥作爲保健食品：以四物湯的生命史爲例探討藥
　　品與食品範疇的革命〉，《科技、醫療與社會》11期（2010年
　　10月），頁89-148。

安德森著，劉東與馬纓譯，《中國食物》（南京：江蘇人民出版社，
　　2003）。

安德魯・科依著，高紫文譯，《雜碎：美國中餐文化史》（臺北：
　　遠足文化出版社，2019）。

有川清康著，廖梅珠譯，《鱉的功效》（臺北：青春出版社，
　　1993）。

朱振藩，〈食鼠趣〉，《聯合文學》279期（2008年1月），頁44-
　　49。

江麗英，〈彰化縣沿海地區養殖漁業的發展過程〉，（臺北：國立
　　師範大學地理研究所碩士論文，1991。）

行政院農委會漁業署編，《中華民國臺灣地區漁業年報》（臺北：
　　行政院農委會漁業署，1999）。

余廷基，《臺中甲魚養殖調查》（基隆：臺灣省水產試驗所印行，
　　1961）。

——，〈養鱉〉，《漁牧科學》3卷11期（1976年4月），頁33-35。

——，〈臺灣省水產試驗所鹿港分所簡介〉，《漁牧科學》4卷2期
　　（1976年7月），頁89-93。

——譯，〈甲魚（鱉）之養殖（一）〉，《漁牧科學》5卷1期（1977年6月）頁29-31。

——譯，〈甲魚（鱉）之養殖（二）〉，《漁牧科學》5卷3期（1977年8月），頁28-30。

——譯，〈甲魚（鱉）之養殖（四）〉，《漁牧科學》5卷5期（1977年10月），頁38-40。

吳新榮，《吳新榮日記全集1942（6）》（臺南：國立台灣文學館，2008）。

李子明編，《家庭食譜烹調法》（上海：大新書店，1948）。

李伯年，〈臺灣之家禽〉，收錄於臺灣銀行經濟研究室編輯，《臺灣研究叢刊第十七種：臺灣之畜產資源》（臺北：臺灣銀行，1952），頁17-49。

李克明。《美味烹飪食譜秘典》（上海：大方書局，1941）。

李宜澤，〈「組裝」醬料的當代風土論述：以臺中地區發酵釀造工坊的生產網絡為例〉，《中國飲食文化》14卷2期（2018年10月），頁71-126。

李貞德，〈女人要藥考—當歸的醫療文化史試探〉，《中央研究院歷史語言研究所集刊》88本3分（2017年9月），頁521-588。

李海榮主編，《隨園食單、白門食譜、冶城蔬譜、續冶城蔬譜》（南京：南京出版社，2009）。

周忠英與葉重光編著，《看圖學養鱉技術》（臺北：前程出版社，1996）。

——編著，《鱉病防治技術圖解》（臺北：前程出版社，1999）。

林傳和，〈從三杯雞演變出來的美味〉，《烹調知識》1期（2003年），頁27。

金少玉主編，《中菜集錦》（臺北：文盛印書館，1956）。

段鳳閣，《實用食譜》（臺北：段鳳閣出版，1970）。

洪伯邑、雲冠仁，〈跨國飲食中的國族建構：臺灣珍珠奶茶在越南的本眞性邊界〉，《中國飲食文化》16卷1期（2020年4月），頁207-248。

胡斯德著，劉豐譯，《早期中國的食物、祭祀與聖賢》（杭州：浙江出版社，2018）。

唐魯孫，《大雜燴：唐魯孫系列》（桂林：廣西師範大學出版社，2004）。

家庭百科叢書編譯組編著，《中國補品大全》（臺北：國家出版社，1990）。

張竹慧，〈清代廣東土產香料運銷與消費〉（臺北：國立臺北大學歷史系碩士論文，2015）。

張哲嘉，〈大黃迷思：清代對西洋禁運大黃的策略思維與文化意涵〉，《中央研究院近代史研究所集刊》47期（2005年3月），頁43-100。

張彩平，〈寧都三杯雞〉。《藥膳食療研究》6期（2000年），頁6。

張麗俊著，許雪姬、洪秋芬、李毓嵐編，《水竹居主人日記第七冊》（臺北：中央研究院臺灣史研究所，2004）。

梁迎詳，〈祭奠英雄的三杯雞〉，《中國食品》1卷（1985年），無頁碼。

梅偉強，〈明代貢舫之研究〉（臺南：成功大學歷史系碩士論文，2014）。

郭忠豪，〈食物製作與品饌文化：萬曆至乾隆間江南的飲食文化〉（埔里：國立暨南國際大學歷史系碩士論文，2003。）

──，〈品饌新味道：英文學界關於「中國食物」的研究與討論〉，收錄蔣竹山主編，《當代歷史學新趨勢》（臺北：聯經出版社，2019），頁463-486。

──主編，《中國飲食文化：品味與菜餚：戰後臺灣菜餚變遷專輯》16卷1期（2020年4月）。

康艦文化編輯部，《經典家常菜料理王》（新北市：人類文化事業股份有限公司，2018）。

陳元朋，〈荔枝的歷史〉，《新史學》14卷2期（2003年7月），頁111-178。

──，〈「生不可得見」的「有形之物」─中藥材龍骨的認知變遷與使用歷史〉，《中央研究院歷史語言研究所集刊》88本3分（2017年9月）：397-451。

陳玉箴，《「臺灣菜」的文化史：食物消費中的國家體現》（臺北：聯經出版，2020）。

陳志明主編，公維軍、孫鳳娟譯，《東南亞的華人飲食與全球化》（廈門：廈門大學出版社，2017）。

陳宥任，〈中國歷史上的象與象牙〉（新竹：國立清華大學歷史所碩士論文，2016）。

陳建源主編，《中國飲食文化：醫文化專輯》14卷2期（2018年10月）。

陳敦芳。〈臺灣的肉種雞飼養業概況〉，收錄於臺灣的養雞事業編輯委員會，《臺灣的養雞事業》（臺北：現代畜殖雜誌社，1983），頁125-132。

陳興乾與陳欽培主編，顧博賢點校與編審，《龜鱉養生本草》（哈爾濱：哈爾濱出版社，2010）。

陶小桃編著。《陶母烹飪法》（臺北：臺灣商務印書館，1975）。

喬治·索爾特著，李昕彥譯，《日本的滋味：異國勞工食品、國民料理、全球文化符碼，一部日本戰後拉麵史》（臺北：八旗文化，2021）。

程安琪，《廚房新鮮人》（臺北縣：旗林文化出版社，2003）。

彭銘泉主編，《藥膳食譜》（臺北：莒光印刷事業有限公司，1988）。

曾品滄，〈辦桌—清代臺灣的宴會與漢人社會〉，《新史學》21卷4期（2010年12月），頁1-55。

——，〈從花廳到酒樓—清末至日治初期臺灣公共空間的形成與擴展〉，《中國飲食文化》7卷1期（2011年1月），頁89-142。

——，〈從「平樂遊」到「江山樓」：日治中期臺灣酒樓公共空間意涵的轉型（1912-1937）〉，收錄於林玉茹主編，《比較視野下的臺灣商業傳統》（臺北：中央研究院臺灣史研究所，2012），頁519-549。

——，〈鄉土食和山水亭：戰爭期間「臺灣料理」的發展（1937-1945）〉，《中國飲食文化》9卷1期（2013年4月），頁113-156。

——，〈生豬貿易的形成—19世紀末期臺灣北部商品經濟的發展〉，《臺灣史研究》21卷2期（2014年6月），頁33-68。

——，〈日式料理在臺灣：鋤燒（スキヤキ）與臺灣智識階層的社群生活（1895-1960年代）〉，《臺灣史研究》22卷4期（2015年12月），頁1-34。

——，〈美國的滋味：冷戰前期臺灣的可口可樂禁令與消費（1950-1967）〉，《臺灣史研究》26卷2期（2019年6月），頁113-150。

曾齡儀，〈頭角「爭茸」：1950-1990年代臺灣的養鹿業與鹿茸消費〉，《新史學》29卷1期（2018年3月）：59-106。

——，《沙茶：戰後潮汕移民與臺灣飲食變遷》（臺北：前衛出版社，2020）。

焦桐，《味道福爾摩莎》（臺北：二魚文化出版社，2015）。

黃旺成著，許雪姬編著，《黃旺成先生日記（六）》（臺北：中央研究院臺灣史研究所，2010）。

黃淑惠，《中國菜》第二冊（臺北：味全出版社，1974）。

黃德興口述、曾品滄訪問、陳瑤珍與陳彥仲整理，《黃德興師傅的料理人生：臺灣菜蓬萊百味》（臺北：玉山社，2019）。

葉青，〈三杯雞的來歷〉，《食品與健康》，2期（2002年），頁12。

詹姆斯·華生主編，《飲食全球化：跟著麥當勞進入東亞街頭》（臺北：早安財經文化，2007）。

雷祥麟原著、校定，林盈秀翻譯，〈常山：一個「新」抗瘧藥的誕生〉，收錄於李建民主編，《由醫療看中國史》（臺北：聯經出版社，2008），頁331-371。

臺灣的養雞事業編輯委員會，《臺灣的養雞事業》（臺北：現代畜殖雜誌社，1983）。

臺灣省政府農林廳編，《臺灣漁業年報》（南投：臺灣省政府農林廳，1966）。

臺灣省農林廳漁業局編，《中華民國臺灣地區漁業年報》（臺北：臺灣省農林廳漁業局，1982）。

——，《中華民國臺灣地區漁業年報》（臺北：臺灣省農林廳漁業局，1993）。

——，《中華民國臺灣地區漁業年報》（臺北：臺灣省農林廳漁業

局，1995）。

—— ，《臺灣地區漁業年報》（臺北：臺灣省農林廳漁業局，
　　1969）。

劉碩甫，〈談信豐雞〉，《家庭（上海1937）》2卷2期（1937年），
　　頁32。

歐立德（Mark C. Elliott）著，青石譯，《皇帝亦凡人：乾隆，世
　　界史中的滿洲皇帝》（臺北：八旗文化，2015）。

潘宗億，〈傅培梅與阿基師之外：戰後臺灣的食譜出版趨勢與變
　　遷〉，《中國飲食文化：品味與菜餚：戰後臺灣菜餚變遷專輯》
　　16卷1期（2020年4月），頁115-177。

稻葉傳三郎著，郭慶老、羅秀婉譯，《淡水增殖學》（臺北：徐氏
　　基金會，1983）。

蔡珠兒，《花叢腹語》（臺北：聯合文學出版社，1995）。

蔣竹山，《人參帝國：清代人參的生產、消費與醫療》（杭州：浙
　　江大學出版社，2015）。

鄧火土，〈鱉的疾病〉，《漁牧科學》4卷6期（1976年11月），頁
　　47-48。

蕭璠，〈中國古代的生食肉類餚饌—膾生〉，《中央研究院歷史語
　　言研究所集刊》71本2分（2000年6月），頁247-365。

應德壽，〈甲魚（鱉）養殖調查〉，《中國水產》122期（1963年2
　　月），頁18-22。

謝忠志，〈直那一死—明代的河豚文化〉，《漢學研究》31卷4期
　　（2013年12月），頁179-208。

謝金波，〈推展臺灣蛋雞事業　首重輔導調節滯銷　外銷需先減
　　免飼料稅款〉，《豐年》，19卷23期（1969年12月），頁7。

鍾兆玉，〈起飛中的臺灣養雞業〉，《豐年》14卷7期（1964年4
　　月），頁28-29。

簡明龍，〈市場寵兒　仿土雞〉，《豐年》33卷1期（1983年6月），
　　頁44-45。

顧若鵬著，陳正杰譯，《拉麵的驚奇之旅》（臺北：允晨文化，
　　2017）。

顧博賢主編，《龜鱉美食養生文化》（珠海：珠海出版社，2009）。

顧端，《漁史文集》（臺北：淑馨出版社，1992）。

四、日文文獻與著作書目

不著撰人，〈講演 河豚魚の話〉，《婦人衛生雜誌》56號（1894年
　　7月），頁18-22。

不著撰人，〈講演 河豚魚の話〉，《婦人衛生雜誌》57號（1894年
　　8月），頁7-9。

不著撰人，〈講演 河豚魚の話〉，《婦人衛生雜誌》58號（1894年
　　9月），頁9-11。

不著撰人，〈河豚の毒〉，《魚學雜誌》1卷6號（1913年8月），頁
　　1-3。

不著撰人，〈高雄と鱉養殖〉，《臺灣水產雜誌》96號（1924年1
　　月），頁59。

下關觀光協會編輯，《河豚情歌とふく美》（下關市：下關觀光協
　　會，1935）。

大澤謙二，〈理醫講談會 河豚中毒ノ說〉，《醫事新聞》122號
　　（1884年5月），頁23-28。

大園市藏，《事業界人物》（臺北：日本植民地批判社，1930）。

大塚清賢，《躍進臺灣大觀》（東京：中外每日新聞社，1937）。

山口縣教育會編，《吉田松陰全集》第三卷（東京：岩波書店，
　　1935）。

山本由方，《農商務省技手山本由方水產講話筆記》（福井市：悠
　　遠社印刷，1890）。

山本博文，《あなたの知らない山口県の歴史》（東京：洋泉社，
　　2013）。

川上演，《臺南州概況》（臺南：臺灣日日新報社臺南支局，
　　1923）。

中原雅夫，《ふぐ百話》（下關：西日本教育圖書社，1973）。

內務省衛生試驗所編纂，《飲食物編》（東京：丸善株式會社，
　　1909）。

天川保，〈「テトロドトキシン」臨牀實驗報告〉，《岡山醫學會
　　雜誌》29卷328號（1917年5月），頁9-16。

月性編，《今世名家文鈔》卷二（大阪：心斎橋通唐物町：竜章堂，
　　1855）。

水尾徹雄，《河豚》（神戶：高松進，1941）。

片岡巖，《臺灣風俗誌》（臺北：臺灣日日新報社，1921）。

北濱喜一，《ふぐ》（大阪：浪速社，1966）。

──，《ふぐ博物誌》（東京；東京書房社，1975）。

交詢社，〈雜錄 河豚の毒〉，《交詢雜誌》441號（1892年6月），
　　頁18。

伊藤春外套編，《ふくと下關》（下關：下關觀光協會，1935）。

吉川英治，《窗邊雜草》（東京：育生社，1938）。

谷巖，《ふぐ》（大阪：創元社，1948）。

佐倉孫三，《臺風雜記》（臺北：臺灣銀行經濟研究室，1961）。

赤堀吉松、赤堀峰吉、赤堀菊子共著，《日本料理法》（東京：實業之日本社發行，1907）。

服部倉治郎，《通俗すっぽん料理》（東京：東洋印刷株式會社，1909）。

林俊德，《支那料理蓬萊閣》（臺北：大明社，1930）。

青木三雄，〈スッポンの養殖〉，收錄於實業之日本社編，《鰻鱉の養殖法》（東京：實業之日本社，出版年不詳）。

青森縣內務部，《農商務技手山本由方 水產講話筆記》（青森：豬股活版印刷所，1891）。

冠珍酒樓，《冠珍酒樓食譜：支那料理》（上海：冠珍酒樓，1940）。

南波宗次郎，〈菌ノ中毒及河豚ノ中毒ニ就テ〉，《臨床藥石新報》1卷4號（1905年9月），頁162-163。

柯萬榮，《臺南州名士錄》（臺南：臺南州名士錄編纂局，1931）。

宮上龜七，〈本島產鱉輸送試驗報告〉，《臺灣水產雜誌》30號（1918年6月），頁23-33。

峽川漁郎編，《河豚》（門司：甜梅書屋，1927）。

酒井繁一，《日本之肌理》（東京：河出書房出版社，1960）。

高橋順太郎講演、藤本峰太郎速記，〈演談演說速記 河豚魚の話〉《日本速記雜誌》13號（1894年5月），頁356-364。

商店界社編，《家庭副業案內》（東京：商店界社，1928）。

鳥取縣第一部農商課，《農商務屬河原田盛美水產講話筆記》（鳥取縣：鳥取印刷所主 松村榮吉，1888）。

勝田主計，《ところてん》（東京：日本東信大學出版社，1927）。

新竹州水產會，〈鱉輸送試驗成績〉，《臺灣水產雜誌》146號（1928
　　年3月），頁4-7。

新樹，〈臺灣の宴席及料理（乘第五拾號）〉，《臺灣協會會報》54
　　號（1903年3月），頁23-26。

渡邊桃次郎，〈河豚解毒劑ノ一班〉，《和漢醫林新誌》31號（1884
　　年5月），頁3-4。

農商務大臣官房博覽會掛，《府縣聯合共進會審查復命書》（東京：
　　堀田印刷工場，1894）。

福井縣內務部第二課，《農商務省技手 山本由方 水產講話筆記》
　　（福井：悠遠社，1890）。

福田博業，〈スッポンの話〉，收錄於《淡水增殖學養鰻鱉讀本別
　　冊》（出版地不詳，日本水產資源學會，1958）。

福島悠峰，《日曜隨筆集》（京都：下野新聞社，1972）。

臺南州水產會，《鱉の飼い方》（臺南：頃安印刷部，1937）。

臺灣總督府水產試驗場，《臺灣總督府水產試驗場要覽》（臺北：
　　臺灣總督府水產 試驗場，1935）。

臺灣總督府水產試驗場基隆支場，《昭和九年度鱉養殖試驗報告》
　　（臺南：臺南新報社印刷部，1936）。

臺灣總督府水產試驗場臺南支場，《昭和十年度養殖試驗報告》
　　（臺北：盛進商事株式會社，1940）。

臺灣總督府殖產局，《淡水養殖試驗場第三報告》（臺北：江里口
　　商會工場，1923）。

──，《淡水養殖試驗場第五報告》（臺北：印刷工場，1925）。

──，《淡水養殖試驗場第四報告》（臺北：小塚印刷工場，

1924）。

──，《臺灣水產要覽》（臺北：臺灣總督府殖產局水產課，1928）。

靜岡縣，《農商務省水產局員河原田盛美演說筆記 水產改良說》（靜岡縣：擁萬堂 三浦定吉，1889）。

──，《農商務省水產局員河原田盛美演說筆記 水產改良說 第二篇》（靜岡縣：擁萬堂 三浦定吉印刷出版，1890）。

磯直道，《江戶の俳諧にみる魚食文化》（東京：成山堂書店，2006）。

藤井壽一，《河豚珍話》（九州：北九州小倉出版，1978）。

藤田久道，《文明笑話》（東京：耕文堂藏，1878）。

藥石新報社，《臨床藥石新報》（東京：建昇堂印刷，1905）。

五、西文著作書目

Anderson, E.N. *The Food of China*. New Haven: Yale University Press, 1988.

──. *Food and Environment in Early and Medieval China*. Philadelphia: University of Pennsylvania Press, 2014.

Chang, K.C. ed., *Food in Chinese Culture*. New Haven: Yale University Press, 1977.

Chen, Yong. *Chop Suey, USA: The Story of Chinese Food in America*. New York: Columbia University Press, 2014.

Coe, Andrew. *Chop Suey: A Cultural History of Chinese Food in the United States*. Oxford: Oxford University Press, 2009.

Crosby, Alfred. *The Columbian Exchange: Biological and Cultural Consequences of 1492*. Westport, CT: Praeger Publishers, 2003.

Cwiertak, Katarzyna J. *Modern Japanese Cuisine*. London: Reaktion Books, 2006.

Cwiertak, Katarzyna J. *Cuisine, Colonialism and Cold War: Food in Twentieth-Century Korea*. London: Reaktion Books, 2012.

Cwiertak, Katarzyna J. ed., *Critical Readings on Food in East Asia*. Leiden: Brill, 2013.

Dott, Brian R. *The Chile Pepper in China: A Cultural Biography*. New York: Colbumbia University Press, 2020.

Han, Kyung-Koo. "The 'Kimchi Wars' in Globalizing East Asia: Consuming Class, Gender, Health and National Identity" in Katarzyna Cwiertak ed., *Critical Readings on Food in East Asia*. Leiden: Brill, 2013, pp.383-399.

Jung, Keun-Sik. "Colonial Modernity and the Social History of Chemical Seasoning in Korea" in Katarzyna Cwiertak ed., *Critical Readings on Food in East Asia*. Leiden: Brill, 2013, pp.163-185.

Kuo, Chunghao, "When Little Island Cuisine Encountered Chinese Food: The Evolution of Taiwanese Cuisine in New York City's Flushing Neighborhood (1970-Present)" in B. Arnold, T. Tunc, & R. Chong (eds.), *Chop Suey and Sushi from Sea to Shining Sea: Asian Restaurants in the United States*. Fayetteville: University of Arkansas Press, 2018, pp. 101-128.

Kushner, Barak. *A Social and Culinary History of Ramen*. United Kingdom: Global Oriental, 2012.

Leong-Salobir, Cecilia. *Food Culture in Colonial Asia: A Taste of Empire.* London: Routledge, 2011.

Marcy, Norton. *Sacred Gifts, Profane Pleasures: A History of Tobacco and Chocolate in the Atlantic World.* Ithaca, NY: Cornell University Press, 2008.

Mendelson, Anne. *Chow Chop Suey: Food and the Chinese American Journey.* New York: Columbia University Press, 2016.

Mintz, Sidney. *Sweetness and Power: The Place of Sugar in Modern History.* New York: Penguin Books, 1986.

Moon, Okpyo. "Dining Elegance and Authenticity: Archaeology of Royal Court Cuisine in Korea" in Katarzyna Cwiertak ed., *Critical Readings on Food in East Asia.* Leiden: Brill, 2013, pp.295-312.

Park, Hyunhee. *Soju: A Global History.* Cambridge: Cambridge University Press, 2021.

Rath, Eric C. *Food and Fantasy in Early Modern Japan.* Berkeley: The University of California Press, 2010.

———. *Japan's Cuisines: Food, Place and Identity.* London: Reaktion Books, 2016.

———. *Oishi: The History of Sushi.* London: Reaktion Books, 2021.

Reinschmidt, Michael. "Estimating Rice, Agriculture, Global Trade and National Food Culture in South Korea" in Katarzyna Cwiertak ed., *Critical Readings on Food in East Asia.* Leiden: Brill, 2013, pp. 333-352.

Solt, George. *The Untold History of Ramen: How Political Crisis in Japan Spawned a Global Food Craze.* Berkeley: University of California Press,

2014.

Stercks, Roel. *Food, Sacrifice, and Sagehood in Early China*. Cambridge: Cambridge University Press, 2011.

Swislocki, Mark. *Culinary Nostalgia: Regional Food Culture and the Urban Experience in Shanghai*. Stanford: Stanford University Press, 2008.

Tan Chee-Beng ed., *Chinese Food and Foodways in Southeast Asia and Beyond*. Singapore: NUS Press, 2011.

Wang, Edward Q. *Chopsticks: A Cultural and Culinary History*. Cambridge: Cambridge University Press, 2015.

Watson, James L. *Golden Arches East: McDonald's in East Asia*. Stanford: Stanford University Press, 1997.

Wu, David Y.H. and Tan, Chee-beng eds. *Changing Chinese Foodways in Asia*. Hong Kong: The Chinese University Press, 2001.

Wu, David Y.H. and Cheung, Sidney C.H. eds. *The Globalization of Chinese Food*. New York: Routledge, 2002.

六、網路資源

中文網站：

1. 「漢籍電子文獻資料庫」，2012年3月10日檢索，http://hanchi. ihp.sinica.edu.tw/ihpc/hanjiquery?181:727429201:10:/raid/ihp_ ebook/hanji/ttswebquery.ini:::@SPAWN#top。

2. 「中國基本古籍庫」，2017年7月7日檢索，http://www.er07. com/。

3. 行政院農委會水產試驗所，2018年1月10日檢索，https://www.tfrin.gov.tw/News.aspx?n=220&sms=9011。

4. 中華民國養雞協會，2018年9月1日，http://www.poultry.org.tw。

5. 《中國方志庫》，2018年7月1日檢索，https://hslib.sinica.edu.tw/cht/viewdatabases?search_api_views_fulltext_1_op=AND&search_api_views_fulltext_1=中國方志庫。

日文網站：

1. 「とらふく亭」官網，2017年8月20日檢索，https://www.torafugu.co.jp/concept/。

2. 「とらふぐの漁獲と漁場、とらふぐの養殖」，「協同組合 下関ふぐ連盟」官網，2017年8月20日檢索，http://www.fuku.com/fukusyurui.html。

3. 《交詢雜志》，2017年7月20日檢索，https://auth.japanknowledge.com/auth/login/login/jk_lib/。

4. 一般社團法人 全日本河豚協會，〈全國47都道府県別「魚・ふぐ（フグ）」に関する資格取得制度の違い・一覧表〉，2017年7月15日檢索，http://www.zenfuren.jp/images/list.pdf。

5. 大沢謙二，2017年8月1日檢索，https://kotobank.jp/word/%E5%A4%A7%E6%B2%A2%20%E8%AC%99%E4%BA%8C-1640391。

7. 田原良純，2017年7月21日檢索，https://kotobank.jp/word/%E7%94%B0%E5%8E%9F%E8%89%AF%E7%B4%94-1090994。

8. 公益財團法人山口県ひとづくり財団，高杉晋作ら志士を
    支えた下関の勤王商人，2017年8月2日檢索，http://heisei-
    shokasonjuku.jp/senjindb/shiraishishoichiro/。

9. 春帆樓官網，2017年8月4日檢索，https://www.shunpanro.com/
    error.html。

10. 高橋順太郎，2017年7月28日檢索，https://kotobank.jp/word/
    高橋%20順太郎-1648290。

11. 猪子吉人，2017年7月27日檢索，https://kotobank.jp/word/%E
    7%8C%AA%E5%AD%90%E5%90%89%E4%BA%BA-1056071。

12. 日本百科全書，《醫心方》，2018年1月7日檢索，
    https://japanknowledge.com/library/en/。

13. 国立国会図書館デジタルコレクション資料庫，《本朝
    食鑑》，2018年6月5日檢索，https://dl.ndl.go.jp/info:ndljp/
    pid/2569413/54。

14. 服部中村養鼈場官網，2018年1月5日檢索，https://www.
    hattori-suppon.co.jp。

七、口述訪談

郭忠豪訪談、紀錄，〈吳佩芬女士訪問紀錄稿〉，未刊稿，2017年
    7月17日。

郭忠豪訪談、紀錄，〈李姿俐女士訪問紀錄稿〉，未刊稿，2018年
    8月10日。

郭忠豪訪談、紀錄，〈李益水先生訪問紀錄稿〉，未刊稿，2017年
    5月28日。

郭忠豪訪談、紀錄，〈林文明先生訪問紀錄稿〉，未刊稿，2017年
　　5月27日。

郭忠豪訪談、紀錄，〈林永元媳婦訪問紀錄稿〉，未刊稿，2018年
　　10月19日。

郭忠豪訪談、紀錄，〈施建發先生訪問紀錄稿〉，未刊稿，2018年
　　10月23日。

郭忠豪訪談、紀錄，〈洪蒼海先生訪問紀錄稿〉，未刊稿，2018年
　　8月9日。

郭忠豪訪談、紀錄，〈胡國裕先生訪問紀錄稿〉，未刊稿，2017年
　　5月27日。

郭忠豪訪談、紀錄，〈康惠哲先生訪問紀錄稿〉，未刊稿，2021年
　　12月10日。

郭忠豪訪談、紀錄，〈張中信先生訪問紀錄稿〉，未刊稿，2017年
　　5月28日。

郭忠豪訪談、紀錄，〈陳正忠先生訪問紀錄稿〉，未刊稿，2018年
　　10月19日。

郭忠豪訪談、紀錄，〈陳志遠先生訪問紀錄稿〉，未刊稿，2017年
　　5月29日。

郭忠豪訪談、紀錄，〈陳渭南先生訪問紀錄稿〉，未刊稿，2018年
　　8月12日。

郭忠豪訪談、紀錄，〈陳嘉謨先生訪問紀錄稿〉，未刊稿，2018年
　　10月18日。

郭忠豪訪談、紀錄，〈黃永松先生訪問紀錄稿〉，未刊稿，2018年
　　10月28日

郭忠豪訪談、紀錄，〈黃景龍先生訪問紀錄稿〉，未刊稿，2018年

8月9日。

郭忠豪訪談、紀錄，〈黃德興先生訪問紀錄稿〉，未刊稿，2018年
8月6日。

郭忠豪訪談、紀錄，〈謝明材先生訪問紀錄稿〉，未刊稿，2017年
5月27日。

郭忠豪訪談、紀錄，〈謝育諮女士訪問紀錄稿〉，未刊稿，2017年
5月27日。

郭忠豪訪談、紀錄，〈鍾瑞松先生訪問紀錄稿〉，未刊稿，2017年
5月28日。

郭忠豪訪談、紀錄，〈龔詩源先生訪問紀錄稿〉，未刊稿，2017年
7月17日。

國家圖書館出版品預行編目資料

品饌東亞：食物研究中的權力滋味、醫學食補
與知識傳說 / 郭忠豪著. -- 初版. --
臺北市：允晨文化實業股份有限公司, 2022.05
面；　公分. -- (允晨叢刊；179)
ISBN 978-626-95679-7-3(平裝)

1.CST: 飲食風俗 2.CST: 文化 3.CST: 東亞

538.78　　　　　　　　　　　111004597

允晨叢刊 ⑰⑨

品饌東亞：食物研究中的權力
滋味、醫學食補與知識傳說

作　　者：郭忠豪

發 行 人：廖志峰

執行編輯：簡慧明

美術編輯：劉寶榮

法律顧問：邱賢德律師

出　　版：允晨文化實業股份有限公司

地　　址：台北市南京東路三段21號6樓

網　　址：http://www.asianculture.com.tw

e－mail：ycwh1982@gmail.com

服務電話：(02)2507-2606

傳真專線：(02)2507-4260

劃撥帳號：0554566-1

印　　刷：中茂分色製版印刷事業股份有限公司

裝　　訂：聿成裝訂股份有限公司

初版日期：2022年5月